“十三五”全国高等院校人力资源管理系列规划教材

CAREER PLANNING

职业生涯规划

葛玉辉◎主编　王倩楠◎副主编

電子工業出版社
Publishing House of Electronics Industry
北京 • BEIJING

图书在版编目（CIP）数据

职业生涯规划 / 葛玉辉主编. —北京：电子工业出版社，2019.12
ISBN 978-7-121-37374-9

Ⅰ. ①职… Ⅱ. ①葛… Ⅲ. ①职业选择－高等学校－教材 Ⅳ. ①G647.38

中国版本图书馆CIP数据核字(2019)第191507号

策划编辑：刘淑丽
责任编辑：刘淑丽　　文字编辑：孙润月
印　　刷：北京七彩京通数码快印有限公司
装　　订：北京七彩京通数码快印有限公司
出版发行：电子工业出版社
　　　　　北京市海淀区万寿路173信箱　　邮编100036
开　　本：787×1092　1/16　印张：15.75　字数：317千字
版　　次：2019年12月第1版
印　　次：2024年7月第3次印刷
定　　价：49.00元

凡所购买电子工业出版社图书有缺损问题，请向购买书店调换。若书店售缺，请与本社发行部联系，联系及邮购电话：（010）88254888，88258888。
质量投诉请发邮件至zlts@phei.com.cn，盗版侵权举报请发邮件至dbqq@phei.com.cn。
本书咨询联系方式：（010）88254199，sjb@phei.com.cn。

丛书序言

互联网新时代，“创新”已经成为社会发展的主流关键词，上至国家人才战略，下至组织发展规划，人们对“创新”有太多的解读与理解。VR和5G技术的运用将引发新一轮的科技发展，组织的人力资源管理必将迎来新时代。面对新时代，人力资源管理必将再次升级。正在发生和即将发生的，包括AI/VR技术的引入，将给招聘、面试、培训等工作带来全新的体验。各类App将取代大多数绩效管理工具；大数据将改变组织人力资源战略决策模式；人们的需求和行为也在不断地改变。新时代背景下，人力资源管理工作面临着前所未有的机遇与挑战。这就需要我们在人力资源管理方面做出新的改变以顺应时代发展。本丛书将和你一起拥抱新时代，为人力资源管理的再升级打开一扇窗、推开一扇门。

一、丛书框架（本丛书共10本）

- 《人力资源管理》
- 《劳动经济学》
- 《工作分析》
- 《绩效管理》
- 《薪酬管理》
- 《人才测评》
- 《员工培训与开发》
- 《职业生涯规划》
- 《招聘与录用》
- 《人力资源战略与规划》

二、丛书特色

近年来，管理学界掀起了一阵国学之风，大多数经理人承受着极大的工作压力，时常接触古代圣贤、管理学大师的先进思想，也未尝不是一件好事。但在放下书本重新回到现实的管理生活中后，才发现“书走书的路，人走人的路”，所学的管理思想难以运用到日常的管理活动中去。

学术是实践的后台，丛书的作者一直想把自己在讲授“人力资源管理”课程中产生的许多心得体会、研究人力资源管理及相关领域时所得的思想和新观点，以及在做企业管理咨询和诊断等工作中所获得的成果融入书中，进而编写出一套体现理论的系统性与前沿性、理论与实践平衡、网络与教学互动的丛书来。呈现在读者面前的这套丛书就是在这样的背景下努力的结果。

（1）理论的系统性与前沿性。针对高等学校的教学要求，丛书在内容上力求涵盖人力资源管理的相关内容及主要活动，保持理论的系统性；同时，收集国内外人力资源管理的理论与技术的最新进展和作者多年来的研究成果，使丛书与其他同类书相比更能体现人力资源管理与时俱进的特点。

（2）理论与实践平衡。强化人力资源管理与实际工作的紧密结合，体现理论与实践并重的特色。

（3）网络与教学互动。丛书有一个编者与读者的互联网互动平台，将丛书的最新理论成果、策划案例分析、图形、表格、工作文本等相关资料上传（http://www.boshizixun.cn），以形成有效的互动；同时，丛书会及时增加、更新相关资料，读者扫描丛书序言最后的二维码即可查看、领取，以实现丛书资源的共享。

三、丛书的作者（学术界 + 企业界）

丛书的作者既有来自高校管理学院的教授、博士，又有来自管理咨询公司的资深高级咨询师，更有来自企业的人力资源总监、高层管理者，这为丛书的理论与实践结合、学术与应用并重、操作与理念相互渗透提供了强有力的支撑。

丛书从调研、策划、构思、撰写到出版，前后历时两年半。丛书的出版，既是作者辛勤付出的成果体现，更是“产学研”团队合作的成果。衷心感谢团队成员付出的努力，以及电子工业出版社的编辑为丛书的出版给予的支持和帮助。

在丛书的编写过程中，我们参阅和借鉴了大量的相关书籍和论文，在此谨向相关的作者和专家表示最诚挚的谢意。限于编者的水平和经验，丛书难免存在不足之处，恳请读者予以批评指正。

丛书互动网站：http://www.boshizixun.cn

丛书主编邮箱：gyh118@126.com

扫码可查看、领取丛书共享资源

葛玉辉，管理学博士、教授、博士生导师

2019 年 9 月于上海

丛书主编

葛玉辉，男，华中科技大学首届MBA毕业，管理学博士、工商管理系主任、教授、博士生导师。劳动经济学、旅游管理硕士点带头人，国内著名的管理咨询专家、中国管理学网名师、上海交通大学海外教育学院特聘教授、复旦大学特聘教授、同济大学特聘教授、慧泉（中国）国际教育集团高级教练、精品课程人力资源管理主讲教授、上海解放教育传媒·学网特聘教师，上海博示企业管理咨询公司首席顾问、技术总监。中国人力资源开发与管理委员会委员、上海人才学会理事、上海市系统工程学会会员、上海社会科学联合会会员、湖北省社会科学联合会会员、中国管理研究国际学会理事。

学术科研

出版《现代企业策划与创新》《现代人力资源管理与创新》《人力资本产权及其制度创新研究》《人力资源管理》《成功职场修炼》等30部专著；在《管理工程学报》《科学学与科学管理技术》等杂志上发表论文239余篇，2000—2018年主持了企业策划与人力资源开发及管理研究等科技项目40余项。其中国家级项目4项，省部级6项，横向课题31项；主持的4项科研成果分获国家优秀成果二等奖、湖北省重大科技成果奖、湖北省科技进步三等奖。

管理实践

葛玉辉教授自1997年开始专向为企业提供培训与咨询服务，专注于提升企业战略、人力资源竞争力和营销管理能力。先后受渤海油田、江汉油田、吐哈油田、克拉玛依油田、荆州自来水公司、湖北水泥厂、甘肃丰源建安商贸有限公司、安徽石油销售公司、五凌柳州机械厂、东风汽车公司（上海）、泛亚汽车技术中心有限公司（上海）、东风悦达起亚汽车有限公司、华东石油销售公司、江苏油田、上海临空经济园区、上海海洋大学、上海完美教育集团、浙江诸暨组织部和人事局、杭州诺贝尔集团、安庆石油化工有限公司、温州市人事局、吴江市开发区人事局、安徽皖投公司、铜陵有色金属集团控股有限公司、马鞍山钢铁集团、上海电力公司、浙江电力公司、河北电力公司、四川省农商行、上海影视集团、上海医药集团、上海临空经济园区、中国人民银行上海总部、上海期货交易所、上海银行、上海建行、上海工商银行、黑龙江省农商行、上海市委党校、上海宣传系统人才交流中心、诺霸精密机械（上海）有限公司、浦东干部学院、国家税务总局、苏州税务局、国家科技部、上海电气集团、上海印包集团、上海申通地铁集团公司、中国电力投资集团公司、华能电力集团公司、复旦大学、上海交通大学、中国人民大学等大型国有企业、合资企业、民营企业、高等院校的邀请，做关于企业人才管理创新、人力资源管理、营销生产力、员工执行力、战略规划、文化整合方面的专题讲座、培训和科研工作，为企业创造了一定的经济和社会效益，同时塑造了良好的社会形象。

前言

在读大学的时候，老师有一天发给我们一个表格，让我们填写自己的职业生涯规划。看着那张表，忽然觉得很迷茫，毕业以后自己到底想做什么？能做什么？要做什么？似乎都没有答案。那些曾在年少时信誓旦旦想要从事的职业方向，却在我们长大以后变得模糊，抑或是有点触不可及。为什么我们没能长成自己儿时所希望的样子呢？我想，是因为我们在职业生涯规划之路上起步得太晚了。

欧美等发达国家开展职业生涯规划教育已有上百年的历史，从幼儿园开始就着手培养学生的职业生涯规划意识，让学生体验不同的职业角色，学会规划人生。19世纪末20世纪初出现了以职业指导为特征的职业生涯规划教育。我国的职业生涯规划教育起步较晚，直到21世纪初才陆续得到政府和社会各界的重视，职业生涯规划教育得到了全面推进，也取得了一些重要的理论成果。

然而，目前国内的职业生涯规划在实践领域尚未得到重视，由于缺少与时俱进的理论与实践指导，个人和用人单位对于就业和职场发展的观念还比较传统。个人对就业和职场发展大多选择顺势而为、随遇而安，缺乏长期的思考和设计；用人单位的人力资源管理也往往忽视了对员工的职业生涯规划，或者将其与员工培训混为一谈。有趣的是，成人对职业生涯规划一片茫然，但在孩童的世界里，职业生涯规划教育已经悄然兴起。在国内各地已经涌现了大量的儿童职业体验馆，儿童在逼真的情景中模拟各种职业角色，体验不同角色的工作内容，以培养其职业认知。

当今世界，一场以大数据、云计算、物联网、区块链和人工智能等新一代信息技术应用为主要驱动力的科技革命正在孕育。历史上的每一次工业革命都曾引起就业结构的深刻变化。大数据、人工智能、区块链将与实体经济深度融合并促进产业创新发展，产业结构、技术体系、生产方式等都发生了深刻的变化，很多新的行业和职业正在迅速崛起，同时一些传统的行业和职业在逐渐消亡。如何破除传统观念的束缚，在瞬息万变、风起云涌的职场中实现职业生涯的延续？职业生涯规划就是答案。职业的选择并非理所当然。凡事预则立，不预则废。只有重视职业生涯规划的意义、了解规划职业生涯的方法和工具，以及必要的职场攻略，才能让个人立于不败之地，才能让用人单位更好地用人、留人，实现用人单位与个人的共同成长。

本书系统地介绍了职业生涯规划的基本概念和操作方法，并且精选了职业生涯规划管理的相关理论与测量工具来加深读者对职业生涯规划的理解。职业生涯规划是一个持续性的系统计划的过程，需要不断地调整与修正。本书深入浅出地介绍了职业生涯规划管理的全过程，对每一种职业生涯规划的步骤都做了详细的介绍，在职业革命呼啸而来之际，指导读者画好人生的线路图。本书通过理论与实训、量表测试与分析，以及案例分析等内容，使读者不仅能够学习和掌握职业生涯规划管理的理论与知识，更重要的是希望借此帮助读者构建完整的职业生涯规划管理体系。

本书由葛玉辉、王倩楠和宋艳梅共同编写完成。

在写作过程中，本书参阅了大量国内外同行有关职业生涯规划及相关知识的著作、文献和资料，借鉴了许多前人的研究成果，在此对他们致以真挚的谢意！如果没有他们前期丰富、精彩的理论和实践工作，我们的写作也就无异于无本之木、无源之水。

由于时间仓促且编者水平有限，书中难免存在疏漏，也有不少需要进一步探讨的方面，恳请广大读者在阅读和使用过程中不吝批评指正，以便在修订时改进。

目录

第 1 章 职业生涯规划概论

学习目标

了解职业与专业的基本概念和分类
了解职业生涯规划的含义、目的与任务
熟悉职业生涯规划的基本理论
掌握如何正确对待职业与专业两者之间的关系
掌握如何对个人职业生涯规划进行管理

关键术语

职业；专业；职业生涯；职业生涯规划

引导案例

误解了专业等于误了自己

小波，女，19岁，江苏省某大学本科二年级学生，应用数学专业。小波从小学习成绩优异，性格外向，爱热闹、爱交朋友，上学期间一直担任班干部，是老师、父母口中的“好孩子”，但是目前所学专业并不是自己特别喜欢的。高考结束填报志愿时，由于喜欢读“心灵鸡汤”类的书，所以她想学习心理学专业，但高考时发挥失常，没能进入理想的大学，目前就读的应用数学专业是调剂的。小波对数学算不上喜欢，过去一年的学习成绩一般，个别课程勉强及格，所以也不符合学校转专业的相关要求。以前她觉得学习的目标就是考上大学，现在上了大学发现目标没了，只是想毕业以后找一份相对稳定的工作。但对未来自己要做怎样的工作、选择什么行业，小波都没有概念，因此感到很迷茫、焦虑。

资料来源：王占军.大学生职业生涯规划咨询案例精编[M].上海：华东师范大学出版社，2017.

1.1 职业与专业

1.1.1 职业的定义

职业（occupation）一词，从词义的角度分析，由“职”和“业”两个字构成。“职”造字本义是指古代基层官员听取民意并做记录，后引申为管理某种事务，如《周礼》的设官分职；“业”原为古代记事的方法，后引申为从事的业务、事情，如《桃花源记》中的“武陵人捕鱼为业”。

根据中国职业规划师协会的定义，职业是性质相近的工作的总称，通常是指个人服务社会并作为主要生活来源的工作，包含10个方向（农村农业、生产加工、制造、服务、娱乐、政治、科研、教育、管理、商业），细化分类有90多个常见职业，如工人、农民、个体商人、公共服务、知识分子、管理等。西方学者普遍认为，职业是指不同行业和组织中存在的一组类似的职位。在特定的组织内，职业表现为职位（岗位，position），每一个职位都会对应着一组任务（task），作为任职者的岗位职责。而要完成这些任务就需要这个岗位上的人，即从事这个工作的人，具备相应的知识、技能、态度等。

美国社会学家赛尔兹认为，职业是一个人为了不断取得个人收入而从事的具有市场价值的特殊活动，这种活动决定着从业者的社会地位，具有技术性、经济性和社会性三大特性。从社会角度看，职业是劳动者获得的社会角色，劳动者为社会承担一定的义务和责任，并获得相应的报酬；从国民经济活动所需要的人力资源角度来看，职业是指不同性质、不同内容、不同形式、不同操作的专门劳动岗位；而对于个人而言，职业则是个人在社会中所从事的作为谋生手段的工作。

1.1.2 职业的分类

根据西方国家的一些学者提出的理论，划分职业类型的方法一般有三种。

（1）按脑力劳动和体力劳动的性质、层次进行分类。这种分类方法把工作人员划分为白领工作人员和蓝领工作人员两大类。白领工作人员包括：专业性和技术性的工作，农场以外的经理和行政管理人员、销售人员、办公室人员。蓝领工作人员包括：手工艺及类似的工人、非运输性的技工、运输装置机工人、农场以外的工人、服务性行业工人。这种分类方法明显地强调职业的等级性。

（2）按心理的个别差异进行分类。这种分类方法是根据美国著名的职业指导专家霍兰德创立的“人格—职业”类型匹配理论，把人格类型划分为六种，即现实型、研究型、艺术型、社会型、企业型和常规型。与其相对应的是六种职业类型。

（3）依据各个职业的主要职责或“从事的工作”进行分类。国际上较为通用的标准职业分类将职业由粗到细分为四个层次，即 8 个大类、83 个小类、284 个细类、1 506 个职业项目，总共列出职业 1 881 个。其中 8 个大类是：

① 专家、技术人员及有关工作者；

② 政府官员和企业经理；

③ 事务工作者和有关工作者；

④ 销售工作者；

⑤ 服务工作者；

⑥ 农业、牧业、林业工作者及渔民、猎人；

⑦ 生产和有关工作者、运输设备操作者和劳动者；

⑧ 不能按职业分类的劳动者。

我国 1999 年颁布了《中华人民共和国职业分类大典》，明确了我国的职业分类，随着社会职业结构的变化，于 2015 年进行了修订，取消了“收购员”“平炉炼钢工”“凸版和凹版制版工”等传统职业，增加了绿色职业标识，以及“网络与信息安全管理员”“快递员”“文化经纪人”“动车组检修师”“风电机组制造工”等新兴职业。目前将我国职业归为 8 个大类、75 个中类、434 个小类、1 481 个职业。

第一大类：国家机关、党群组织、企业、事业单位负责人，其中包括 5 个中类，16 个小类，25 个细类；

第二大类：专业技术人员，其中包括 14 个中类，115 个小类，379 个细类；

第三大类：办事人员和有关人员，其中包括 4 个中类，12 个小类，45 个细类；

第四大类：商业、服务业人员，其中包括 8 个中类，43 个小类，147 个细类；

第五大类：农、林、牧、渔、水利业生产人员，其中包括 6 个中类，30 个小类，121 个细类；

第六大类：生产、运输设备操作人员及有关人员，其中包括 27 个中类，195 个小类，1 119 个细类；

第七大类：军人，其中包括 1 个中类，1 个小类，1 个细类；

第八大类：不便分类的其他从业人员，其中包括 1 个种类，1 个小类，1 个细类。

1.1.3 职业与专业的关系

每一种职业都是参与社会分工的一部分，用不同专业的技能和知识创造物质或精神财富，获取合理报酬，丰富社会物质或精神生活。因此，职业又与专业密不可分。

专业泛指专门的学问或具体业务。专业的形成与社会分工的发展、自然科学与社会科学的分化与综合，以及高等教育自身发展有着极其密切的联系。人类的知识体系最初是混沌的、彼此不分的，并不存在所谓的专业问题。但随着人类社会的发展，知识体系不断地扩张，最终产生了知识的分化。古希腊哲学家亚里士多德对知识的系统考察和全面把握极为重视，并对人类知识首次进行了系统的学科分类，专业的概念初现端倪。因此，专业可以说是根据学科分类和社会职业分工需要分门别类地进行高深、专门知识教与学活动的基本单位，专业的形成是社会发展的必然结果，专业的分类体现了社会发展和经济建设的需求。

专业的学习是职业生涯的必要准备，包括专业知识的学习、专业技能的掌握和专业能力的形成。专业对职业具有导向作用，当学生选取了某个专业学习，就选择了特定的职业方向。根据中国教育部《学位授予和人才培养学科目录》（2018 年），目前共有 13 个学科，分别是：哲学、经济学、法学、教育学、文学、历史学、理学、工学、农学、医学、军事学、管理学、艺术学。高等教育是为学生进入社会、踏上工作岗位而服务的，通常情况下，大学设置的专业要比职业涉及面更宽，其目的是适应社会的需求和职业的发展变化，以便毕业生在就业时能从较宽的职业范围去选择职业并适应职业转换的需要。从目前高等院校根据教育部的学科分类开设的专业来看，职业和专业大多并不是一一对应的，除了会计、法学、医学等一些专业技能非常强的专业，并非所有的专业都有所谓“对口”的工作。事实上，职业与专业的匹配往往不是连线题，而是多选题，是从众多备选项中找到一个相对最适合自己的选项作为自己的职业。尤其随着信息经济时代的到来，又涌现了很多跨学科的专业设置，这是由于高等院校要根据市场的需求培养人才，实现教育与劳动力市场的有效对接。

厘清了职业与专业的关系，学生在思考自己专业和就业选择时就不会太迷茫了。并且每个学科都有自己的学科思维，这些学科思维将成为学生未来在工作中解决问题的基本逻辑。因此，无论在进入大学时选择的专业是什么，都应该刻苦钻研，打下牢固的文化知识和专业知识基础，掌握学科思维。

现代社会对人才的需求，既需要具有系统的专业理论知识和基本的、通用的职业技能，又要掌握与行业有关的前沿知识。因此，专业与行业的结合是定位职业选择的一种新思路。这也为并不十分喜欢所学专业的大学生提供了一条低成本平衡个人兴趣与专业的出路，如果不喜欢你现在的专业，那么就寻找一个你热爱的行业。随着社会经济日新月异的发展，新兴行业创造了很多新兴职业，单一的专业技能已经无法在职场中形成竞争力，唯有具备跨学科、跨专业综合知识技能的人才能够脱颖而出。尤其对于基础性学科专业的大学生，如果能选择个人感兴趣的行业或领域，寻求专业与行业的结合，做好充分的知识储备，形成跨学科思维和思考力，就一定能在多彩的职业世界里找到理想的岗位。

1.2　职业生涯规划概述

1.2.1　生涯与职业生涯

生涯，从广义上理解，“生”，自然是与一个人的生命相联系；“涯”，则有边际的含义，《庄子·养生主》有云：“吾生也有涯，而知也无涯。”意指生命是有限的，但知识是无限的。生涯的英文“career”一词源自中世纪法语的 carriere，意为载人或载运货的马车通过的路。在希腊，career 有疯狂竞赛的精神，如驾驭赛马（to career a horse）。在西方文化中，使用“生涯”一词，隐含着未知、冒险、克服困难的精神。career 在中文里也常译为职业生涯，指从事某种活动或职业的生活。

【延伸阅读】

成立于1913年的美国生涯发展协会（National Career Development Association），是世界上第一个也是至今历史最为悠久且卓越的生涯发展协会。该协会定义了生涯，是指个人通过从事工作所创造出的一种有目的的、延续不断的生活模式。美国佛罗里达州立大学生涯中心对该定义核心概念的解释，对于深刻理解生涯的内涵具有重要的指导意义。

“延续不断的”指生涯不是作为某个事件或选择的结果而发生的事情，也不局限或束缚于某一特定的工作或职业。更确切地说，生涯是一个持续一生的过程，它受到个人内在和外在力量的影响。该领域的一些专家甚至使用“人生生涯”这一术语来作为联结生命过程与生涯观念的桥梁。

“创造出”指生涯是人们在愿望与可能性之间、现实与理想之间妥协和权衡的产物。生涯发展是人们一系列接连不断选择的结果，当人们做出选择时，需要权衡这些选择的收益及其代价与风险。对人们来说，没有“十全十美”的生涯道路，但也许存在最适宜的道路。

“有目的的”指生涯对个人来说是有意义的。生涯不是偶然发生或应运而生的，它是规划、慎重考虑、制定和执行的结果。生涯因个人的动机、抱负和目标而形成、发展，它反映了个人的价值观和信念。

“生活模式”意味着生涯不仅是一个人的职业或工作。生涯包含所有的成人生活角色（如父母、配偶、持家者、学生），以及人们整合与安排这些角色的方式。

“工作”（work）是一种为自己和他人创造价值的活动。工作不仅限于有偿的活动，如果活动能产生对我们或他人有价值的结果，那么无偿的、志愿的活动也包含在其中，比如训练少年棒球队、领导教堂唱诗班、绘制风景画或掌握一种电脑程序。此外，闲暇活动也是生涯的一部分，有时还是很重要的一部分。美国生涯理论专家舒伯（Super，1976）也强调，生涯统合了生活里各种角色，包括职业角色和生活角色的事态演进方向和历程。

最后，“个人通过从事”强调生涯对于个人而言是独一无二的。在现实生活中，没有哪两个人拥有完全相同的“生涯”，因为生涯建立在个人独特的历史和情境之上。尽管人们可能拥有相似的兴趣和技能，从事相同的职业，甚至为同一个机构工作，但他们的生涯仍然不同。

总之，“生涯”一词的定义将焦点从“寻找适合我的生涯”转向“发展属于我自己的生涯”。

资料来源：罗伯特·里尔登，等.职业生涯发展与规划[M].北京：中国人民大学出版社，2016.

所谓职业生涯，是指个人一生中的职业历程。从经济的观点来看，职业生涯就是个人在人生中所经历的一系列职位和角色，它们和个人的职业发展过程相联系，是个人接受培训教育及职业发展所形成的结果。职业生涯是一个动态的过程，以心理开发、生理开发、智力开发、技能开发、伦理开发等人的潜能开发为基础，以工作内容、工作业绩的评价作为工资待遇、职称、职务确定和变动的标准，以满足需求为目标的工作经历和内心体验的经历。一个人一生在职业岗位上所度过的、与工作活动相关的连续经历，不论成功与否，都造就了自己的职业生涯。

中国职业规划师协会将职业生涯分为两个方面：内职业生涯和外职业生涯。内职业生涯是指从事一种职业时的知识、观念、经验、能力、心理素质、内心感受等因素的组合及其变化过程，是别人无法替代和窃取的人生财富；外职业生涯是指从事职业时的工作单位、工作时间、工作地点、工作内容、工作职务与职称、工作环境、工资待遇等因素的组合及其变化过程，是依赖于内职业生涯的发展而增长的。职业生涯在个人的全部生活中占据核心且关键的位置。

人们一生的职业历程，有着多种不同的可能性：有的人从事这种职业，有的人从事那种职业；有的人一生变换多种职业，有的人终身位于一个岗位上；有的人不断进取、事业成功，有的人穷困潦倒、无所作为。人们职业生涯存在差异，有个人能力、心理、机遇方面的问题，也有社会环境的影响。

那么，什么是成功的职业生涯？答案几乎每天都在发生变化，人们都在拼尽全力地应对一系列全新的挑战。各个年龄层的大部分人都将职场生活视为一份工作，而不是一段职业生涯。他们将过多的注意力放在眼前的下一步上，而不是整条发展路径上。当今社会，初出茅庐的大学毕业生拥有的工作保障，或者说是工作的稳定性已大不如前，虽然他们有了“个性”“创新”的意识，但往往缺乏取得长远成功所需的基本技能和素质；处于职业生涯中期的职场人士也是危机四伏，因为他们的工作、行业乃至整个职业生涯都在迅速迭代；而那些临近退休的人们则开始焦虑，基本养老金替代率（劳动者退休时的养老金领取水平与退休前工资收入水平之间的比率）水平并不理想，退休是不是意味着未来的生活会是节衣缩食、捉襟见肘的状态？大多数人将职业生涯当成一场阶段性的短跑，然而事实上，它是一场长达 30~40 年的马拉松。比起什么时候能升职加薪，人们更应该思考如何能在真正重要的时候，也就是四五十岁时拥有更好的选择。总而言之，构建一段成功的职业生涯的目的并不仅仅在于找到你热爱的工作，更在于建立你热爱的生活。

1.2.2　职业生涯规划的定义与目的

职业生涯规划（career planning）又叫职业生涯设计，是指个人与环境结合，在对一个人职业生涯的主客观条件进行测定、分析、总结的基础上，对自己的兴趣、爱好、能力、特点进行综合分析与权衡，结合时代特点，根据自己的职业倾向，确定其最佳的职业奋斗目标，并为实现这一目标做出行之有效的安排。职业生涯规划是对职业生涯乃至人生进行持续的系统计划的过程。

通常一个人的职业生涯占生命历程的 42%~50%，因此，职业生涯是人一生中最重要的历程，对人生价值起着决定性作用。而要让自己的职业发展达到理想的状态，从自己的职业生涯中最大限度地获得成功与满足，就需要科学、系统地进行职业生涯规划。

【延伸阅读】

职业生涯规划起源于1908年的美国。美国既是职业指导的发源地，又是职业指导工作普及程度最高的国家。

1. 诞生初期

1908年的美国，针对当时社会上存在大量年轻人失业的情况，弗兰克·帕森斯成立了世界上第一个职业咨询机构——波士顿地方就业局，首次提出了“职业咨询”的概念。弗兰克·帕森斯的工作当时只是作为解决失业和就业问题的一项社会工作，经过不断完善后出现了系统化的“职业指导”。因此，弗兰克·帕森斯被称为“职业指导之父”。早期的职业指导，其意义在于协助个人做职业的选择。当时的社会由于职业的形态比较稳定，工作机会较少且选择范围比较狭窄，个人对职业的观念大多倾向于认为其是一种谋生的手段。职业生活主要以工作为核心，因此，“职业指导”工作的重点主要是“人职匹配”。

2. 发展中期

20世纪五六十年代，舒伯等人提出“生涯”的概念，于是生涯规划的范畴得以扩大，不再局限于“职业指导”的层面。特别是随着人本主义思潮的兴起，职业指导由最初简单地“协助人择业”，慢慢地演变成了一项“协助个人发展，接受适当、完整的自我形象，同时发展并接受完整而适当的职业角色形象”的工作，它的名称也由最初的“职业指导”变成了“职业生涯规划”。

3. 发展成熟期

美国生涯理论专家舒伯根据自我心理学的观点，赋予职业指导以新的含义：协助个人发展并接受完整而适当的自我形象，同时发展并接受完整而适当的职业角色形象，从而在现实世界中加以检验并转化为实际的职业行为，以满足个人的需要、造福社会。

舒伯的这一思想以个人的发展为着眼点，将自我与职业、个人与社会融为一体，既考虑个人发展才能的机会，也兼顾社会的需要和利益。这一思想把职业指导上升到更高的层面，从个体发展和整体生活的高度来考察个人与职业、个人与社会的关系，而不只是局部的人职匹配关系，把树立个人自我形象与职业角色形象作为职业指导的目标，为现代职业指导指出了新方向。

资料来源：刘瑞晶，等.职业生涯规划理论、案例与实训[M].北京：中国人民大学出版社，2015.

职业生涯规划有两个主要目的，第一个目的是找到适合自己的工作。每个人都有长处和短处，每份工作都有优势和劣势，理想的工作就是能够扬长避短，实现人与职位的匹配。认知是职业生涯规划的首要环节，它决定着个人职业生涯的方向，也决定着职业生涯规划的质量。求职之前要进行职业生涯规划，而进行职业生涯规划之前则要进行准确的自我认知。要弄清自己想要干什么、能干什么，自己的兴趣、才能、学识适合干什么。可以通过可靠的量表工具的测量，评估职业倾向、能力倾向和职业价值观，这是职业生涯规划的基础。职业规划就是根据测评结果的各项指标，以及自身的学历、经历、能力，了解一个人内在与外在优势，并且把这些优势整合在一起，作为职场上打拼的核心竞争力。然后分析就业市场、行业与各种职位，找到个人和职位的匹配点。第二个目的是通过规划求得职业发展。明确今后各个阶段的发展目标，结合市场状况、行业前景及职位要求等，制订实现各个目标的计划，列举为实现目标所需要做的准备和努力，如需要补充哪些知识、拓展哪些人脉、关注哪方面的信息，等等。简而言之，就是搞清楚三件事：自己擅长什么，自己爱好什么，这个世界需要什么。知己知彼，才能百战不殆。

1.3　职业生涯选择的基本理论

自帕森斯 20 世纪初的开创性工作以来，心理学家、社会学家、经济学家和教育学家一直尝试进一步了解人们进行生涯选择和生涯问题解决的过程和方式。他们所累积的知识可视为一门学科或一个知识体系。这些生涯发展领域具有多学科性，包括职业心理学、职业社会学、劳动力市场经济学及职业行为学。在这些理论研究中，有些理论学者的思想已经发展出许多量表、计算机系统，以及职业生涯干预过程的其他材料，并被广泛使用。

1.3.1　弗兰克 · 帕森斯的人职匹配理论

美国波士顿大学的教授弗兰克·帕森斯（Frank Parsons）在他的《选择职业》一书中，第一次系统地阐述了“人职匹配理论”，也称作“特质—因素论”。其基本思想是：个体差异是普遍存在的，每个个体都有自己独特的人格特质；与之相对应，每一种职业也有自己独特的要求，一个人的能力、性格、气质、兴趣同所从事职业的工作性质和条件要求越接近，工作效率就越高，个人成功的可能性也越大，反之，工作效率和职业成功的可能性就越小；每个人进行职业决策时，要根据自己的个性特征来选择与之相对应的职业种类，进行合理的人职匹配。帕森斯的“人职匹配”理论把职业与人的匹配分为两种类型，即条件匹配和特质匹配。条件匹配是指职业所需的技能和知识与掌握该种技能和知识的人之间要匹配；特质匹配是指某些职业需要具有一定特质的人来与之匹配。

帕森斯指出，实现合理的人职匹配需要三个步骤。

（1）评价自己的生理和心理特点，清楚地了解自己的能力、性格、气质和兴趣是人职匹配的前提和基础。求职者要全面关注自己身体情况、能力倾向、兴趣爱好、气质与性格及家庭背景、学业成绩及工作经历等方面的情况，在择业时通过心理测量及其他测评手段对这些资料进行整合分析，找出自身的生理和心理特点。

（2）分析各种职业对人的要求，掌握相关职业信息。掌握相关职业信息是人职匹配的必要条件。相关职业信息包括该职业的性质和对人的性格要求、学历要求、能力要求、心理特点要求等。此外，职业的工资待遇、工资条件、为实现职业发展而设置的教育课程计划，以及提供这种课程的教育机构、学习年限、人学资格和费用等都是求职者在进行职业选择时应该考虑的因素。

（3）人职匹配。清楚地掌握了自己的生理和心理特点及职业的各项指标之后，要对二者进行比照分析，从而选择既适合自己的个人特点、又有机会从事的职业。特质因素论是以对人的特性的测评为基本前提，强调个人所具有的特性与职业所需要的素质与技能（因素）之间的协调和匹配。这一理论为人才测评理论奠定了理论基础，推动了人才测评在职业选拔与指导中的运用和发展。

帕森斯也被视为结构取向的理论家，因为他分别聚焦于每种职业选择或生涯选择，试图考察与个人及职业选择有关的所有因素。他强调，在职业生涯决策制定过程中需要掌握有关个人及各种选择的高质量信息，并运用逻辑推理技能来决定最佳的选择。一个人如果缺乏对自身和职业的了解，或是推理能力不足，就会有做出糟糕选择的危险。

1.3.2 约翰·霍兰德的职业类型说

美国职业指导专家约翰·霍兰德，在20世纪60年代以自己从事的职业咨询为基础，通过对自己职业生涯和他人职业发展道路的深入研究，引入人格心理学的有关理论，经过多次补充和修订，形成了一套被称为“类型学”的系统职业设计理论，即RIASEC理论，关注人格类型和与之相匹配的环境类型，其内容包括个性和职业类型的划分、职业分类、类型鉴定表等。

他将职业选择看作个人人格的延伸，并认为职业选择也是人格的表现。同一职业团体内的人有相似的人格，因此对很多问题会有相似的反应，从而产生类似的人际环境。

霍兰德提出了四个基本假设。

（1）人的个性大致可分为六种类型：现实型、研究型、艺术型、社会型、企业型和常规型。

（2）所有职业均可划分为相应的六大基本类型，任何一种职业大体都可以归属于六种类型中的一种或几种类型的组合。

（3）人们一般都倾向于寻找与其个性类型相一致的职业类型，追求充分施展其能力与价值观，承担令人愉快的工作和角色，职业也充分寻求与其类型相一致的人。

（4）个人的行为取决于其个性与所处的职业类型，可以根据有关知识对人的行为进行预测，包括职业选择、工作转换、工作绩效及教育和社会行为等。

在这四个假设的基础上，霍兰德提出了六边形模型。他强调：个人的人格与工作环境之间的适配和对应是职业满意度、职业稳定性与职业成就的基础。在我们的文化里，大多数人可以分为六种人格类型，这六种类型可以按照固定顺序排成一个六角形，如图 1-1 所示。

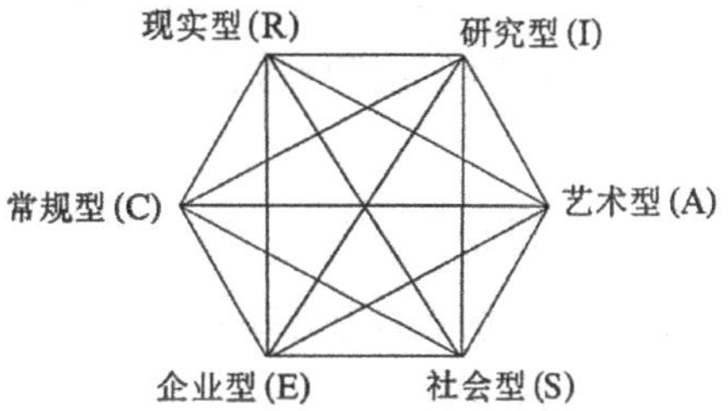

图 1-1　霍兰德职业类型分类

现实型（R）：有运动机械操作的能力，喜欢机械、工具、植物或动物，偏好户外活动。

研究型（I）：喜欢观察、学习、研究、分析、评估和解决问题。

艺术型（A）：有艺术、直觉、创造的能力，喜欢运用想象力和创造力，在自由的环境中工作。

社会型（S）：擅长和人相处，喜欢教导、帮助、启发或训练别人。

企业型（E）：喜欢和人群互动，自信、有说服力、领导力，追求政治和经济上的成就。

常规型（C）：喜欢从事资料工作，有写作或数理分析的能力，能够听从指示，完成琐细的工作。

霍兰德的 RIASEC 理论在很大程度上奠定了人们研究如何选择职业的理论基础。他编制的职业性向测试量表，自 1970 年问世至今已经被翻译成 25 种语言，是职业生涯领域广泛使用的工具和材料之一。霍兰德的方法也能应用于研究各种社会、工作环境，包括职业、职位、组织、学校和人际关系等。

1.3.3　认知信息加工理论

1991 年，美国的加里・彼得森、詹姆斯・桑普森和罗伯特・里尔登合著了《生涯发展与服务：一种认知的方法》（*Career Development and Services: A Cognitive Approach*）一书。这本书阐述了一种思考生涯发展的新方法，提出了从信息加工取向看待职业生涯问题解决的认知信息加工（Cognitive Information Processing，CIP）理论。该理论认为职业生涯发展是个体如何做出职业生涯决策，以及在职业生涯问题解决和职业生涯决策过程中是如何使用信息的，它将职业生涯发展与规划的过程视为学习信息加工能力的过程。

所谓认知是什么？在这里是指个人的思维方式和大脑加工信息的方式。心理学家认为，我们在自己的长时记忆里保留着几种不同的知识结构和成分，它们对于职业生涯决策的制定非常重要。第一，我们要利用这些结构和成分处理有关职业、专业等事实和概念。第二，我们要保存对生活中的各种经验和历史事件的记忆。第三，我们要有成套的用于寻找问题解决方法的规则和指导方针。第四，我们要有更多用于问题解决的一般性策略或主要规则。

CIP 理论基于以下八个基本假设。

（1）职业生涯选择以我们的思考和感受为基础。

（2）进行职业生涯选择是一种问题解决活动。

（3）作为职业生涯问题解决者，我们的能力以我们所知及我们如何思考为基础。

（4）职业生涯决策需要良好的记忆。

（5）职业生涯决策需要有动机。

（6）职业生涯发展持续进行，是我们毕生学习和成长的一部分。

（7）我们的职业生涯很大程度上取决于我们思维的内容和方式。

（8）我们的职业生涯质量取决于我们对生涯决策和生涯问题解决所了解的程度。

按照信息加工的特性，CIP 理论构建了一个生涯决策的信息加工金字塔模型，如图 1-2 所示。

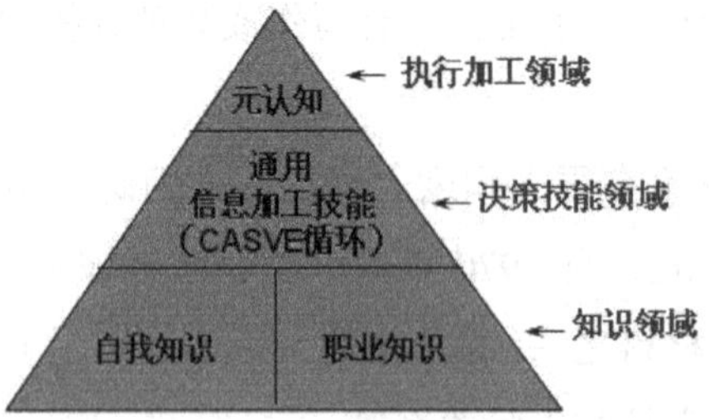

图 1-2　生涯决策的信息加工金字塔模型

知识领域：位于金字塔的底端，包括自我知识（对自己兴趣、技能、价值观等的了解）和职业知识（对于工作世界的认识）。这一领域可以比作存储于计算机存储器中的数据文件。各种信息以图式的方式存储，或是存储为一条动态的信息。这些图式使我们能够对职业生涯问题解决和决策制定中的信息进行处理和加工。例如，在职业知识领域，当我们对会计这一职业了解得越多，我们就会发展出更为完善、更加详细的有关会计的工作、技能、兴趣等的图式。同样，在自我知识领域，如果我们做过兴趣测验，就会对自己的兴趣模式有更为清晰的了解。

决策技能领域：位于金字塔的中间，即一般性的信息加工技能。它包括沟通（Communication）、分析（Analysis）、综合（Synthesis）、评估（Evaluation）、执行（Execution）五个阶段，构成了决策的 CASVE 循环。

沟通（确认需求）：个人开始意识到问题的存在。

分析（将问题的各组成部分相互联系起来）：对所有的信息进行分析。

综合（形成选项）：个人形成可能的解决方法并寻求实际的解决方法。

评估（评估选项）：评估每种选项的优劣，评出先后顺序。

执行（策略的实施）：依照选择的方案做出行动。

这一步骤可比作使用存储于计算机内存和文件中的事实和数据的计算机程序。职业生涯问题的解决需要占用大量的记忆空间，并要求我们的大脑有足够的容量来进行信息处理。为达到这一点，我们必须聚精会神，就像准备比赛的运动员。在这之后，我们将到达金字塔的顶端。

执行加工领域：在金字塔的顶端，是对决策过程进行思考，也称为元认知。元认知就是个人对自己认知过程及结果的感知、体验和调节，是对认知的认知。它包括个人所具有的关于自己思维活动和学习活动的知识、对自我的觉察和对自己进行认知活动过程及结果的监督控制。这一部分就好比一种工作控制功能，它告诉计算机金字塔第二级水平上的各种程序将以何种顺序进行运作，操纵电脑按指令执行程序。例如，你可能在考虑职业选择及为哪个机构工作之前先着手解决专业选择的问题，或者你可能先考虑自己喜欢的生活方式，然后进行职业选择。这些想法主宰着我们决定为实现自己的目标而奋斗的时间与方式，以及我们解决职业生涯问题的路径。并且，这些想法帮助我们明确自己在何时已实现了目标。

在这三个领域中，知识领域是基础。没有较全面而准确的自我知识和职业知识，个人就无法做出恰当的职业决策。执行领域负责对上述两个领域的状况进行监控和调节。

1.4 职业生涯管理

1.4.1 职业生涯管理的内涵与特点

现代社会，人一生的大部分时间是在职业生涯中度过的，职业生涯覆盖人生中精力最充沛、知识经验日臻丰富和完善的几十年，职业成为绝大多数人生活的重要组成部分。职业不仅为个人提供了谋生的手段，而且创造了迎接挑战、实现自我价值的大好机会和广阔空间。组织也越来越认识到，人力资本是最重要的资源。因此，用人单位一方面想方设法地保持员工的稳定性和积极性，通过提高员工的业务技能来创造更高的效益；另一方面希望通过对一定程度的人员、知识或观念的重新替代来适应外界环境的变化，保持组织活力和竞争力。因此，对职业生涯进行管理恰好可以满足个人与组织的双重需要，是双方都不可忽视的一项重要工作。

职业生涯管理（career management）是基于员工个人和组织的共同需要，组织与员工共同制定员工个人发展目标与发展道路的活动。

从个人层面而言，职业生涯管理是对个人在组织内职业生涯的动态管理，包括从基于自我认知制定职业目标及行动策略到实施规划，再到修正、调整再实施的全过程。

从组织层面而言，职业生涯管理是组织开展和提供的、用于帮助和促进组织内正从事某类职业活动的员工实现其职业发展目标的行为过程，包括职业生涯设计、开发、评估、反馈和修正等一系列综合性的活动与过程，为员工提供必要的教育、训练、轮岗等发展机会，以促进组织发展目标和员工生涯目标的实现。组织职业生涯管理是通过员工和组织的共同努力与合作，使员工的生涯目标与组织发展目标一致，使员工个人的发展与组织的发展相吻合。

职业生涯管理具有以下三个方面的特点。

（1）职业生涯管理是组织与员工双方的责任。组织和员工都必须承担一定的责任，双方共同完成对职业生涯规划的管理。但无论个人或组织都不能过分依赖对方，因为许多工作是对方不能替代的。从员工角度看，个人职业生涯规划必须由个人决定，要结合自己的性格兴趣和特长进行设计；而组织在进行职业生涯管理时，所考虑的因素主要是组织的整体目标，以及所有组织成员的整体职业生涯发展，其目的在于通过对所有员工职业生涯规划的管理，充分发挥组织成员的集体潜力和效能，最终实现组织发展目标。

（2）职业生涯信息在职业生涯管理中具有重要意义。组织必须具备完善的信息管理系统，只有做好信息管理工作，才可能有效地进行职业生涯规划的管理。在职业生涯管理过程中，员工个人需要了解和掌握有关组织各方面的信息，如组织的发展战略、经营理念、人力资源的供求情况、职位的空缺与晋升情况等。组织也需要全面掌握组织成员的情况，如员工个人性格、兴趣、特长、智能、潜能、情绪及价值观等。此外，职业生涯信息总是处于变动之中，组织的发展在变，经营重点在变，人力需求在变，员工的能力在变，员工的需求在变，员工的生涯目标也在变，这就要求必须对管理信息不断地进行维护和更新，才能保证信息的有效性。

（3）职业生涯管理是一种动态管理，它贯穿于员工职业生涯发展的全过程和组织发展的全过程。每个组织成员在职业生涯的不同阶段及组织发展的不同阶段，其发展特征、发展任务，以及应注意的问题都是不相同的。每个阶段都有各自的特点、各自的目标和各自的发展重点，所以对每个发展阶段的管理也应有所不同。由于决定职业生涯的主客观条件的变化，组织成员的职业生涯规划和发展也会发生相应的变化，职业生涯管理的侧重点也应根据情况的变化做出调整。

根据职业生涯管理的内涵与特点，职业生涯管理的流程如图 1-3 所示。

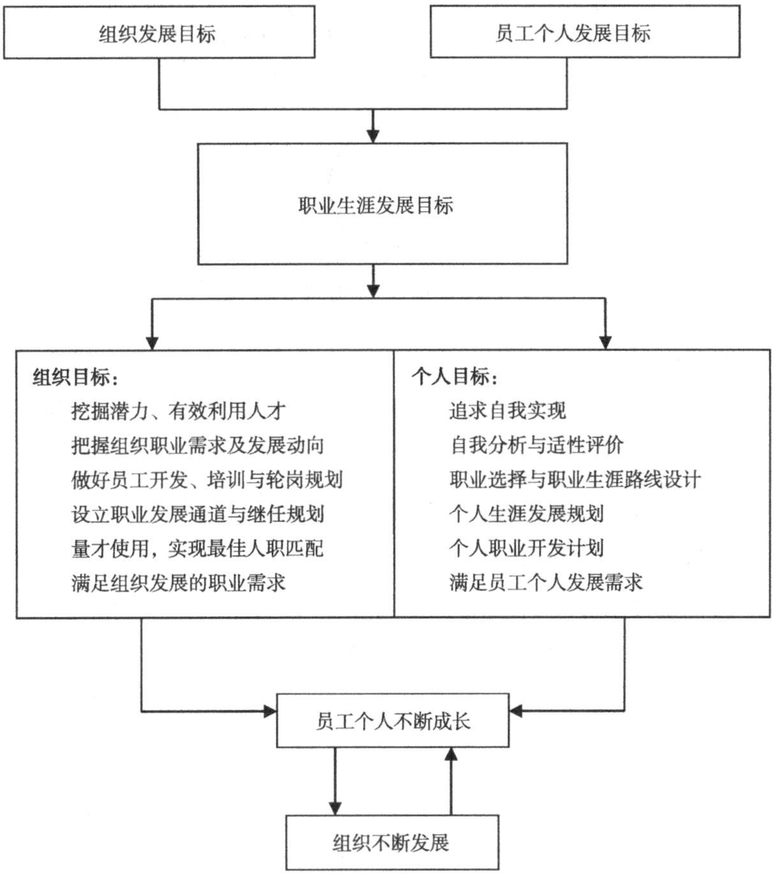

图 1-3　职业生涯管理的流程

1.4.2　个人在职业生涯管理中的任务

个人是职业生涯规划的主体，既是职业生涯规划的制定者、实施者，也是职业生涯管理和服务的对象。无论是个人还是组织开展的职业生涯规划活动，都是以个人的情况为基础，在细致的自我分析的基础上进行，其落实也要靠个人的努力与配合。个人的状况、价值观和对职业生涯规划的态度，对职业生涯管理都有着至关重要的影响。

个人职业生涯管理的主要内容有自我认知、目标设定、目标实现策略、反馈与修正四个方面，如图 1-4 所示。

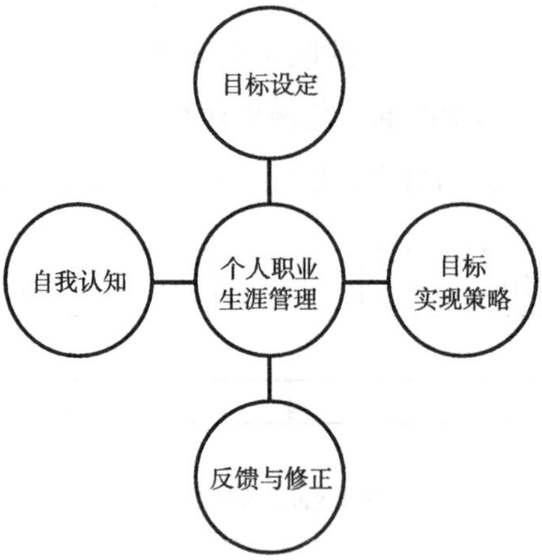

图 1-4　个人职业生涯管理的主要内容

（1）自我认知是指全面、深入、客观地分析和了解自己。即认清自己为人处世所遵循的价值观念，明确自己为人处世的基本原则和追求的价值目标，熟悉自己掌握的知识与技能，剖析自己的人格特征、兴趣、性格等多方面的个人情况，以了解自己的优势和不足，对自己形成一个客观、全面的认识和定位。

（2）目标设定是在上述自我剖析与定位的基础上，设立明确的职业目标。由于职业生涯跨越个人的青年、中年乃至老年，且人在各时期的体能、精力、技能、经验、为人处世的特点有明显差别，所以有针对性地制定阶段性的目标更为切实可行。

（3）目标实现策略是通过各种积极的具体行动与措施去争取职业目标的实现。目标实现的内容不仅包括个人在工作中的表现及业绩，同时包括超出现实工作的一些前瞻性的准备，以及为平衡职业目标和其他目标（如生活目标、家庭目标）而做的种种努力。目标实现的策略很多，包括撰写求职简历、参加面试应聘、商议工资待遇、制定和完成工作目标、参加公司举办的培训和发展计划、构建人际关系网、谋求晋升、参加业余时间的课程学习及跳槽换工作等，都可以看作目标实现的具体努力和措施。

（4）反馈与修正是指在实现职业生涯目标的过程中，根据实际情况自觉地总结经验和教训，修正对自我的认知和对最终职业目标的界定。研究表明，许多人都是在经过了一段时间的尝试和寻找之后，才了解自己到底适合从事什么领域的工作，这段时间在缺乏反馈和修正的情况下可能长达十几年。即使在自我定位和目标设定正确时，反馈和修正同样可以纠正分阶段目标中出现的偏差，可以极大地增强实现目标的信心。

职业生涯管理对个人而言，其意义与重要性主要体现在以下五个方面。

（1）职业生涯管理可以帮助个人清晰地认识自我。个人通过规划职业生涯的过程，更认真地审视自身的兴趣、爱好，认识自身的个性特质，把握自己的职业倾向和职业定位，将会分析个人现有和潜在的优劣势，扬长避短，充分发挥自身现有的价值并使其持续增值。

（2）职业生涯管理可以帮助个人确立合理的目标。一个有职业规划的人，将会更好地评估个人职业目标与现状之间的距离，并努力去实现职业目标。要使自己能够在将来的工作中取得成绩、获得成功，就必须学会给自己确定目标和努力方向，职业规划正好可以提供这样一种解决方案。通过职业规划，一个人将能够更加清楚自身的兴趣、爱好，明确职业倾向，树立客观、科学的人生目标，有了目标也就有了前进的方向，就会为目标的实现投入更多精力和时间，不断努力去争取成功。

（3）职业生涯管理可以增强个人对职业环境的把握能力和对职业困境的控制能力。个人职业生涯规划与管理方面的工作，不仅可以使个人更了解自身的长处和短处，养成对环境和工作目标进行分析的习惯，又可以使自己合理计划、安排时间和精力开展学习和培训，以完成工作任务，提高职业技能。这些活动的开展都有利于强化个人的环境把握能力和困难控制能力。

（4）职业生涯管理可以帮助个人协调好职业生活与家庭生活的关系，更好地实现人生目标。高质量的职业生涯规划和职业生涯管理工作可以帮助个人从更高的层面看待职业生活中的各种问题和选择，将各分离的事件结合在一起，相互联系起来，共同服务于职业目标，使职业生活更加充实和富有成效。同时，职业生涯管理能帮助个人综合地考虑职业生活同个人追求、家庭目标等其他生活目标的平衡，避免出现顾此失彼、左右为难的窘境。

（5）职业生涯管理可以指导个人不断实现更高的职业目标和自我价值。员工寻求职业的最初目的可能仅仅是找一份可以养家糊口的差事，进而追求的可能是财富、地位和名望。制定职业生涯规划并对职业生涯规划进行管理，不断修正职业目标和前进的方向，最终通过对职业目标的多次提炼逐步使个人的工作目的超越财富和地位，追求更高层次自我价值实现的成就感和满足感。因此，职业生涯管理可以清晰地指明个人努力的方向，增加成功的概率，使个人的职业目标和自我价值得以实现。

1.4.3　组织在职业生涯管理中的任务

职业生涯规划的管理强调组织的职业需求与员工职业发展之间相互作用和匹配适应。受个人因素、组织因素及环境因素等多方面的影响，职业生涯管理是一个涉及内容非常广泛的系统工程。因此，要进行有效的职业生涯管理，就必须在管理过程中对上述各有关因素加以系统的分析和研究，并据此构建组织职业生涯发展体系。具体而言，组织职业生涯管理的任务主要包括以下六项。

（1）帮助员工开展职业生涯规划与开发工作。组织为员工提供工作分析资料、工作描述，宣导经营理念、人力资源开发的策略等，员工据此设定自我发展目标与开发计划，使个人目标与组织目标相契合。

（2）确定组织发展目标与组织职业需求规划。根据组织的现状、发展趋势与发展规划明确组织的发展目标，并据此确定不同时期组织的职业发展规划与职位需求。

（3）开展与职业生涯规划相结合的绩效评估工作。包括工作业绩与表现的评估、工作士气的调查，并提供相关回馈资料给组织或员工。配合组织发展目标与方向，晋升优秀员工，提供生涯发展路径，及早确认有潜力者，确定甄选升迁标准，使员工公平竞争。

（4）职业生涯发展评估。组织应协助员工发展职业生涯目标并进行科学的评估。找出员工的优缺点及组织的优劣势，分析员工职业生涯发展的可行性及可能性。

（5）工作与职业生涯的调适。根据绩效、生涯发展的评估结果，对员工的工作或职业生涯目标做适当的调整，使员工的工作、生活与目标密切融合。

（6）职业生涯发展。包括各种教育与训练、工作的扩大与丰富化、责任的加重、激励措施等。

以上六项相互之间联系密切，互有影响。在实际操作中，只有彼此兼顾，才能取得最佳效果，在促进员工的自我发展的同时，确保组织的持续发展。

职业生涯管理对组织而言也同样具有深远的意义，主要体现在三个方面。

（1）职业生涯管理可以帮助组织了解组织内部员工的现状、需求、能力及目标，调和他们同存在于企业现实和未来的职业机会与挑战间的矛盾。职业生涯管理的主要任务就是帮助组织和员工了解职业方面的需要和变化，帮助员工克服困难，提高技能，实现企业和员工的发展目标。

（2）职业生涯管理可以更加合理与有效地利用人力资源。合理的组织结构、组织目标和激励机制都有利于人力资源的开发利用，同薪水、奖金、待遇、地位和荣誉的单纯激励相比，切实针对员工深层次职业需要的职业生涯管理具有更有效的激励作用，同时能进一步开发人力资源的职业价值。而且，职业生涯管理由于针对组织和员工的特点“量身定做”，同一般奖惩激励措施相比具有较强的独特性和排他性。

（3）职业生涯管理可以为员工提供平等的就业机会，对促进企业持续发展具有重要意义。职业生涯管理考虑了员工不同的特点和需要，并据此设计不同的职业发展途径，有利于不同类型的员工在其职业生涯中扬长避短。在职业生涯管理中，不同年龄、学历、性别的个人有着不同的发展方向和成长途径，这就为员工在组织中提供了更为平等的就业和发展机会。因此，职业生涯管理的深入实施，有利于组织人力资源水平的稳定和提高。尽管员工可以流动，但通过开展职业生涯管理工作可以使全体人员的技能水平、创造性、主动性和积极性保持稳定，甚至有所提升，这对于促进组织的持续发展具有至关重要的作用。

【延伸阅读】

组织在个人职业生涯发展中的任务

1. 确定不同职业生涯期雇员的职业管理任务

雇员职业生涯分为不同时期或阶段，在各个时期或阶段，雇员的职业工作任务、任职状态、职业行为等有所不同，呈现出不同特征。组织可以根据不同职业生涯期的个人职业行为与特征，确定每个阶段具体职业管理任务与职业发展内容。

（1）职业选择与职业准备阶段。组织的主要任务是：做好招聘、挑选和配置工作，组织上岗培训，考察评定新雇员，达成一种可行的心理契约，接纳和进一步整合新雇员。

（2）职业生涯早期阶段。这是新雇员和组织之间相互发现的时期，组织通过试用和新工作的挑战，发现雇员的才能，帮助雇员确立长期贡献区，或者说帮助雇员建立和发展职业锚。

（3）职业生涯中期阶段。个人事业发展基本定型或趋向定型，个人特征表现明显，人生情感复杂化，引发职业生涯中期的危机。面对这一复杂的人生阶段，组织要特别加强职业生涯管理。一方面，通过各种方式方法，帮助雇员解决诸多实际问题，激励他们继续奋进，将危机变成为成长的机会，顺利度过中期职业阶段的危险期。另一方面，针对不同人的不同情况，分类指导，为其指示和开通职业生涯发展的职业通道。

（4）职业生涯后期阶段。雇员年老即将结束职业生涯，此时此刻，组织的任务依然是很重的。一方面，要鼓励、帮助雇员继续发挥自己的才能和智慧，帮助他们做良师益友，为其他阶段雇员传授经验；另一方面，帮助雇员做好退休的心理准备和退休后的生活安排。此外，要适时做好人员更替计划和人事调整计划。

2. 进行有效的职业指导

职业指导是指组织协助个人选择职业、准备就业、安置就业并在职业上获得成功的过程。企业组织的职业指导发生于以下两个环节或场合。

（1）就业前的职业指导。面对就业前的诸多求职者，组织的职业指导主要有如下四方面工作。

① 广泛宣传本企业的职业需求，向广大求职者提供有关本企业的职业机会、职业特点和职业要求等信息。

② 了解求职者的个人特质、职业意愿和要求，对本企业职业工作的意向。

③ 根据本企业的职业需求计划，帮助求职者分析是否适宜在本企业工作，寻觅合适人选，按一定程序、要求、规范、原则选聘相应的适宜雇员。

④ 吸收合适人选进入组织，并任职于合适的岗位。

（2）进入组织后的职业指导。面对进入组织的员工，组织职业指导的重要任务也在于四个方面。

① 发布企业职业岗位需求信息。

② 了解雇员的愿望、要求和想法。

③ 帮助雇员认识与评估个人特质、能力、兴趣爱好，帮助雇员分析和选择自己的适宜职业岗位。

④ 职能匹配定位。

3. 为雇员职业发展开辟通路

（1）组织要帮助雇员制定和执行职业生涯规划。组织要帮助雇员依据组织需要和个人情况制定发展目标，并找出达到目标的手段和措施。重点是协助雇员在个人目标与组织内实际存在的机会之间，达到更好的结合，而且应强调提供心理上的成功。具体应帮助雇员制定、执行和修正生涯规划。

（2）组织要为雇员设置职业通道。职业通道是雇员实现职业理想和获得满意工作或者达到职业生涯目标的路径。组织中的成员，其个人特质、能力对其职业目标能否实现至关重要，但是离开了组织的需要和际遇，个人职业生涯发展也是不可能的。可以说，组织设置职业通道是决定性因素。设置雇员职业生涯发展通道，组织首先应当建设主干道；其次要不拘泥于单一道路，可设置多条使其达到职业发展目标的辅助职业通道，通过不同的道路共同实现职业发展的目标。

（3）组织要为雇员疏通职业通道。雇员职业发展过程可能遇到障碍，扫除通道上的障碍，是组织的重要工作任务。雇员职业发展的障碍，既可能来自雇员职业工作自身，又可能来自家庭，还有可能产生于个人的生物社会生命周期，因此，组织必须从雇员总体生命空间中去发现问题、解决问题。

资料来源：葛玉辉，等. 职业生涯规划与管理[M]. 北京：清华大学出版社，2014.

【本章小结】

职业是性质相近的工作的总称，是一个人为了不断取得个人收入而从事的具有市场价值的特殊活动，这种活动决定着从业者的社会地位，具有技术性、经济性和社会性三大特性。

职业的分类方式主要有三种：①按脑力劳动和体力劳动的性质、层次进行分类。②按心理的个别差异进行分类。这种分类方法是根据美国著名的职业指导专家霍兰德创立的“人格—职业”类型匹配理论，把人格类型划分为六种，与其相对应的是六种职业类型。③依据各个职业的主要职责或“从事的工作”进行分类。

专业泛指专门的学问或具体业务，专业的学习是职业生涯的必要准备，包括专业知识的学习、专业技能的掌握和专业能力的形成。职业和专业大多不是一一对应的，要正确对待职业与专业的关系。

所谓职业生涯，是指人的一生中的职业历程。职业生涯规划（career planning）是指个人与组织相结合，在对一个人职业生涯的主客观条件进行测定、分析、总结的基础上，对自己的兴趣、爱好、能力、特点进行综合分析与权衡，结合时代特点，根据自己的职业倾向，确定其最佳的职业奋斗目标，并为实现这一目标做出行之有效的安排。

职业生涯选择的重要理论有弗兰克·帕森斯的人职匹配理论、约翰·霍兰德的职业类型说、认知信息加工理论等。

在职业生涯管理中，组织、个人及其他一些相关人员都扮演着重要的角色，承担着不同的任务，并对个人的职业生涯发展产生重要影响。

【思考习题】

1. 简述职业生涯的内涵。
2. 什么是职业生涯规划？职业生涯规划的目的是什么？
3. 概括本章中提到的几种职业生涯选择理论的核心内容。
4. 结合自身情况，谈一谈职业与专业的关系。
5. 如何管理职业生涯？个人和组织各有什么任务？

【案例分析】

【案例 1–1】找工作，专业一定要对口吗

电子专业毕业的黎先生，从毕业到现在已经有八个年头了，在这八年时间里，他从事了很多方面的工作，从当初的电子制造业，操作工、车间维修、电路设计到后来的产品设计工程师。有一天，他坐在办公室电脑显示屏前，暗淡的办公室，与阳光灿烂的窗外形成鲜明的对比，他始终觉得这不是自己想要的生活，他心中的职业应该是具有挑战的、充满希望的职业道路，而不是像现在这样每天在办公室、食堂、宿舍“三点一线”的生活。朋友说他善于交际，亲和力比较好，做销售才是他应有的发展路线，他自己也觉得自己不适合这样 “混”下去，白白地浪费自己的青春。

终于，他下定决心决定辞职，并就近找了一份销售的工作干了起来，但是由于这是一个刚创建的公司，公司老板还没有自己的发展战略，加上下面的销售人员都没有实战经验。很快，这家公司运营不到两个月就宣布倒闭了，于是黎先生只得另谋出路，几经周折，阴差阳错中来到他心目中比较理想的城市——杭州，在这座美丽的城市重新开始他的职业生涯。

初来乍到的他，因为不熟悉杭州的行业状况，并且对自己的职业状况没有深刻的认识，黎先生前后做过好几份工作都不尽如人意，最长的也做了不到半年时间就选择跳槽，随着时间的推移，他渐渐地开始怀疑自己，这么多年来是否真的走错了路，或许应该找一个与自己专业对口的职业才是自己真正的发展方向呢？

资料来源：http://bbs.tianya.cn/post-763-240639-1.shtml.

讨论题

1. 黎先生职业失败的原因是什么？是因为专业不对口吗？
2. 黎先生下一步应该怎么做？

【案例 1–2】

小婷是某高校计算机系研究生二年级的学生，即将面临毕业求职的问题。由于不清楚自己将来适合做什么类型的工作，于是预约了职业咨询。在寻求咨询帮助的同时，小婷还参加了学校就业指导中心开展的职业规划训练营的培训项目。该项目是就业中心结合某个具体的行业推出的团体职业规划培训项目。

小婷说，尽管自己学的是纯技术学科，但将来并不想从事纯粹技术性工作；同时，自己没有想好具体往哪个方向发展，因此，希望通过职业咨询来帮助自己确定就业方向。从小婷的背景资料上看，她有很多参与项目工作的经验。

她开发过一个大学资产部房屋信息管理系统，担任“公房管理”子系统负责人，负责与需求方沟通，同时掌握并监控项目进度；采用面向对象方法进行需求分析、概要设计、系统详细设计，并参与代码编写与测试工作。

她还担任过网上图书购物系统项目经理，研究 ChinaPub、叮当等商务购物网站架构，撰写项目计划书，负责任务安排，把握项目进度；阅读了大量英文文献，进行新技术新工具（EJB、JBoss）调研，并做出可供项目组参照的范例；负责项目总体设计，搭建总体架构，设计并建立数据库，参与项目开发与测试；B/S结构，基于Java，JSP，STRUTS，EJB的J2EE项目，MVC设计模式。

同时小婷翻译出版过一本数据库设计教程，并受到读者广泛好评。

面对如此丰富的技术项目实践经历，咨询师问小婷：“你有很好的技术学科的背景和开发经验，为什么会不想从事技术性工作呢？”

小婷坦白地告诉咨询师：“其实我也不是很排斥技术性的工作，但是那些纯技术性的工作让我有点抓狂，每天对着电脑编程让我觉得非常难以忍受，相比而言，我更喜欢跟人打交道。”

当咨询师进一步问起她的社会实践活动时，小婷兴奋地分享了她在这方面的丰富经历。

本科阶段她参加了学校组织的暑期“三下乡”信息技术支教实践活动，为当地的希望小学搭建了基础设施，并对乡村教师们开展了基础计算机技能的培训，尤其是多媒体教学技术。研一的暑假参加了学校赴西部地区的社会实践团，调研了当地的信息产业发展规划情况，这次活动结束以后小婷还被学校评为优秀实践个人。这些工作让小婷觉得非常有意义。

此外，在校期间小婷还做了很多学生工作：本科时任学生会主席，并且是某社团创始人之一；主持社会实践总结表彰会，以座谈的形式充分调动与会同学投身实践的热情；组织策划本社第一次学术讨论会，负责活动整体规划，并担任主持人；创办社刊并成为首任主编，该刊成为同学们针砭时事、关注社会的交流平台，在同学中反响热烈。对比小婷谈技术工作的感受和丰富的实践经历，咨询师感觉小婷是个人际取向很强的人，这也是她很难忍受纯技术工作的原因。于是咨询师对小婷进行了职业测评，测评结果发现小婷在人际方面不但有兴趣，并且有较强的能力，不仅善用逻辑思维去思考、评判问题，对有规律可循的工作更感兴趣。小婷也对自己的性格、兴趣、能力和价值观有了更好的了解。咨询师帮助小婷结合她的性格特点和兴趣，列举分析了可能适合她的职业。经过慎重的考虑后，她将自己的求职方向定位到会计师事务所，认为在这一行业工作能够带给她很大的满足感。接下来，小婷制订了学习计划和职业生涯规划，并开始行动。

资料来源：王占军，北森生涯学院组. 大学生职业生涯规划咨询案例精编[M]. 上海：华东师范大学出版社，2017.

讨论题

1. 小婷是如何确定职业生涯规划的？
2. 如果你是小婷，你会放弃自己擅长的领域，去学习一个全新的专业吗？

【本章实训】

结合自己的专业，列举与专业有关的行业，尝试寻求一个适合自己的职业，并做简单的职业生涯规划。保留这份职业生涯规划，在学期结束时再做一次，比照前后有什么不同。

个人职业生涯规划设计书（参考模板）

职业规划设计书

个人基本资料：

姓名：×××

性别：×

年龄：××

籍贯：××××××

所在学校及学院：×× 大学 ×××× 学院

班级及专业：×××× 级 ××× 专业

学号：××××××××××

联系电话：×××××××××××

一、自我认知

1. 职业兴趣——喜欢干什么；
2. 职业能力——能够干什么；
3. 个人特质——适合干什么；
4. 职业价值观——最看重什么；
5. 胜任能力——优劣势是什么。

我的优势	我的弱势

自我分析小结：

二、职业分析

1. 家庭环境分析

如经济状况、家人期望等及对本人的影响。

2. 学校环境分析

如学校特色、专业学习、实践经验等。

3. 社会环境分析

如就业形势、就业政策、竞争对手等。

4. 职业环境分析

A. 行业分析（如 ×× 行业现状及发展趋势）

B. 职业分析（如 ×× 职业的工作内容、工作要求、发展前景）

C. 企业分析（如 ×× 单位类型、企业文化、发展前景、发展阶段、产品服务、员工素质、工作氛围等）

D. 地域分析（如 ×× 工作城市的发展前景、文化特点、气候水土、人际关系等）

职业分析小结：

三、职业定位

综合第一部分（自我分析）及第二部分（职业分析）的主要内容得出本人职业定位的 SWOT 分析。

内部环境因素	**优势因素（S）**	**劣势因素（W）**
外部环境因素	**机会因素（O）**	**威胁因素（T）**

结论：

职业目标（宏观）	将来从事（×× 行业的）×× 职业
职业目标（微观）	进入 ×× 类型的组织（或到 ×× 地区发展）
职业发展路径	走专家路线（管理路线等）
具体路径	×× 员——初级 ××——中级 ××——高级 ××

四、计划实施

计划实施一览表

计划名称	时间跨度	总目标	分目标	计划内容	策略和措施	备　注
短期计划（3年以内）	20××—20×× 年					大学生职业规划的重点
中期计划（5年以内）	20××—20×× 年					大学生职业规划的重点
长期计划（10年左右）	20××—20×× 年					方向性规划

五、评估调整

职业生涯规划是一个动态的过程，必须根据实施结果的情况及因素变化进行及时的评估与修正。

1. 评估的内容：

职业目标评估（是否需要重新选择职业？）假如一直……那么我将……

职业路径评估（是否需要调整发展方向？）当出现……的时候，我就……

实施策略评估（是否需要改变行动策略？）如果……我就……

其他因素评估（身体、家庭、经济状况及机遇、意外情况的及时评估）

2. 评估的时间：

一般情况下，我定期（半年或一年）评估规划；

当出现特殊情况时，我会随时评估并进行相应的调整。

3. 规划调整的原则

结束语

第 2 章 个人与职业生涯规划

学习目标

理解格林豪斯的职业生涯管理模型
掌握制定个人职业生涯规划的原则和步骤
熟悉个人职业生涯发展的影响因素
掌握按时间长短制定个人职业生涯规划的方法
了解职业生涯新模式

关键术语

职业生涯管理模型；规划；认知；职业生涯新模式

引导案例

小镭是学动漫专业的，但大三时他曾作为交流学生去瑞典留学一年，在此期间，小镭发现自己更喜欢另一门课：市场营销学。那时小镭就想，自己以后的工作应该是市场营销方面的。

1. 确定职业方向

毕业前，小镭把自己关注的一些职业因素进行了梳理。

（1）希望进世界500强企业。首先是欧美企业，其次是港资、韩国企业。因为不太喜欢日本文化，小镭基本上把日本企业排除在外。

（2）最希望从事市场营销，其次是公关、销售，再次是人事行政，坚决不做财务。

（3）希望进快速消费品行业。因为工业品行业以销售为主导，而快速消费品行业总是以市场为主导。他更希望将来能在核心或主导部门工作。

（4）希望企业的总部在上海，因为小镭特别喜欢上海这座城市，那里有很多的机会。

如此一来，小镭的求职范围比较明显了，只有15家企业符合要求，而联合利华是排在第一位的。于是小镭就把求职的重点放在了联合利华上。

2. 整整做了两天“网申”

联合利华不是小镭唯一的目标。但小镭是第一个进行“网申”的，而且态度非常认真。“网申”共有8页内容，小镭总共花了两天时间。第一天是仔细阅读，认真准备；第二天才开始答题，8个开放性问题小镭都非常认真地做了回答。其实“网申”很重要，联合利华在全国总共收到20万份“网申”，但只有5 000份有机会到相关人员的手上。

3. 应对两轮面试

第一轮面试有这样一个问题：你对联合利华的产品了解多少？小镭最喜欢的立顿花茶就是联合利华的产品。随身的包里还有两小包立顿花茶。小镭顺势拿了出来，说：“这是我最喜欢的立顿花茶，因为喜欢，回国时还买了很多送人。这种茶在国内还没有卖的，你们愿不愿尝尝？”

第二轮面试开始了。来自全国的140名大学生被集中到上海国际会议中心。140人又被分成两组，分别参加周六、周日的面试。这次面试以案例题、小组群面的方式进行。上午由中国区的CEO和重点客户销售总监当面试官。下午的面试更难，考两个案例，一个关于新产品推广，一个关于申博。当时场面很乱，七嘴八舌地很快就有人陷入了细节的争论。这时小镭抓住了机会，果断地走到白板前。小镭把新产品如何进行推广的计划大致搭了一个框架，并在白板上面出图示。同时，小镭没忘记把大家讨论的细节都纳入了框架中。最后，小镭问：“大家还有什么需要补充的？”一下子，大家似乎被小镭的计划折服了，没有人对小镭的框架提出异议。很自然地，当时小镭成了这个小组的“领导”。

最后的结果就是：小镭进入联合利华市场部成为一名管理培训生。工作了差不多两周，小镭发现自己很喜欢这份工作，小镭的老板也说小镭挺适合这份工作。而更让小镭开心的是，他大三的时候在瑞典做出的职业选择果然是对的。

资料来源：https://wenku.baidu.com/view/b8a103313968011ca3009196.html.

2.1　个人导向的职业生涯管理模型

由于个人是职业生涯规划的主体， 格林豪斯等人提出了一个以个人为导向的职业生涯管理模型。

2.1.1　职业生涯管理模型的一般阐释

受特质因素理论、人格类型学说等理论的影响，职业生涯管理模型的基本假设是，当人们的工作和生活体验与本人的愿望和要求一致时，他们会更有成就感并有更高的生产率。当人们的工作经历与个人的需要、价值观、兴趣和生活方式偏好相符时，他们会对职业选择更加满意。当工作所需的恰好是个人所具有的技能时，职业的绩效会有提高。基于这些理由，职业生涯管理模型试图将这种一致性或者说人职匹配最大化。

格林豪斯的职业生涯管理模型如图 2-1 所示。

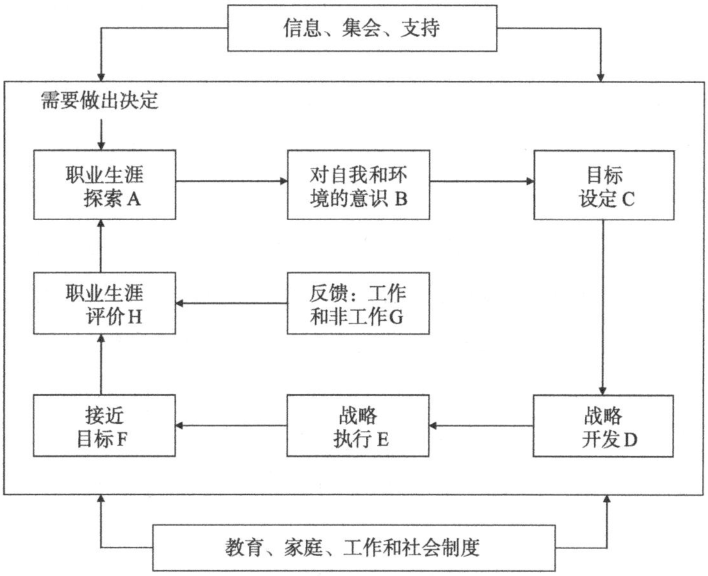

图 2-1　职业生涯管理模型

让我们通过一个案例来对这个复杂的模型做一个简单的阐释。

某年轻的化学工程师正在认真考虑她在公司的未来，尽管她并不厌倦工程师这个岗位，但目前一份公司管理的工作强烈地吸引了她。她本来可以这样继续待下去，遵循公司对她的“安排”。但她决定在自己的职业管理中扮演一个积极的角色，于是决定采取行动进行决策。

职业生涯管理模型中的第一步显示这位工程师应该开始职业生涯探索（图 2-1 中的步骤 A）。也就是说，她应该开始收集信息，包括她自己的（喜好、天赋）、组织内或组织外可供选择的其他工作机会及组织为员工提供的职业发展通道等。

职业探索将会使这位工程师对自己和环境有一个更加全面的认识（步骤B）。她会更清楚自己的价值观、兴趣爱好及在工作和非工作生活中的才能所在，也会对工作的选择及相关要求、环境中存在的机遇和障碍都更加了解。

这种逐步深化的认识可以帮助这位工程师设定工作的目标（步骤C）。目标也可能在某个特定时期为她获得工厂经理助理的职位，或者帮助她成为项目工程师，或者在可预见未来的情况下留在目前的岗位。

可实现的目标的建立有利于职业战略的开发和执行（步骤D和步骤E）（如一系列计划的活动以达到期望的职业生涯目标）。比如说，这位工程师的目标是成为公司的经理助理，她可能参加公司的一两个管理发展论坛，并尽量从目前的老板那里争取更多的管理任务，更多地了解整个公司的运作。

一个合理的职业生涯战略的执行直接带来向职业生涯目标的接近（步骤F）。如果这位工程师选择了一个明智的行动计划，那将比没有执行战略或执行一项不当的战略更容易达到她的目标。

职业生涯战略的执行还可以为个人提供有用的反馈信息。这种反馈与来自他人的工作和非工作来源的反馈一起（步骤G），可以帮助这位工程师正确评价她的职业生涯（步骤H），从职业生涯评价中得到的信息又反过来促进职业生涯探索（步骤H到步骤A），从而开始职业生涯管理新的循环。比如说，这位工程师可能发现她在所需管理技能方面表现很差，这样的评价会使她考虑更改自己的目标，也许她就不再希望进入管理层；或者她保留这个目标但要对战略进行修改，比如她也许会选择攻读一个管理学的硕士学位。

总之，职业生涯管理模型提供的是一个解决问题、进行决策的过程。个人通过收集信息来认识自己和周围的环境，然后建立目标，制订并执行计划，获得反馈信息继续职业生涯管理。

遵循这种职业生涯管理方法的人并不一定生活在一个封闭的环境中，正如图2-1中的边框所示，职业生涯探索、目标设定、战略和反馈的有效性往往取决于来自不同人和组织的支持。比如，学校提供的实习和咨询项目，或者由工作组织提供的绩效评估、自我评估和导师培训项目，以及来自家庭的建议、关爱和支持都会有助于有效职业生涯管理的实现。

职业生涯管理模型的成功应用不仅取决于个人，也取决于组织。它需要员工之间的、目前和将来的老板之间的、同事之间的、朋友的及家庭的信息系统。个人必须愿意对他们的职业生涯采取积极和负责任的行动，也需要收集正确决定所需要的信息。研究表明，获得家庭和朋友支持的个人感到更加安全，也能够更好地实现职业生涯发展。

组织必须愿意并善于与员工分享信息，提供必需的资源并支持员工在职业生涯管理中的尝试。

2.1.2　职业生涯管理模型中的关键概念

格林豪斯等人在论述其职业生涯管理模型时，对该模型涉及的概念进行了分析。了解这些关键概念，是理解这一模型的重要基础。下面我们将逐一介绍这些概念。

（1）职业生涯探索。职业生涯探索是收集并分析与职业有关的信息的过程，如图 2-2 所示。

图 2-2　职业生涯探索过程

①职业生涯探索与自我意识和环境意识。大多数人都需要收集信息以便对自己的价值观、兴趣和才能及环境中的机会和障碍有一个更好的认识。假设职业生涯探索涉及的范围越广泛越合理，人们就更可能看到他们自己和工作环境的不同。

为什么职业生涯探索能够提高自我意识和环境意识？格林豪斯等认为：首先，人们并不像自己认为的那样对自己有一个清楚的认知。他们可能并不知道自己在工作或生活中真正想要的是什么，或许他们从来没有用心思考过这个问题，或许他们过去的决定都是根据别人的期望而非自己的愿望做出的。因此人们往往需要收集必要的数据来认识自己。同时人们对自己能力的认识也不全面，比如说，他们可能从来没有想过一名成功的高校学报的广告经理意味着他们的说服力和人际能力，或者完成一项特殊的工作显示了他们某项潜在的领导特质。通常，人们对性别与工作的联系有一种定式思维，哪些工作适合男性、哪些工作适合女性似乎都事先规定好了。因此。我们在分析自己的能力时可能落入偏见而忽视实际情况。另外，在某些方面人们可能高估自己的优势，并认为自己的能力比实际中的能力更强。反之，一些人也许总是低估自己的能力。因此，职业生涯探索能够为人们提供更加全面准确的自我形象，提高自我认识的能力，即通过工作中表现出的行为和技能准确评价自己的能力。类似地，对不同职业、不同组织和职业机会的了解也依托于对环境的积极探索，关于环境的全面认识有助于弄清各种选择及对环境的适应。

②职业生涯探索的类型。格林豪斯将职业生涯探索划分为自我探索和环境探索两种类型（见表 2-1），他认为，划分职业生涯探索的类型有助于理解职业生涯探索。自我探索能够对自己的人格特征有更好的了解。人们会更深刻地理解自己的兴趣所在。他们会知道自己期望从工作中获得什么（挑战、安全感、金钱、旅游）即他们的工作

价值观。自我探索还能提供个人的潜在信息，如优势、劣势、才能和局限。最后，自我探索可以对自己喜欢的生活方式、工作、家庭的平衡有一个更好的把握。

表 2-1 职业生涯探索的类型

自我探索	环境探索
• 兴趣	• 职业类型
• 才能	• 行业类型
优势	• 所需工作技能
劣势	• 工作选择
• 工作价值观	• 公司选择
工作挑战	• 家庭对职业生涯决定的影响
工作自主度	
安全	
工作 / 生活平衡	
金钱	
工作条件	
帮助他人	
影响力	

环境探索，能够让人更加了解环境中的各个方面。对一个学生（或者正在考虑更换职业的人）来说，环境探索会更集中在职位信息方面。比如，一个系统分析师真正做什么？电子工程师的职业需要什么技能？面向私人的会计和面向公众的会计有什么区别？对已经工作的人来说，环境探索更注重某个组织中可选择的工作。这种情况下，环境探索可以提供给他有关目前工作或将来可能的工作的信息。在两三年内我能胜任什么工作？从现在的直线岗位跳到一个特定职能岗位需要什么经验？我目前的职业路径在几年内会不会走到尽头？环境探索也能为员工提供其所在组织的信息，比如，组织中什么人愿意成为我的支持者？谁在这个组织中获得了真正的奖励？我可以获得哪些训练和发展机会？环境探索还包括了解家庭对职业生涯决定的影响。例如，知道你的配偶愿意搬家会有助于你决定接受一个 2 000 千米之外的工作机会。因此，通过环境探索，个人可以知道家庭的需要、配偶的职业价值观及工作与家庭生活的关系。

③职业生涯探索对职业生涯管理的效用。研究表明职业生涯探索对职业生涯管理有积极的作用。职业生涯探索的直接效用是提高了对自己和环境的认识。有研究表明，个人进行越多的职业生涯探索，他们对自己和所选职业的认识就越全面。类似地，职业生涯探索的某些形式会增加人们在工作搜寻过程中的信息总量。还有研究表明，尽管职业探索对目标设定的影响不仅取决于数量，还有焦点和质量，但职业生涯探索仍有助于人们开发自己的职业目标。当人们的决定在多方面职业生涯探索条件下进行时，

个人的职业生涯决定会更合适。或者更令人满意。例如，格林豪斯和他的同事在对探索过程多方面的研究中都指出了职业生涯探索对人们从事的工作前景是有用的。研究发现，那些进行了多方面探索的学生能得到更多的工作面试和工作机会，获得更高的工资待遇，并且有更现实的工作预期。职业生涯探索还可以帮助人们制定多方面的职业生涯战略，并且在工作面试情境中表现更佳。

简而言之，职业生涯探索能够使人们更好地认识自己和工作环境。为完成达到职业目标所需的重要任务和决定做好准备，并能够为此制定必需的战略。事实上，探索进行得越多，这些活动就被认为越有用。这并不是说职业生涯探索一定能够提供深刻而有用的信息。但这意味着如果职业生涯管理建立在准确信息的基础上，将会更加有效。

（2）意识。意识是指对自己的特质和周围环境特征相对全面而准确的感知（见图 2-3）。

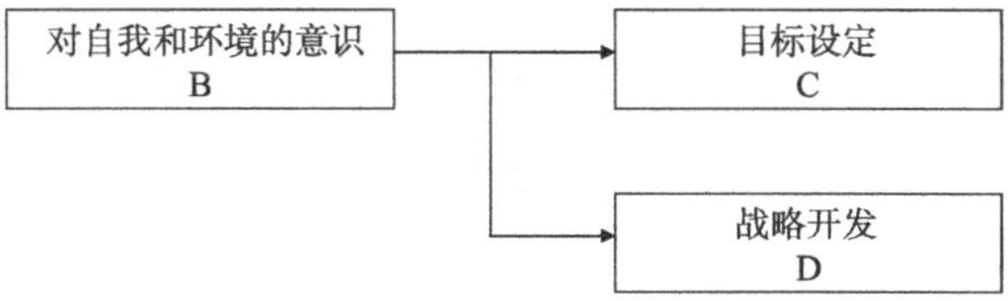

图 2-3　意识对职业生涯的作用

从格林豪斯的职业生涯管理模型中可以看出，全面地认识自我和环境能使人设立适当的职业目标并制定恰当的职业战略，因此，意识——对自我和环境的意识是职业生涯管理的一个中心概念。

如果一个人缺乏对自我和工作的准确认识，就很难设定可实现的职业目标。事实上，人们的很多职业生涯决策是基于刻板印象、偏见或扭曲的信息而做出的。当人们做的决定是建立在对自我和环境准确把握的基础上时，目标往往会更加适当且更加现实。格林豪斯等人的研究结果支持这一观点。他们已经证明那些能够对自己的价值观和所选领域有多方面觉察的学生在建立职业生涯目标时，比那些相对不了解自我和职场的学生，倾向于设定更加现实可行的目标，建立更现实的工作预期，从而获得更高水平的工作满意度。总之，研究表明，自我意识和环境意识能够对职业生涯管理产生积极的影响。

（3）职业生涯目标。格林豪斯等将职业生涯目标定义为个人希望达到的与职业相关的结果（见图 2-4）。

图 2-4　职业生涯目标对职业战略开发的作用

组织行为学文献中最一致的研究结果之一就是，承诺了具体的有挑战性的任务目标的员工比那些没有目标或承诺低目标的员工表现更加出色（Locke 和 Latham，1988）。建立职业生涯目标的好处在于人们可以通过相对集中的方式来确定自己的努力方向。一旦目标设定，互补的行为和态度将推动目标的实现。比如说，一位销售代表制定了一个成为地区营销经理的目标，他就可以围绕这一目标开始职业战略的制定。若没有一个明确的目标，行动的计划将很难制订。格林豪斯等指出，职业生涯目标不一定意味着寻求晋升。一个适当的职业生涯目标可以是在同一个或不同组织内的平行移动。实际上，职业生涯目标可以不涉及工作的变换。一个普通工程师的目标可能就是在原有岗位上增加技能和工作责任。

职业生涯的目标越具体，制定有效战略以达到目标的可能性就越大。比方说，一名财务分析师的目标是 3 年内成为部门经理，他就会考虑要获得这个岗位需要什么样的培训或教育，要完成哪些工作任务及实现这一目标的可能性。另一名分析师的目标是变得更加有钱或享受生活，他可能盲目行动，因为没有确切的目标。格林豪斯等人的研究表明，设立了 1~2 年的具体职业生涯目标的经理比没有具体目标的经理对自己的职业生涯更加乐观。并且，经理对自己的目标承诺越多，就越可能制定多方面的职业生涯战略。的确，清晰的职业生涯目标和计划与职业效用的提高、职业的顺应性、工作参与及成功的工作搜寻是密切相关的。Edwin Locke 和他的助手对部分人的绩效高于其他人的原因进行了广泛的调查，发现当人们设立了具有挑战性的但是可以实现的目标时，他们会被激励并表现得更好。

（4）职业生涯战略。在格林豪斯等人的职业生涯管理模型中，职业生涯战略是指一系列设计出来的以帮助个人达到职业生涯目标的活动。

不少组织制订了明确的战略计划使其成功地实现了目标，这同样适用于个人的职业生涯管理。职业生涯战略的研究可以追溯到 1951 年 Melville Dalton 的深入观察，一个制造工厂经理的提升似乎不是受正规教育或服务年限的影响，而是因为他采取了一些“战略性”行动，如加入一个有声望的社会或政治组织。Engne Jennings 的分析显示，高流动的经理制定了一系列有目的的战略以进入“高级经理层”；成功的管理者积极地参与职业生涯管理，且从不依赖于对工作的忠诚、做上司的非关键下属和对公司保持永恒的尊敬。正如 Jennings 指出的，这种基于忠诚的方法可能在过去奏效，但现在的公司需要的是有经验和竞争力的员工，而不仅仅是其在公司中的资历。越来越多的组织开始将员工视为其财富或智力资本。

格林豪斯等的研究试图弄清员工所采取（或认为应该采用）的用以提高职业成功机会的战略种类。这些研究显示有七种主要的职业生涯战略：

① 现有工作的竞争力；

② 扩大工作参与（长时间努力工作）；

③ 技能开发（通过培训和工作经验）；

④ 机遇开发（通过自我推荐、可见的任务和网络）；

⑤ 支持性关系的开发（顾问、赞助者、同龄人）；

⑥ 形象树立（以传递一个成功者的形象）；

⑦ 组织政治。

（5）职业生涯评价。职业生涯评价是人们获得并利用职业相关反馈的过程。它在格林豪斯的职业生涯管理模型中处于非常重要的地位。职业生涯评价过程，如图 2-5 所示。

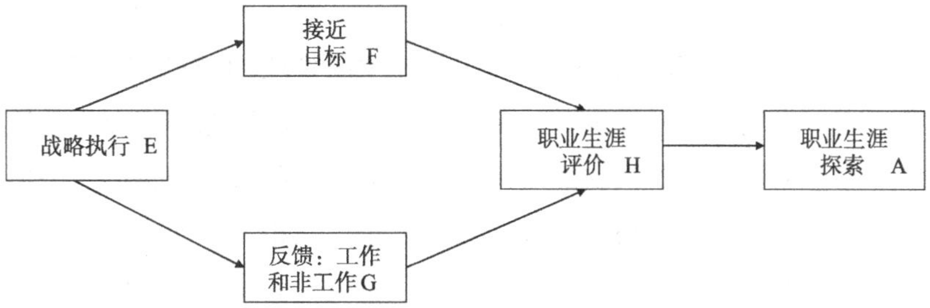

图 2-5　职业生涯评价过程

工作同生活一样，人们需要通过评价知道他们表现得如何。建设性的反馈使人们能够确定自己的目标和战略是否有意义。职业生涯评价“监督”自己的职业生涯过程，在职业生涯管理中起到协调和反馈的作用。

反馈可以来自不同方面，执行职业生涯战略的行动就能提供工作和非工作的反馈。例如，周末在办公室加班（扩大工作参与）能够赢得老板的赞许。参加一个培训项目或建立一种亲密的导师关系对于人们认识自己和工作组织都是很有价值的。另外，对接近目标的过程的反馈还能从指导和绩效评估、部门上司、同事及其他重要人员那里获得。来自职业生涯评价的信息完成了一个循环，作为新的职业生涯探索信息继续下一个循环，然后提高个人对自己和环境的认识。

正如前面提到的，职业生涯评价过程可能导致个人对职业生涯目标的重新审核。来自工作和非工作的反馈可能促使或导致目标的修改。比如说，对一次培训的强烈反应或在新项目中的出色表现可能说服员工要进入下一个管理层的目标。但如果这些活动的结果令人失望，将会促使员工改变自己的目标；职业生涯评价同样可以影响战略性行为。如在绩效反馈过程中，一个员工和他的上司也许认为额外的正式培训是不必要的，但对完成新的任务来说，这种培训是必不可少的。这样一来，目标没有变化，但战略不一样了。有研究证明，个人自我监控和修订职业生涯战略的能力能够带来更高的职业流动——包括更多跨公司的提升和公司内的晋升。

总之，职业生涯评价提供了一个反馈圈，使职业生涯开发和整个职业生涯管理不停地循环。对学习和绩效任务的反馈是有用的，这已经在很多研究中得到了证实。作为一种自我纠正机制，反馈功能同样适用于职业生涯管理。

2.1.3 职业生涯管理是一个持续解决问题的过程

为什么职业生涯管理应该是一个规律的、持续的过程？格林豪斯等认为，由于工作是生活中重要的一个部分，一份满意的职业能够提高人们的成就感，相反，一连串糟糕的职业生涯选择会对人的自信产生灾难性的影响。但要对我们在工作环境中所处的位置有深入的了解并不是一件容易的事情。目标常常是不现实的，战略也往往让人无法信服。若没有持续的、有意识的、积极的职业生涯管理，以往的错误就很容易重现。说得更复杂一点，人们往往对先前的决定继续承诺——即使他们将面临重复的失败和谴责——以向自己和他人证明最初的决定是正确的。这些人会使自己“坚信”，之前的失败可以挽回，并且先前的努力最终会得到公正的回报。事实上，他们可能为证明最初决定的正确构造出另外的解释或进一步的自我辩护。持续的、积极的职业生涯管理，包括来自各方面的反馈对于避免继续挖掘也许不会出现的“洞”是必要的。进一步说，变化的环境也需要持续的职业生涯管理，在制定新的商业战略时，组织面临新环境，要为新的流动渠道清除旧的职业路径。技术的革新、重组、缩减、合并和习得的知识都会影响一个人在特定组织中的职位。同时，人也在改变。在一段时期内显得如此重要的目标过一阵后也许要进行重新审核。30岁时令人兴奋的工作在50岁时可能变得惹人讨厌甚至令人反感。随着年龄的增长，人的成熟和经历的丰富，新的才能和价值观也会出现。家庭环境的改变也许会对职业提供限制或机遇。于是，对自身变化不敏感的人，将会失去选择更加适应目前价值观和生活方式偏好的职业机会。

基于这些原因，职业生涯管理应该是一个持续地解决问题的过程。这并不是说人们应该每周每日不断地评价自己的行为或修订自己的战略目标，但是人们应该与自己及环境的改变大体保持一致。在职业生涯持续的过程中，无论是专业化与多元化之间的抉择，还是面对失业的反应及重新评价工作参与和家庭角色的决定都需要有效的职业生涯管理。

2.2 从理论到实践：规划个人的职业生涯

求职面试的时候主考官常常会问这样一个问题：你的职业生涯有什么样的规划？这就是你必须回答的一个简单的职业生涯规划问题。面对日益激烈的职场竞争，每个人不得不面对这样的问题：我未来的路在哪？如何找到我满意的工作？其实大多数人对于职业生涯的发展都有模糊的意识，并设想过职业的发展路径及如何去实现。

2.2.1　个人职业生涯规划需要的信息

关于职业生涯规划需要哪些信息问自己以下问题。

（1）我是什么样的人？这是自我分析的过程。分析的内容包括个人的兴趣爱好、性格倾向、身体状况、教育背景、专长、过往经历和思维能力。这样可以对自己有全面的了解。

（2）我想要什么？这是目标展望的过程。包括职业目标、收入目标、学习目标、名望期望和成就感。特别要注意的是学习目标，只有不断确立学习目标，才能不被激烈的竞争淘汰，才能不断超越自我，登上更高的职业高峰。

（3）我能做什么？自己的专业技能何在？最好能学以致用，发挥自己的专长，在学习过程中积累自己专业相关的知识技能。同时，个人工作经历也是一个重要的经验积累过程。

（4）什么是我的职业支撑点？具有哪些职业竞争能力？以及各种资源和社会关系，个人、家庭、学校、社会的种种关系，也许都能够影响职业选择。

（5）什么是最适合我的？行业和职位众多，哪个才是适合自己的呢？待遇、名望、成就感和工作压力及劳累程度都不一样，最好的并不一定是最合适的选择，合适的才是最好的。这就要根据前四个问题回答这个问题。

（6）最后我能够选择什么？

还要看这个世界需要什么。有需求才有市场，要主动地收集信息，了解有哪些组织可以提供职位，又有哪些职位适合你。

通过以上过程可以大致了解做职业生涯规划需要的信息有哪些了。机会偏爱有准备的人，做好职业生涯规划，为未来的职业做准备，当然会比没有做准备的人的机会更多。

2.2.2　由远及近地规划个人职业生涯

个人职业生涯规划按照时间的长短可划分为人生规划、长期规划、中期规划与短期规划。同目标管理分解目标的理念类似，由远及近、由大到小、由抽象到具体地规划个人的职业生涯，可以帮助我们更好地把握努力的方向。

（1）人生规划。人生规划是整个职业生涯的信念指导，是个人职业生涯发展的努力方向。一个人全部的职业生涯时间长达 40 年左右，设定人生的发展目标，才不会在职业生涯发展中迷失方向。如规划成为一名世界500强企业的高级管理人员或某行业、某专项技术的专家等。

（2）长期规划。长期规划可以是10年规划，主要为实现目前还不具备条件、需要长期努力才能达成的较长远目标。如规划40岁前成为一家大型公司的部门经理、中小企业的高级管理人员或某一专业的高级工程师等。

（3）中期规划。中期规划一般规划5年内的目标与任务，如规划成为大型公司的业务主管、中小企业的部门经理或某一专业的工程师等。

（4）短期规划。短期规划一般是指3年以内的规划，主要是确定近期目标与任务，规划近期需要完成的任务，如学习专业知识，掌握业务知识、具备岗位胜任力等。注意，这里的胜任力是一种能够区分一般和优秀绩效的竞争力，“做得好”和“做完了”是有本质区别的。

2.2.3 职业生涯发展规划的原则

职业生涯发展的有效规划取决于以下四个方面：一是对自己及环境有充分的了解，包括个人的价值、兴趣、能力及期望的生活形态；二是目标切合实际；三是有具体的行动计划；四是不停地反省并且修正职业生涯目标，以适应环境的改变。因此，良好的个人职业生涯发展规划应遵循以下原则。

（1）可行性。规划要有事实根据，并非美好的幻想或不着边际的梦想，否则将会延误生涯发展良机。

（2）适时性。规划是预测未来的行动，因此各项主要活动何时实施、何时完成，都应有时间和时序上的妥善安排，以作为检查行动的依据。

（3）适应性。规划未来的职业生涯目标，牵涉多种可变因素，因此规划应有弹性，以增加其适应性。

（4）持续性。人生每个发展阶段都能做到持续、连贯的衔接。

2.2.4 个人职业生涯规划的步骤

如果让你制定一份职业生涯规划，可能觉得很没有头绪，但如果把这份规划当作制订一份旅游计划，就很好理解和执行了。从目标的制定到实现的过程，都和个人的兴趣爱好和自身条件等有关，对目标和过程的选择没有绝对的好坏之分。俗话说，条条大路通罗马。不同的路上有不同的风景，所以在行程的选择上，没有哪条路是绝对好的，只有比较合适的路。对个人职业生涯发展的规划也是如此。充分了解自身情况和目标的信息，可以对完成这段旅程更有信心。但无论掌握了多少信息，都要有应对风险和意外的心理准备。你能否如愿以偿地实现目标，这在很大程度上取决于你是计划的推动者还是纯粹地依赖别人或环境，后者常让人陷入抱怨而无所作为。

从个人的角度来看，职业生涯规划是指员工根据对自身的主观因素和客观环境的分析，确立自己的职业生涯发展目标，选择实现这一目标的职业，以及制订相应的工作、培训和教育计划，并按照一定的时间安排，采取必要的行动达成职业生涯目标的过程，个人职业生涯规划流程一般包括认知自我、认知工作世界、做出决策与确立目标、行动与实施、反馈与修正五个方面的内容。

（1）认知自我。认知自我是职业生涯规划的第一步，通过这种对自己人格、兴趣、价值观、技能和价值观的综合分析和鉴定，搞清楚自己爱好什么、擅长什么、想要什么，个人能更好地选择适合自己的职业道路，确定职业目标。进入职业生涯后，就可以把人生有限的经历、时间集中在一个特定的领域，最终可以少走弯路、减少挫折，形成相对优势，取得较高的职业成就。自我认知的核心作用及内容，能带来许多积极的影响，能使人们对自己的职业从长计议。更重要的是，它能够使人们在职业生涯遇到逆境时从自身寻找原因，促使人们检查过去做出的职业选择及这些选择是不是真正符合自身情况，并据此引导以后的职业选择。另外，认知自我能鼓舞人们去挖掘自身潜能，尝试新的工作任务，挑战更艰巨的工作，使人们无论是在精神还是物质方面都拥有更多的收获。因此，认知自我是职业生涯规划的基础，直接关系到个人职业的成功与否。

（2）认知工作世界。除了知道自己能做什么、想做什么，还要知道这环境需要什么，根据工作世界的信息帮助自己选择职业生涯发展的方向。工作世界为每个人提供了活动的空间、发展的条件和成功的机遇。近年来，社会的快速变迁、科技的高速发展、劳动力市场的供需变化对个人的职业生涯选择产生了很大的影响。在这种情况下，个人如果能很好地认知社会环境、行业环境和组织环境，就能够有效地做出职业选择，反之可能处处碰壁、寸步难行、事倍功半、难以成功。在制定职业生涯规划时，要分析环境的特点、环境的发展变化情况、环境对个人提出的要求，以及环境中对自己有利与不利的因素等。通过对劳动力市场环境、社会环境、行业环境、组织环境，特别是劳动力的供需关系、行业的上升空间、组织的发展战略、个人在组织里的发展空间等问题的评估，找到自己在工作世界里的职业发展机会，以更好地进行职业目标的规划与职业路线的选择。

（3）做出决策与确立目标。职业生涯决策就是综合整理和评估自我认知和工作世界认知的信息，将个人情况和职业需求相匹配，做出职业选择的过程。在决策时有可能因信息不全而重新回到前面两个步骤。很多人对工作的期待很高，但是在职业选择的过程中马马虎虎，或者没有掌握准确的信息，最终不得不一再降低要求，觉得只要能找到一份工作就可以了。对个人而言，最理想的职业一定是能够实现人职匹配，既能胜任这个职位又可以从工作中获得满足感的。因此，在进行职业生涯决策时，一定要综合分析主观和客观因素，慎重选择，为准确确立职业生涯目标奠定良好的基础。

通过科学的职业生涯决策，职业发展就有了明确的方向与目标。坚定的目标可以成为追求成功的驱动力。研究表明，一个人事业的成败很大程度上取决于有无适当的目标。凡是成功的人士都有明确的奋斗目标；那些没有明确的奋斗目标的人，几乎都没有获得成功。因此，未来的成功者，必定是目标意识很强的人。确定了职业目标，还要将远期目标分解为循序渐进的小目标，并制订行动计划。与此同时，职业生涯发展的路线也明晰了。

（4）行动与实施。职业生涯规划的实施是将全部的认知探索和思考落实到行动，去实现职业生涯目标的阶段。行动阶段从搜索就业信息、选定求职单位、制作简历、参加面试等一系列的求职活动开始。通过寻找一份适合自己的工作，开启职业生涯规划的实施。在实施过程中，为了更好地实现预期目标，不能满足于完成本职工作，还要注意以下几点。

第一，提高个人对组织的价值。一个人只有对组织有用才能长期留在组织中，因此如果决心在本组织内发展，就要关注自己能在哪些岗位为组织创造更多价值，把这些岗位作为努力的方向，为个人职业目标的实现奠定基础。

第二，请求担当责任更大、更繁重的工作，并切实完成好工作任务。这样做一方面可以增加自己对组织的价值贡献，另一方面可以展示和证明自己的实际能力，为实现个人职业目标、获得职业成功创造条件。

第三，预计成功实现未来目标将需要何种知识、技能，并事先设计好以何种方式去获得这些知识和技能。这是个人职业计划成功的核心内容。职业成功与否固然有机遇因素，但是起决定作用的根基还在于个人的知识和解决问题的能力。在这一过程中，个人的职业期望必须与培训开发活动相结合，通过不断调整知识结构、提高运用能力来拓展职业成功的要素。如为了达到工作目标，你计划采取哪些措施提高效率；在业务素质方面，你计划采取哪些措施提高业务能力；在潜力开发方面，你计划采取哪些措施。对诸如此类的问题都要有具体的计划与措施。

第四，培养、提高人际交往能力，搞好组织内工作场所的人际关系。工作场所的人际关系包括与上级的关系、与同级同事的关系及与下属的关系。人际关系反映了员工的工作环境，如果处理不好，可能成为个人职业成功的障碍。人际关系不仅反映了员工人际交往能力，也反映了员工适应环境、能动地改造环境的能力，同时还能折射出员工的思想意识和个人特质。因此，成功的职业生涯要求个人在处理人际关系时努力加强人际交往，建立良好的人际关系，为个人职业目标的实现寻求支持与帮助，以便促进职业目标的顺利实现。

（5）反馈与修正。由于自身及外部环境的变化，职业生涯规划也要随着时间的推移而变化。在制定职业生涯规划时，由于对自身在非工作状态下及未来职业发展认知的局限性，最初确定的职业生涯目标往往是比较模糊且不精确的，有时甚至是错误的。经过一段时间的工作以后，要有意识地回顾自己的言行得失，检验自己的职业定位与职业方向是否合适。这样，在实施职业生涯规划的过程中就可以自觉地总结经验教训，评估职业生涯规划，通过反馈与修正，纠正最终的职业目标与分阶段的职业目标的偏差，或调整职业生涯发展方向，在保证职业生涯规划行之有效的同时，还可以增强员工实现职业目标的信心。

2.3　个人职业生涯规划的影响因素

职业生涯规划必须在实际的生活境遇和工作环境等的基础上进行。生活境遇影响着你的决策和职业生涯过程，成长的社会、家庭、同伴等背景及对自己的看法等因素都会影响你有关职业的决定。有时，这些因素会对你的职业生涯发展起到正向的作用。例如，朋友或家庭成员对你在学校或工作岗位上的努力给予鼓励和支持，这就很可能帮你建立自信心并且提高在职场上成功的可能性；或者是父母的社会关系能够为你提供更多就业信息资源，帮助你做出更好的职业选择等。

同样，这些因素也可能成为决策的障碍。我们很可能经常听到下面这些说法：

"我现在岁数太大了，不再适合考虑改变职业了。"

"我真正想做的是一名工程师，但是我放弃了，因为我无法作为一名学生全职地去攻读学位。"

"我真的没有资格去做那份工作，我怕自己做不好。"

"我倒是愿意接受这项任务，但是那样的话我会很忙，没有时间照顾孩子了。"

这些都是人们在做职业决策时经常面对的障碍，它们阻碍了你对所有可能的选择做充分思考。总之，影响职业生涯发展的因素有很多，概括地说主要有个人、社会、家庭、环境四类。这些直接关系到我们能否制定适合个人发展的职业生涯规划，从而影响一个人的一生。

2.3.1　影响职业发展的个人因素

影响职业生涯发展最重要的因素就是个人因素，主要包括以下七个方面。

（1）人格。人格是一个人个性特征的总和。不同气质、性格的人适合的工作类型不同。个性特征最好能与工作的性质和要求相匹配，如外向的人可以做营销方面的工作，内向的人适合做文秘等方面的工作。

（2）兴趣。兴趣是职业生涯选择的重要依据，当一个人对某种职业产生兴趣时，他就能发挥整个身心的积极性，就能积极地感知和关注该职业相关的知识动态。可以提高人们的工作效率，可以调动人的全部精力，以敏锐的观察力、高度的注意力、深刻的思维和丰富的想象力投入工作，进而大大提高工作效率。在其他条件相似的情况下，从事自己感兴趣的职业不但能够让你感到满意，而且能够让你的工作单位感到满意，并由此带来工作的长期性和稳定性。此外，多方面的兴趣可以使人善于应付多变的环境，如果变换工作，只要自己感兴趣，就能够很快地学会这项工作技能，求职成功，并且能够很快地在新的岗位上熟悉和适应工作。人们不仅需要知道自己有能力从事什么样的工作，更重要的是需要知道自己对哪类工作感兴趣。只有将能力和兴趣结合起来考虑，才能规划好职业生涯并取得职业生涯发展的成功。

按照霍兰德的划分，一共有六种基本的职业性向，兴趣不同的人可能有着不同的职业性向，吸引着他们从事不同的工作。实际上，大多数人拥有多种职业性向。有些性向较相似或相容，那么个人在选择职业时所面临的内在冲突和犹豫就会较少；反之，其在选择职业时将会面临较多犹豫不决的情况。

职业锚与职业性向有相似之处，但不等同于职业性向，它是人们在选择和发展自己的职业时所围绕的中心。但是想要对职业锚提前进行预测是很困难的，因为一个人的职业锚是在不断变化的，它实际上是一个不断探索的过程所产生的动态结果。有些人也许一直都不知道自己的职业锚是什么，直到其不得不做出某种重大决定。

（3）教育背景。教育是赋予个人才能、完善个人人格、促进个人发展的社会活动，它决定了个人的基本素质，对人生有巨大的影响。有时候，一个企业会拒绝未达到某一教育水平的人。有些人拥有的技术已过时或者过于专业化，结果因为市场对他们的才能需求减弱，他们在职业选择上会变得比较被动。因此，终身教育的理念越来越被提倡，学习成了伴随一生的过程。教育上的成功与社会阶层的变动有明显的关联，教育是改变社会阶层的主要动力，是一项工具，能够帮助个人突出于庸碌的同事之上。人们所学的专业对其职业生涯有着重大的影响，往往影响早期、中期职业生涯乃至一生的职业类别，即使人们转换职业，也往往与其所学专业有一定的联系。

（4）能力。能力是掌握和运用知识技能使活动顺利完成的个性心理特征，直接影响活动效率。个人的能力决定了其在职业生涯的道路上能够走多远，因为不同职业、职业生涯发展的不同阶段对个人能力的要求都是不同的，所以无论选择了什么职业，纵向上升发展都是对能力的挑战。在此意义上，个人能力比职业选择更加重要，能力足够强的个人，即使选择了非最优的职业道路，一样可以取得理想的成果。对企业的员工而言，其能力指劳动的能力，也就是运用各种资源从事生产、研究、经营活动的能力，包括体能、心理素质、智能三个方面，而这三个方面构成了个人的全面综合能力，它是员工职业发展的基础，与员工个体发展水平成正比。能力越强者，对自我价值实现、声望和尊重的要求越高，发展的欲望越强烈，对个体发展的促进也越大，同时，其接受新事物、新知识及自我完善和提高的速度也越快。所以，能力既对员工个体发展提出了要求，又为个体发展的实现提供了可能的条件，它是员工职业发展的基础和重要影响因素。

（5）人生阶段。在不同的人生阶段，人们的年龄、生理特征、心理素质、智能水平、社会负担、责任、主要任务等都不同。这就决定了在不同的人生阶段，个人职业发展的重点和内容也是不同的。

（6）人生目标。人生目标是个人终生所追求的固定的目标，生活中的一切事情都围绕着它而存在。人生目标能激发人们的热情和活力，会给人们带来长久的幸福、安宁和富裕，它是一项人们注定会去做的事情。目标越高，人们的动力越大、眼界越高，考虑问题就越全面；目标越低，人们越易于安于现状、产生惰性，对职业选择也是如此。

（7）意志。意志是个人自觉地确定目标，支配与调节自己的行动，克服各种困难，从而达到预期目标的心理状态。个人对自己行动的目标有着正确、充分的认识，善于明辨是非，能当机立断地做决定并予以执行，有坚韧不拔、百折不挠的精神，在行动中善于控制自己的情绪、约束自己的言行，做事情有刻苦执着的精神等，都有助于职业生涯获得成功。职业生涯规划的自觉、进行职业选择的果敢、为实现长期职业目标而努力的坚韧、职业规划和决策中的自律、为完善职业生涯规划做出大量努力的勤奋等都有益于获得职业生涯的成功。没有坚强的意志，人就会在顺境中得意忘形，在逆境中消沉颓废，最终不能实现自己的职业生涯规划。意志强弱对于个人的职业生涯发展有着重大的影响作用。

2.3.2　影响职业发展的社会因素

社会是人才得以活动及发挥才干的舞台，也是影响人们成长与成功的重要因素。社会的政治经济形势、涉及人们职业权利方面的管理体制、社会文化与习俗、职业的社会体系等社会因素决定着社会职业岗位的数量与结构，决定着社会职业岗位出现的随机性与波动性，从而决定了人们对不同职业的认定和步入职业生涯、调整职业生涯的决策。用人单位对员工的培养、亲戚朋友的交际网、在职业发展过程中所能获得的帮助、提高素质所需的学习机会和图书资料、与职业生涯发展方面有关的制度与政策等也会对社会职业结构的变迁、个人职业生涯变动的规律产生影响。

在社会因素中不得不提的还有机遇。机会，是一种随机出现的、具有偶然性的事物。在一个人的一生当中会遇到许多偶然的机会，有利的偶然机会就是机遇。如果社会上出现了提供个人发展、向上流动的职业环境，对于职业发展而言，那就是机遇，这对个人的职业生涯规划有积极的影响作用。把握机遇的前提是完善自我、提高素质、具备职业发展的素质。不具备这种前提，机遇就不会青睐我们，我们只能与机遇擦肩而过。具备了这种前提还要善于发现机遇，如果漠视机遇，就只能是英雄无用武之地，找不到职业发展的方向。抓住机遇是关键，只有抓住了机遇，才能有一个施展才华、快速成长的舞台。机遇似乎对于任何人都是平等的，却又总是落在有能力且准备充分的人身上，谁的能力强、准备充分，谁就能够抓住机遇、取得成功。

2.3.3 影响职业发展的家庭因素

家庭是个人生活的重要场所，一个人的家庭也是造就其人格甚至影响其职业生涯的主要因素之一。一般父母对子女会有一种期望，这种期望会在人的幼年时期留下印象，并随时间的推移而强化，适当的期望会有激励作用。父母所从事的工作职业是人们观察社会工作的开始，父母对自己的职业的认同程度，对子女将来是否愿意从事这种职业有很大的影响。家庭经济负担小，会使人们受的教育程度更高，职业选择空间更大；家庭经济负担重，个人肩负的家庭责任更沉重，自然会在是否继续读书深造、选择职业的经济收入多寡等方面思虑颇多。

2.3.4 影响职业发展的环境因素

环境为每个人提供了活动的空间、发展的条件和成功的机遇。尤其是在我国，近年来社会经济的快速增长、科技的高速发展和市场的竞争加剧等对个人的发展产生了很大的影响。因此，行业的发展状况、国内外环境对行业发展的影响、行业存在的优势和劣势及未来的发展趋势都是影响个人职业生涯的重要因素。

要充分了解外部环境特点和环境的变化情况、个人与环境的关系及个人在环境中的地位，分析环境对职业发展的要求、影响及作用，衡量环境对个人提出的要求及环境中对个人有利与不利的因素，评估环境因素对个人职业生涯发展的影响并做出反应，以更好地进行职业选择和职业生涯规划。只有充分地了解这些环境因素，认识到职业生涯发展的可能与局限，才能做到在复杂的环境中趋利避害。

2.4　职业生涯发展的新模式

无边界职业生涯与易变性职业生涯是近年来备受关注的两个新概念，其实这两个概念在 20 世纪八九十年代就有学者提出来了。通过分析这两个概念的内涵，并将它们与传统职业生涯进行比较，可以展示当代社会个人职业生涯发展的一些新特点。

2.4.1　无边界职业生涯

自 20 世纪 90 年代以来，信息化的工作方式在许多国家和地区迅速普及，原有的组织结构正在发生显著的改变，在企业的重组过程中出现了大量中高层员工失业的现象，严重冲击了原来的职业生涯观念，新的职业生涯观念正在悄然兴起。研究者开始考察跨越多个公司和边界的职业生涯问题，无边界职业生涯这一新的概念也应运而生。

国外学者 Defillppi 和 Arthur 将无边界职业生涯定义为“超越单个就业环境边界的一系列的就业机会”。无边界职业生涯的特点包括便携式的知识和技能、跨越多个公司的才干、个人对有意义的工作的认同感、多重网络及平等学习关系的发展、个体对职业生涯管理负责。

由此可见，无边界职业生涯发展的观念是对传统职业生涯发展的一种挑战和发展，它标志着员工的职业生涯发展规划从企业内部发展到超越企业的边界；员工的流动跨越了组织、职业、部门等的界限，个人的职业生涯发展有了更大的灵活性。传统职业生涯与无边界职业生涯的比较如表 2-2 所示。

表 2-2　传统职业生涯与无边界职业生涯的比较

比较项目	传统职业生涯	无边界职业生涯
劳动关系（心理契约）	工作安全性换取忠诚	灵活性换取工作绩效
环境边界	一两个公司	多个公司
能力	由公司来确定	可转移
如何衡量成功	报酬、提升、地位	心理上的认同感
职业管理的责任	组织	个人
培训	正式的培训计划	在岗的学习和培训
里程碑	与年龄相关	与学习相关

资料来源：耶胡迪·巴鲁. 职业生涯管理教程[M]. 北京：经济管理出版社，2004.

2.4.2　易变性职业生涯

从传统角度来看，职业生涯可以被认为是与一个组织保持的一种长期的劳动关系，在这个组织中，员工按照事先设计好的连续职务序列阶梯向上发展。比如，在企业里个人可以走管理序列，担任专员、主管、经理、总经理；也可以走专业技术序列，如助理工程师、工程师、高级工程师等。但是自21世纪以来，由于商业环境的变化和知识技术的革新，企业越来越无力保证为员工提供持续稳定的工作和职业发展机会，员工也越来越意识到自己随时可能面对职业危机。在这种情况下，易变性职业生涯这一全新的职业概念产生了。

易变性职业生涯是指由于个人兴趣、能力、价值观及工作环境的变化，企业或组织经营环境和内部政策的变化，使得员工经常性地改变自己的职业。在传统的职业生涯时代，组织是安排员工职业发展的主体，而易变性职业生涯观念认为，员工本人要对自己的职业生涯管理负主要责任。传统的职业生涯与易变性职业生涯的区别主要体现在以下三个方面。

第一，传统的职业生涯目标是加薪和晋升，它不仅受员工自身努力的影响，还受到公司所提供职位的影响。而易变性职业生涯的目标是获得一种心理成就感，在很大程度上由员工自己掌握和控制，它更多的是一种自我的主观感受，而不仅是组织对员工的认可。心理成就感对新一代的员工尤为重要，他们往往对地位不是很看重，但希望自己的工作富有灵活性，并渴望工作有乐趣。

第二，在传统的职业生涯中，员工“知道怎样做”（具备提供产品和服务的适当技能）至关重要，而现在对员工的知识和技能要求更高了，员工不仅要“知道怎么做”，更重要的是要“知道为什么”并“知道为谁”。“知道为什么”是指员工应该了解企业的业务和文化，从而掌握相关的知识和技能，以促进企业的发展。“知道为谁”是指员工为了达到企业的战略目标而需要建立的各种人际关系，如同经销商、供应商、股东和董事会成员、顾客和行业专家建立良好的人际关系。而这些单靠正式的课堂培训是不够的，需要的是人际互助和在职体验，需要员工的自我学习和自我感悟。所以，易变性职业生涯更强调员工必须具有动态的学习能力。

第三，传统职业生涯发展是一种线性的等级结构，许多大公司的职业生涯都是多层级的、带有科层制的职务结构，较高的等级往往意味着较大的权力、责任和更高的薪资收入，当然传统的职业生涯方式还包括专家型的职业生涯方式，即终生从事某一专业领域（如法律、医疗、管理），具体表现为在这个特定的领域里知识经验越来越丰富、逐渐成为专家并受到人们的尊崇，这种职业生涯方式在以后还会继续存在。在易变性职业生涯的时代，由于商业运作方式和为客户提供产品和服务方式的变化，使得员工知识和技能老化的速度也在加快，同时有掌握新知识、新技能的年轻人不断地补充到劳动力市场中来。因此，员工为了应对这种越来越明显的职业危机，需要不断地拓宽和深化自己的知识和技能，以提高自身的价值和“可雇用性”（见表2-3）。

表 2-3　传统的职业生涯和易变性职业生涯

比较项目	传统职业生涯	易变性职业生涯
目标	晋升、加薪	心理成就感
心理契约	工作安全感	灵活的受聘能力
管理责任	公司承担	员工承担
运动	垂直运动	水平、垂直、多样化运动
方式	直线性、专家型	短暂性、螺旋形
发展	很大程度上依赖于正式培训	更依赖于人际互助、在职体验和自我管理
专业知识	知道怎么做	学习怎么做

资料来源：雷蒙德·A. 诺伊. 员工培训与开发[M]. 北京：中国人民大学出版社，2000.

【本章小结】

职业生涯管理是一个持续地解决问题的过程。个人导向的职业生涯管理模型认为，当人们的工作和生活体验与本人的愿望和要求一致时，他们会更有成就感并具有更高的生产率。当人们的工作经历与个人的需要、价值观、兴趣和生活偏好相符时，他们会对职业选择更加满意。当工作所需的恰好是个人所具有的技能时，职业的绩效会有所提高。

按照时间的长短来分，职业生涯规划可分为人生规划、长期规划、中期规划与短期规划四种类型。

个人职业生涯规划流程一般包括认知自我、认知工作世界、做出决策与确立目标、行动与实施、反馈与修正五个方面的内容。

影响职业生涯发展的因素有很多，总体来讲，主要有个人、社会、家庭、环境四类。其中最重要的是个人因素。

相较于传统的职业生涯发展，无边界职业生涯与易变性职业生涯是职业生涯发展的两种新模式。

【思考习题】

1. 谈一谈对个人导向的职业生涯管理模型的理解。
2. 列举职业生涯规划需要的信息。
3. 简述个人职业生涯规划的基本步骤。
4. 影响个人职业生涯发展的因素有哪些？你认为最重要的因素是什么？为什么？

5. 职业生涯有哪些新模式？它们和传统的职业生涯有什么区别？

【案例分析】

【案例 2-1】

黄先生出生在一个贫困的山区，小时候个子比较矮，在同龄人中很不起眼。父亲是乡村小学教师，母亲在家务农，家里还有一个患有精神疾病的弟弟，日子过得十分艰难。在高中时由于数理化成绩不太好，他便选择了在英语班学习，希望能够扬长避短，考上大学，跳出"农门"。经过努力，他终于以全县文科第一名的成绩考上了一所大学的外语系，成为20世纪80年代的第一批大学生。

进入大学后，他制定的第一个职业生涯目标就是毕业留校。因为按照当时的政策，如果不留校，就意味着毕业后要回到家乡工作。为了这个目标，他刻苦学习，苦练英语口语。刚开始他找班上英语最好的同学互相对话练习口语。一个月后，那位同学已经跟不上他了，他就自己对着墙练习。经过四年的刻苦学习，黄先生终于以全年级第一名的成绩留校任教，从事大学公共英语课程的教学工作，实现了他的第一个职业生涯目标。在工作一段时间以后，他又给自己制定了第二个目标：自学一门新专业，考取硕士研究生。他认真分析了国家的宏观环境和发展趋势，并进行了自我分析，决定自学法律专业。两年以后，他考取了中国政法大学民商法专业的硕士研究生。毕业后，他又回到原单位工作。同年，他参加了全省组织的专业组英语竞赛，获得了第一名，并被当地一家劳务输出公司看中，聘请为随队翻译并派往非洲。在第一次签订合同时，他只签了一年。到非洲后，公司发现他不仅懂英语，还懂法律，特别是由于他懂得劳务合同的有关条款，使公司避免了重大损失，公司又和他续约三年。在非洲工作期间，他结识了很多酋长的子女，这些人大多在英美国家接受过法律方面的良好教育，熟悉英美国家的法律理论和制度，黄先生逐渐与他们成了朋友，得到了很多他们赠送的英文原版法律书籍，并经常与他们讨论有关的法律问题。渐渐地，黄先生发现自己很有处理涉外经济方面法律问题的分析能力和解决问题的能力，负责办理的几个案子都胜诉了。于是，他又制定了第三个职业目标：从事涉外法律工作，成为一名职业律师。三年后，他做了大胆的决定：从高校辞职，到沿海城市做一名专职律师。又过了五年，他被一家猎头公司看中，去了一家外资企业做法律顾问，收入颇丰。之后不久，他开办了一家自己的企业，在接近40岁时，达到了个人职业的巅峰。他摆脱了贫困，并把父母接来同住，实现了个人和家庭的和谐发展。

资料来源：关冬梅.创业技能[M]. 北京：清华大学出版社，2008.

讨论题

1. 黄先生在制定每个职业生涯目标时综合考虑了哪些因素？
2. 为什么黄先生总是有职业生涯发展的好机会？

【案例 2-2】

余波在1989年大学毕业后进入一家不知名的国企工作，6年后，这家企业发展成国内具有相当知名度的大型企业，而余波也成为这家企业最年轻的高管。

1996年，余波在事业如日中天之时决定离职，原因是另一家企业出更高的年薪聘他。但两年后，后来的这家公司因缺乏必要的资金支持而濒临倒闭，余波被迫离开。2000年，余波又与朋友合作创业，结果在一年后企业亏损严重又一次不得不离开。经过数次的职场动荡后，余波陷入了迷茫。

后来在朋友的帮助下，他从猎头公司那里第一次听说了“职业生涯规划”一词。回顾过去，他发现自己的第一次职业变动是高薪吸引了他，曾经取得的优秀业绩让他以为自己无所不能，低估了职业变化的风险；第二次变动是因为自己难以承受失败的打击，没有正视自己的不足，选择了不适合自己的创业之路。

余波在猎头公司的帮助下制定了自己的职业发展规划，逐步清楚地认识了自身未来的职业发展，在年近不惑之时谨慎地选择了一家企业，重新走上了健康的职业发展道路。

资料来源：关冬梅.创业技能[M]. 北京：清华大学出版社，2008.

讨论题

1. 余波的职业发展历程对我们有何启示？
2. 当发现职业生涯的发展轨迹偏离目标时，我们应该怎么做？

【本章实训】

结合自身情况，列出可能影响个人职业生涯规划的因素，设计自己的人生规划，根据人生规划分别制定长期、中期、短期职业生涯规划。

第3章 个人与职业生涯发展周期

学习目标

了解职业生涯发展周期理论
熟悉职业生涯发展周期各阶段个人特点及面临的问题
掌握个人职业生涯各阶段的任务和自我管理策略
了解职业成功的概念，能够定义自己的职业成功

关键术语

职业生涯发展周期；生涯发展阶段；自我管理；职业成功

引导案例

珍妮弗、马克和埃米莉正准备去上班。虽然这三人年龄、职业各不相同，但有一个共同点：忧心自己的职业生涯。

对22岁的珍妮弗来说，这份忧心里面又掺杂着一丝希望。今天是她入职的第一天。“我心里好激动，但也好慌，”她说，“我已经读了15年的书，今天终于要上战场了。我无法向父母寻求建议，因为他们对如今的就业市场一无所知。我能适应这个岗位吗？我将来有可能找到一份完美的工作吗？我是不是得到处跳槽才能走在别人前面？”

马克已经42岁了，他感觉自己的职业生涯进入了瓶颈期。“我已经有足够多的经验教训，也掌握了一些技能，接下来还能怎么样？我能在不因加班而影响家庭生活的情况下，担任更高的职务吗？”

埃米莉也面临着一些难题。眼看着55岁生日步步逼近，这个大公司的职员正在思考自己的退休计划。“我努力工作了30多年，这一路上伴我前行的许多人都已经离开了公司。我既没赚到足够多的钱来彻底告别工作，大公司的世界又已经不适合我。如果不退休的话，我该怎么做呢？生活变得越发索然无味，仅靠桥牌和高尔夫已经排遣不了了。”

资料来源：布赖恩·费瑟斯通豪.远见[M]. 北京：北京联合出版公司，2018.

职业生涯伴随人的一生，如同有机体具有生命周期一样，职业生涯也经历着从成长到衰退的过程。个人所处的阶段不同将会对其知识水平及对于各种职业的偏好程度产生不同的影响。在人的一生中，职业生涯的持续时间相对其他人生阶段通常是最长的，一般要持续 30~40 年，是个人生命周期中最重要的组成部分。如同职业生涯导师和思想领袖布赖恩·费瑟斯通豪在他的《远见》一书中提到的，个人职业生涯也可以划分为三个截然不同的阶段。

第一阶段是探索与成长阶段，从初出茅庐到强势开局。你在职业上的努力必须着重于为前方的漫长道路挖掘和武装自己。你的学习曲线要比职位、职称更加重要。在这一阶段，要为职业生涯打好基础并建立良好的早期习惯。

第二阶段是确立与维持阶段，从确立长板到发挥优势。该阶段的首要目标是寻找自己的“甜蜜区”，即你所擅长的、所热爱的和这个世界所需要的三者之间的交集。这个时候你要展现自我，让自己鹤立鸡群，想方设法让自己平稳地走在那条收获最大的职场路径上。要专注于自己的长板，大可忽略自己的短板。

第三阶段是下降阶段，从体面退休到实现持续的影响力，以及寻找一条可以稳定延续到 60 多岁甚至 70 多岁的新的职业道路。

3.1 职业生涯发展周期理论

3.1.1 唐纳德·舒伯的生涯彩虹理论

唐纳德·舒伯（Donald Super）是世界职业规划与生涯教育领域最具权威性、最有影响力的生涯发展研究者之一，为世界职业规划与生涯教育领域做出了“无与伦比的不朽贡献”，被誉为“超级思想家”。从 1940 年到 1950 年，舒伯出版了《职业适应动力学》和《职业生活的心理学》两本生涯发展的专著，奠定了其在该领域的权威地位。他于 20 世纪 50 年代初开始提出关于生涯发展的新思路，使他成为最重要的“过程取向”理论家之一。

舒伯指出，职业选择部分基于个人的自我概念，个人通过职业选择来寻求自我概念的实现。这一观点与人格、职业这两个概念紧密结合，形成他对生涯的看法。舒伯提出了生涯彩虹理论，他认为九种生活角色是我们理解生涯概念的良好途径。每个人在其一生中的不同时间里承担着一个或多个角色。此外，对于每个人来说，每个生活角色的强度随时间变化。各种生活角色的结合及其强度构成了每个人的生涯基础。有些角色是从生物和遗传的角度来定义的，有些则是个人的选择。为了综合阐述生涯发展阶段与角色彼此间的相互影响，舒伯创造性地描绘出一个多重角色生涯发展的综合图形——生涯彩虹图（见图 3-1），形象地展现了生涯发展的时空关系，更好地诠释了生涯的定义。

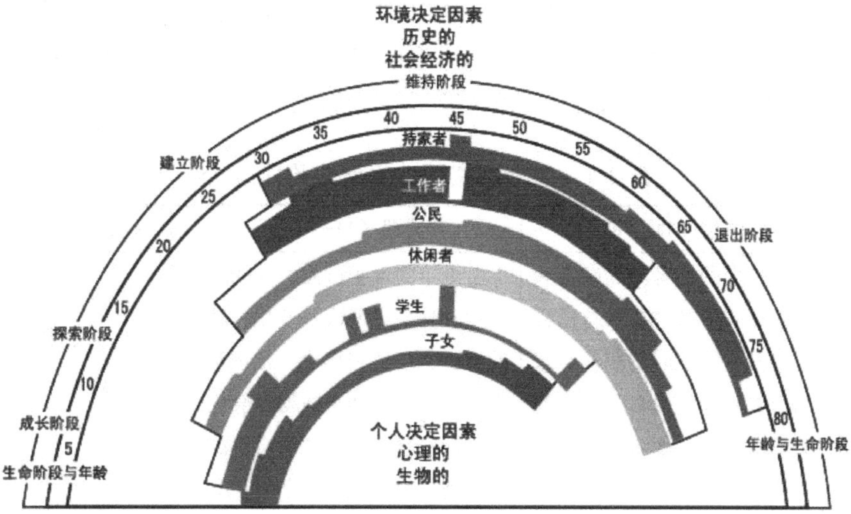

图 3-1　舒伯的生涯彩虹图

在生涯彩虹图中，最外的层面代表横跨一生的“生活广度”，即生涯，包括成长阶段、探索阶段、建立阶段、维持阶段和退出阶段。里面的各层面代表纵观上下的“生活空间”，由一组角色和职位组成，包括子女、学生、休闲者、公民、工作者、持家者等主要角色。在个人发展历程中，随年龄的增长而扮演不同的角色，图的外圈为主要发展阶段，内圈阴暗部分的范围，长短不一，表示在该年龄阶段各种角色的分量；在同一年龄阶段可能同时扮演数种角色，因此彼此会有所重叠，但其所占比例分量则有所不同。各种角色之间是相互作用的，一个角色的成功，特别是早期角色的成功，将为其他角色提供良好的基础；反之，某一角色的失败，也可能导致另一个角色的失败。舒伯进一步指出，为了某一角色的成功付出太大的代价，也有可能导致其他角色的失败。

生涯彩虹图中的阴影部分表示角色的相互替换、盛衰消长。它除了受到年龄增长和社会对个人发展、任务期待的影响，还往往跟个人在各个角色上所花的时间和感情投入的程度有关。从这个生涯彩虹图的阴影比例中可以看出，成长阶段（0~14 岁）最显著的角色是子女；探索阶段（15~20 岁）是学生；建立阶段（30 岁左右）是持家者和工作者；而维持阶段（45 岁左右）工作者的角色突然中断，又恢复了学生角色，同时公民与休闲者的角色逐渐增加，这正如一般所说的“中年危机”的出现，暗示个人在这时必须再学习、再调适，才有可能处理好职业与家庭生活中所面临的问题。

3.1.2 金斯伯格的职业生涯阶段理论

美国著名的职业指导专家、职业生涯发展理论的先驱和典型代表人物——金斯伯格（Eli Ginzberg）的研究重点是从童年到青少年阶段的职业心理发展过程，他将职业生涯的发展分为幻想期、尝试期和现实期三个阶段，如表 3-1 所示。金斯伯格的职业生涯阶段理论，实际上解释了在初次就业前人们的职业意识和职业追求的发展变化过程。金斯伯格的职业生涯理论对实践活动曾产生广泛的影响。

表 3-1 金斯伯格职业生涯三阶段理论

阶　段	幻想期（11 岁前）	尝试期（11~17 岁）	现实期（17 岁以后）
主要心理和活动	对外面的信息充满好奇和幻想，在游戏中扮演自己喜爱的角色。此时的职业需求特点是：单纯由自己的兴趣爱好决定，并不考虑自己的条件、能力和水平，也不考虑社会需求和机遇	由少年向青年过渡，人的心理和生理均在迅速成长变化，独立的意识、价值观形成，知识和能力显著提升，初步懂得社会生产与生活经验。开始注意自己的职业兴趣、自身能力和条件、职业的社会地位	能够客观地把自己的职业愿望或要求同自己的主观条件、能力，以及社会需求密切联系和协调起来，已有具体的、现实的职业目标

尝试期包括兴趣阶段、能力阶段、价值观阶段和综合阶段，现实期包括试探阶段、具体化阶段和专业化阶段，各子阶段划分及特点，如表 3-2 所示。

表 3-2 尝试期和现实期的子阶段划分及特点

子阶段划分		子阶段特点
尝试期	兴趣阶段（11~12 岁）	开始注意并培养对某些职业的兴趣
	能力阶段（13~14 岁）	开始以个人的能力为核心，衡量并测验自己的能力，同时将其能力应用到各种相关的职业活动中

续表

子阶段划分		子阶段特点
尝试期	价值观阶段（15~16 岁）	逐渐了解自己的职业价值观，并能兼顾个人与社会的需要
	综合阶段（17 岁）	综合考虑上述三个阶段的职业相关资料，以此来了解和判定未来的职业发展方向
现实期	试探阶段	根据尝试期的结果，进行各种试探活动，试探各种职业机会和可能的选择
	具体化阶段	根据试探阶段的经历做进一步的选择，进行具体化的考量
	专业化阶段	依据自我选择的目标，做具体的就业准备

金斯伯格的职业生涯阶段理论，实际上揭示了在初次就业前人们的职业意识或职业追求的发展变化过程。

3.1.3　格林豪斯的职业生涯阶段理论

舒伯和金斯伯格的研究侧重于不同年龄段对职业的需求与态度，而美国心理学博士格林豪斯的研究侧重于不同年龄段职业生涯所面临的主要任务，并以此为依据将职业生涯分为五个阶段：职业准备阶段、进入组织阶段、职业生涯初期、职业生涯中期和职业生涯后期，如表 3-3 所示。

表 3-3　格林豪斯职业生涯五阶段理论

阶　段	职业准备阶段（18 岁以前）	进入组织阶段（18~25 岁）	职业生涯初期（25~40 岁）	职业生涯中期（40~55 岁）	职业生涯后期（55岁到退休）
主要任务	发展职业想象力，培养职业兴趣和能力，对职业进行评估和选择，接受必需的职业教育和培训	进入职业生涯，选择一种合适的、较为满意的职业，并在相对理想的组织中获得职位	逐步适应职业工作，融入组织，不断学习职业技能，为未来职业生涯的成功做好准备	努力工作，并且力争有所成就。在重新评价职业生涯中强化或转换职业道路	继续保持已有的职业成就，成为一名工作指导者，维护自尊，准备退休

3.1.4　职业生涯发展的“三三三”理论

我国学者廖泉文教授，在总结国外学者生涯发展阶段观点的基础上，提出了职业发展的“三三三”理论。“三三三”理论是将人的整个职业生涯发展分为三大阶段：输入阶段、输出阶段和淡出阶段，职业生涯发展状况总体上呈钟形曲线。每个阶段又分为三个子阶段：适应阶段、创新阶段和再适应阶段，而每个子阶段又可分为三种状况：顺利晋升、原地踏步、降到波谷，如表 3-4 和图 3-2 所示。

表 3-4（a） 职业生涯的“三三三”理论

阶　段	输入阶段（从出生到就业前）	输出阶段（从就业到退休）	淡出阶段（退休前后）
主要任务	输入信息、知识、经验、技能，为从业做重要准备；认识环境和社会，锻造自己的各种能力	输出自己的智慧、知识、服务、才干；进行知识的再输入、经验的再积累、能力的再锻造	精力渐衰，但阅历渐丰、经验渐多，逐步退出职业，适应角色的转换

表 3-4（b） 输出阶段的三个子阶段

输出阶段	个人的工作状态	职业环境状态
适应阶段	订立三个契约： 对领导，我要服从领导 对同事，我要协同工作 对自己，我要表现更出色	适应工作环境，个体与环境、个体与同事相互接受，进入职业角色
创新阶段	独立承担工作任务 努力做出创造性决定 提出合理化建议	受到领导和群众认可，进入事业辉煌时期
再适应阶段	工作出色获得晋升 发展空间小而原地踏步 自满骄傲或工作差错受到批评	个体要调整心态，适应变化了的环境，此时处于职业状态分化时期，领导和同事看法不一

表 3-4（c） 再适应阶段的三种状况

再适应阶段	职业状态
顺利晋升	面临新工作环境的挑战，以及原同级同事的嫉妒、领导提出的新要求，表面的风光隐藏着一定的职业风波
原地踏步	“倚老卖老”不求上进的状态出现，挂在口头的话是“我早就干（想）过了”，对同事容易冷嘲热讽，此时更适合做职业平移或调整
降到波谷	由于个体原因或客观原因，遭受上级批评，或受降级处分，工作状态进入波谷，此时如能重新振奋精神，则有希望进入第二次“三三三”发展状态

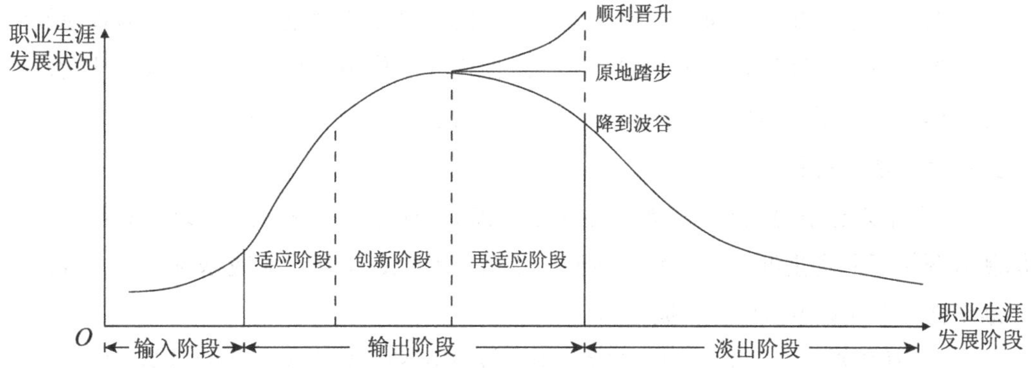

图 3-2　职业生涯发展的“三三三”理论

3.2　个人职业生涯早期阶段

职业生涯早期阶段是个人由学校进入组织，在组织内逐步“组织化”，并为组织所接纳的过程。根据中国国情，早期阶段一般发生在个人的 20~30 岁。年轻人刚开始走向社会，经历着由幼稚向成熟的过渡，从一个在家长庇护下成长的“孩子”转变成负责自己未来的“独立个体”，心态的调整非常重要。这一阶段，要在实际的工作中重新磨炼自己的知识和能力，寻找心理的平衡点，克服急躁的情绪，忍辱负重地默默耕耘，努力工作，付出辛勤的汗水，只有虚心学习和请教，才会有所收获。如果不用心学习和工作，将会严重影响以后的个人发展和能力提升。另外，对部分人来说，还可能由单身生活变成家庭生活，一系列角色和身份的变化，必然需要一个适应的过程。

3.2.1　个人在职业生涯早期阶段的特点

职业生涯早期阶段个人的主要任务比较简单且单一，就是在组织里适应环境，学会好好工作。个人在进入自己向往的职业领域之后，开始接触职业生涯领域的知识、技能，并逐步尝试在所确立的职业生涯领域积累知识和经验。这个时期也是职业适应和职业探索的时期，因为个人刚进入组织，对组织环境和组织文化都很陌生，需要不断地适应，不断地学习。这一过程也充满了尝试和错误，如果觉得不合适，要尽早做出调整和改变。总之，在早期阶段，要通过职场上的真操实练找出你擅长什么、不擅长什么，喜欢做什么、不喜欢做什么。

个人在职业生涯早期阶段主要有以下几个特点。

（1）有进取心，争强好胜。刚入职场的新人对工作世界仍有一种新鲜感，并且具有很强的上进心，在各方面都严格要求自己，内心潜在的力量在不断地推动着他们前进和发展。由于年轻气盛，过分的自信导致他们在工作中难免表现出浮躁和冲动，比如在工作出现失误的时候，可能怨天尤人；有时也可能因为过度的自以为是而与他人意见不合，导致人际关系紧张。

（2）个人竞争力提升。带着初生牛犊不怕虎的精神，怀着远大的理想和抱负，职场新人开始了职场生涯。渐渐地，他们开始适应环境，工作经验越来越丰富，自信心不断增强，个人竞争力也有所提升。

（3）从依赖走向独立。初涉职场，独立承担某种重要岗位责任的机会比较少，常常处于配合、从属于有经验的人的地位，有一定的依赖性。但是，依赖是独立的前提，当经过一段时间的学习和积累之后，工作经验和能力都会有所提高，这时就应该寻求独立，早日实现“独当一面”，才有机会取得职业生涯的进一步发展。

（4）从对自己负责到对家庭负责。除了事业上的拼搏，有些人在职业生涯早期已开始组建家庭，逐步学习调适家庭关系的能力，承担家庭责任。这一阶段，个人处于寻找自己未来的伴侣、由单身转向组建家庭的时期。在成家之前，个人除工作之外没有太多的额外负担；但在成家之后，就不可避免地要处理同家庭成员的关系，承担起抚养子女的责任，还要协调工作和家庭生活的关系。

3.2.2 职业生涯早期阶段的任务

（1）学习职业技能。个人走上工作岗位，逐步熟悉自己所任职的环境，积累职业技能，最后要达到适应和胜任的状态。在工作中学习技能，要以所在工作岗位的岗位说明书为依据，以达到岗位说明书所规定的各项内容的要求为目标，覆盖工作技能、业务知识、组织管理制度等多方面，为后期的职业生涯发展做好充足的技能支持准备。职业技能的学习，要通过自身的学习模仿和工作单位的入职教育、工作实践、“师傅”指导、岗位培训、技能训练等途径来实现。

（2）适应组织文化。个人到组织中工作，就要被组织“社会化”，即被组织认同、被组织中的成员认同。要想达到个人的行为、需求、个性心理特征与组织文化相适应，就要让自己的行为和思想做出一定的改变，才能达到组织的要求和期望、得到组织成员的接纳。具体来说，个人要在社会化过程中学会与人相处，学会工作，学会进步。

（3）建立职业心理。对于青年人来说，第一次进入工作岗位，不仅意味着自食其力，还意味着真正成为在社会中独立生存的个体。这是人生阶段中彻底完成“心理断乳”的过程。这标志着个人即将从这个职业岗位起步，去完成职业生涯发展的长跑，个人的社会角色和心理都必然发生巨大转变。即使是有了一定的职业生涯履历的职场人士，在转换工作走上另外的工作岗位时，无论是转换职业种类，还是转换职业等级，或者是职业相同仅仅改变工作单位和地区，都会有面对新情境、进行心理转换和适应的问题。

（4）寻求职业发展道路。在人们已经完成了对新职业岗位的适应和组织文化的适应，在心理上也完成了转换以后，就成为与组织建立心理契约的一个正式成员。个人成为正式成员后，在组织中经过一定时间的工作积累，已经具备对已从事职业的胜任力，个人能力大于岗位需求。那么，个人就要进一步地考虑生涯的发展，寻求职业发展道路。对于每个人来说，职业发展道路一般都有纵横两个方向。

3.2.3 职业生涯早期阶段的问题

在职业生涯早期，个人对组织尚不十分了解，与上司、同事群体之间尚不熟悉，处于相互适应期，可能由于未能觉察彼此的需要和适应组织的特点而引发某些矛盾和问题。这一时期常见的问题主要有以下几点。

（1）面临现实冲击。现实冲击是指由个人对其工作所怀有的期望与工作的实际情况之间的差异所引起的心理冲击。每个进入职场的新人都对工作怀有美好的期待，但往往所面对的是枯燥无味和毫无挑战性的工作现实。在这个时期，你必须建立自信，学会与上级领导及同事相处，并且学会承担责任。在工作一段时间后，对自己的才能、需要及价值观是否与最初的职业目标相吻合进行审视和判断。实际上对于新员工来说，这是一个现实测试时期，在这个时期，他们最初的期望或目标第一次面对组织生活的现实，并且第一次与自己的能力和需要“面对面”地碰在一起。对于许多第一次参加工作的人来说，这可能是一个比较痛苦的时期，因为他们的美好憧憬必须面对现实生活的冲击。

（2）难以得到信任和重用。新员工刚刚进入组织，对组织的人员和环境都不了解，组织对他们也缺乏深入的了解，因此，很难立即取信于自己的领导。在这种情况下，领导往往会认为只有等到新员工真正了解公司运作的真实情况之后，才可以让其承担重要的工作，因此最初交给新员工的工作往往是过于容易或很乏味的。当然，在新员工进入组织后的最初数周内，领导采取这种做法是完全可以理解的。但是，如果在数月、一年甚至更长的时间内都持有这种不信任的态度，就会大大抑制新员工的工作积极性和才能的发挥，并将直接影响到其未来的职业生涯发展。

（3）与组织成员的隔阂。由于年龄与时代的差别，代沟在新老员工之间是不可避免的。因而组织中的老员工常常对新员工持有某种偏见或成见，这种成见很可能有其合理的、符合事实的地方，但同时具有很强的片面性。正是由于这种成见，使得领导或许多老员工不能善待新员工，故意给新员工出难题。另外，当有新员工进入组织时，可能引起领导或老员工的某种不快。他们觉得新员工是个威胁，因为新员工可能有比他们更好的教育或更高的起薪，所以，他们可能“不经意”地分配给新员工一项十分艰难的任务，以证明新员工并不称职等。

（4）经受职业挫折。职业挫折，是人们从事职业活动和个人职业生涯发展方面的需求不能满足、行动受到阻碍、目标未能达到的失落状态。

产生职业挫折的原因包括以下几种：人职不匹配、才能不能发挥、人际关系不佳、其他因素导致的挫折、工作的非人性化（如工作过于单调）、职业的社会评价不佳等，都可能造成个人的工作不顺利或工作成果得不到承认，进而造成职业挫折感。

职业挫折是职业生涯中相当常见的一种社会现象。挫折本身当然不是好事，但生涯成功、人生辉煌的“好事多磨”恰恰“磨”在这些挫折上。要正确地应对挫折、减少挫折发生的频率、降低挫折“磨难”对人的伤害程度。个人在受到挫折时，也可能主动或被动地进行抵抗，进而生成对挫折的抵抗力。这种对挫折的抵抗力，被称为“挫折商”。所谓挫折商，就是个人在遭受挫折的时候经得起打击和失败的心理品质。达到比较高的抗挫折水平，对个人有效地适应职业环境、维持正常的心理和行为是非常重要的，也是应对在生涯道路上遭遇的困难所不可缺少的。

3.2.4 职业生涯早期阶段的自我管理策略

应聘者在接受雇用并进入组织后，由一个自由人向组织人转化，经历了一个不断发展变化的过程，即个人的组织化。它包括新员工接受并达成组织及其部门所期望的工作态度、规范、价值观和行为模式等。在这一过程中，组织创造条件和氛围，新员工学会在该组织中工作、与他人相处，并且充当好个人在组织中的角色，接受组织文化，最终逐渐融入组织。在职业生涯早期阶段的组织化过程中，新员工和组织都有各自的管理任务，也需要解决一些容易产生的问题。

（1）提高职业适应性，选准定位。职业适应性是职业活动实践中验证和发展了的适合性。每个人从事职业活动，受到诸多主客观因素的影响，如个人对工作的兴趣、价值观、技能、能力、客观的工作条件、福利情况、认可及奖励（报酬、晋升）情况、人际关系情况及工作态度等。个人的职业适应性就是能尽快习惯、调适、认可这些因素，在具体的职业活动中，使职业工作性质、类型和工作条件，与个人的需要和价值目标相吻合，使自身在职业工作生活中获得最大满足。职业适应的结果能保证员工个人在较长一段时间内从事某种职业活动，而且能保证员工在职业活动中有较高的效率，有利于员工的全面协调发展。员工由初入组织的主观职业适合，通过职业活动实践，转变为职业适应的过程，是员工寻找和选择职业定位的过程。

要如何提高职业适应性呢？首先是目标专一。新员工在进入组织后，所面临的是纷繁的职业工作情境，适应是需要时间和经验的，只有专注于某项职业活动，才能渐渐体会其中的甘苦，慢慢总结出其中的技巧；才能与该职业群体融洽相处。其次是动态中的适应。适应发展变化的职业工作，需要有足够的心理准备和知识技能的准备，掌握一种动态的科学思维方式和判断能力。最后是适应职业环境。端正工作态度，遵守和熟悉该工作的角色规范，适应新的人际关系。

（2）掌握职业技能，学会工作。承担职业任务，做好本职工作，是员工的基本任务和重要责任。对于新员工来说，第一步就是要掌握职业岗位技能，学会如何在组织中开展工作。在这一过程中，要注意四个方面的问题。

第一，弄清岗位职责，明确工作任务。新员工在进入组织承担一定的职业工作时，要向组织问清楚个人承担的工作任务、任务的目标和要求、要求完成任务的时间等。这可以避免出现新员工因不知道该做什么，而显得不知所措或工作积极性不高的问题，也可避免越俎代庖。

第二，克服依赖心理，学会自主地开展工作。组织中的每个人都有自己的工作，新员工不应该指望工作中处处得到领导或老员工的关照与指导。当个人明确了其所承担的工作任务及要求之后，就应该主动做好工作进度计划，设计好完成工作任务的方法与手段等，并认真实践，这样才能有所收获、尽快成长。

第三，能力替代或补偿。职业适应的关键因素是员工的能力结构。个人具有的能力并不是完全单一的，不同能力之间可以相互替代或补偿，从而保持或维持职业活动的正常进行。这种补偿不仅发生在自身具有的不同能力之间，而且发生于气质与能力、性格与能力、个性与能力等之间的互补互替。

第四，培养工作兴趣，扩展知识。脚踏实地、安心地适应单调乏味的工作。显然，必要的心理动力和情感上的支持，能有效地增强员工的职业适应性，能以良好的、积极的心态，安于承担低等的或枯燥单调的工作，能够对兴趣浓厚、富有创造和挑战性的工作迅速达到深度适应。

（3）适应组织环境，学会与人相处。新员工在进入组织后要想尽快融入组织就必须经历一个适应组织环境的过程，这也是新员工学会工作、做好工作、获得发展的必要条件。在适应组织环境的过程中，需要注意以下两个方面的问题。

第一，要接受组织中现实的人际关系。任何一个已经存在的组织，都会有一定的人际关系和人际结构，甚至是存在诸多缺陷的复杂人际氛围。新员工要正视客观现实，不要主动介入组织人际关系的是是非非，而应很快学会将自己的分析能力和智慧用于完成工作，以免为那些不合逻辑、不合情理的人际纠葛浪费太多的时间和精力。

第二，寻找个人在组织中的位置，建立心理认同。新员工在进入组织后，恰当的心理定位对争取领导的认可和同事群体的接受具有重要作用。如果新员工被分配到一个工作团队，应明确承担本团队的任务，学会使自己的需要和才干与该团队的要求相匹配，确立个人的成员资格和相应的认同意识，并据此确定自己的工作态度和方式。

（4）正确面对困难，学会进步。职业生涯早期的个人组织化阶段，是组织与个人相互测试、相互考察的时期。个人具有什么样的才干、个性、动机和价值观，以及由此带来的长期绩效会是怎样并不清晰，进步标准也不明确。在双方相互考察的过程中，个人进步的关键是为组织做出色的工作。在个人组织化阶段，新员工往往会出现走两个极端的情况：一是只想表现自己，过于关心如何做才能进步；二是不闻不问，安于现状，缺乏进取心。这两种情况都是不理想的。

（5）培养和提高自我职业决策能力和决策技术。所谓自我职业决策能力，是指个人习得的用以顺利完成职业选择活动所需要的知识、技能及个性、心理品质。具体来说，要培养和提高个人如下几方面的职业决策能力：①善于收集相关的职业资料和个人资料，并对这些资料进行正确的分析与评价；②确定职业决策计划与目标，独立承担和完成个人职业决策任务；③在实际决策过程中，不犹豫不决、不知所措、优柔寡断，要有主见，能适时地、果断地做出正确的决策；④能有效地实施职业决策，克服计划实施过程中的种种困难。

3.3 个人职业生涯中期阶段

职业生涯中期阶段大约从踏入职场 10 年后开始，持续 20 年左右，是一个时间长、富于变化，既有可能获得职业生涯的成功，又有可能出现职业生涯危机的阶段。这一时期作为人生最漫长、最重要的时期，个人特殊的生理和家庭特征将使其职业生涯发展面临不同的问题和任务。

3.3.1 个人在职业生涯中期阶段的特点

职业生涯中期阶段是一个非常复杂的时期，也是个人职业生涯发展周期中最重要的时期。在这一阶段，个人职业生涯不断发展和提升，并逐步达到高峰；家庭周期由组建家庭到生育、培养子女，直至子女成家立业；生物周期则由精力旺盛到逐渐衰弱。个人的生命周期和心理素质在这一阶段都会发生明显的变化，并呈现出明显的阶段性特征。

虽然每个人的能力和职业生涯发展状况各不相同，但也表现出一定的趋同特征。具体表现为以下四点。

（1）职业能力稳步提升并逐渐成熟。步入中年，个人的价值观和世界观都成熟定性，绝大多数人的事业心、责任心增强，个人的职业能力不断得到发展，逐步形成了沉稳、踏实和一丝不苟的工作作风。此外，处理人际关系和各种事情的能力也在不断提高，各方面都逐渐趋于成熟。

（2）创造力旺盛，工作业绩突出。在这一阶段，员工在企业中已经具有了一定的地位，一般都是作为骨干在发挥着作用。此时，个人也具备了创造一番辉煌业绩的潜在的实力。一方面，源于工作的经验积累和能力的增强，另一方面，源于自身的个性和能力得到创造性的发挥。因此，职业生涯中期阶段正是个人创造力最强、工作卓有成效并不断创造辉煌的时期。

（3）职业发展轨迹呈倒“U”型。在中期的初始阶段，职业发展轨迹呈现由低到高逐步上升的趋势，在中间段出现职业高峰。经过辉煌的职业高峰之后，职业轨迹就会呈现下降的趋势，整个过程为一个倒“U”型曲线。不同人的职业曲线也是各有差别的：职业成功、影响力持久的人，其职业曲线高峰平而长；职业成功，但只是昙花一现的人，其职业曲线形状如山峰，峰高尖顶；事业发展平平的人，其职业曲线低而平缓，无明显波动。

（4）工作任务和家庭事务繁重。面对工作世界的客观现实、婚姻家庭状态及自己所负担的财务、养育子女、赡养父母和其他方面的责任，个人负担更重，还需要平衡家庭和职业要求之间的潜在冲突。

3.3.2　职业生涯中期阶段的任务

在职业生涯中期，个人的主要任务就是在早期阶段打下的基础之上，拓展强项，利用优势创造价值。

（1）精通一项技能。在这一阶段，想要补齐自己的短板已经很难了，更好的办法是专注于自己的强项直到精通，与能够帮助你、弥补个人短板的人合作。精通一项技能需要有高专注度并投入足够的时间，只有选择你热爱并擅长做的事，才能克服枯燥和厌倦，让你的优势发挥更大的价值。

（2）快速成长。长期成功的基础是快速地成长。假如你是一个有远大目标的人，想要持续不断地成长，首先就需要和聪明的人一起工作，通过向周围人学习来获得成长的速度是最快的；其次就是一定要抓住晋升机会，并承担越来越重的责任。没有失败风险的工作可能一开始会让人觉得“每次都成功的感觉真棒”，但个人能从中收获的很少。所以，想要快速成长，就要勇于挑战有风险、有失败可能的工作。

（3）成为一名合格的管理者。在职业生涯中期，很多人可能已经从执行者转变为管理者。无论管理的下属有多少，角色的转变意味着工作的方式方法也要调整。要学会做一名合格的管理者，从注重自己的言行、举止和态度开始。命令与控制型的管理方式已经落伍，一个具有影响力和感召力的领导更能凝聚人心。

（4）维护工作、家庭生活和自我发展三者间的平衡。职业生涯中期，每个人都面临着来自工作、家庭生活和自我发展方面的问题，及其相互影响、相互制约的矛盾。因此，职业生涯中期的一项重要任务就是正确处理三者之间的关系，求得适当的平衡。

3.3.3 职业生涯中期阶段的问题

职业生涯中期阶段正值人生的关键时期，工作、家庭生活和自我发展三个生命周期交叉运行，复杂的局面导致了一些人职业困境的产生，主要问题有以下四点。

（1）职业生涯发展的瓶颈。职业生涯发展的瓶颈首先来自组织结构的制约。组织对各类人员的需求量不同，初级层次的人员较多，中间层次次之，高级层次的需求相对较少。由于对初、中、高级人才的需求呈金字塔形，初期和中期的竞争可能不是十分激烈，但争取高级职位就比较困难。有些人由于缺乏竞争力，对前途一片迷茫。

同时，组织成熟度本身也是一个十分重要的制约因素。在组织的开拓时期，由于事业发展较快，不断需要人才配合，所以个人发展的机会也比较多；但当组织发展走向成熟期的时候，新的岗位增加缓慢，老的岗位基本已经被老员工占据，除非由于退休、离职或其他特殊原因空出来，因而晋升的机会非常少，个人发展困难。

（2）职业生涯中期危机。有些人在职业生涯中期会陷入一种自我矛盾之中，因为其现实职业发展同早期的职业目标、职业理想不一致，具体表现为：一种情况是虽然从事自己理想的职业，但并未取得期望的成就；另一种情况是从事的职业完全不同于最初的设想，与抱负相比，更需要职业以外的其他东西来弥补。个人对组织和职业的认同感越来越低。

另外，人到中年以后，每个人不可避免地会产生中年期的各种矛盾和心理变化，有些人还面临工作不顺心、无成就感、婚姻破裂的问题。如果一个人不能正确地对待和处理这些复杂的情况与变化，就必然陷入职业生涯危机，出现急剧转折与滑坡。

（3）工作与家庭的冲突。处于职业生涯中期的大多数人都有了家庭和孩子，夫妻感情的经营、孩子的教育抚养及父母的赡养，都需要花费时间和精力；同时，这时也是事业上升的时期，需要投入很多的努力为企业做出贡献。时间和精力的分配常常会让人力不从心。

（4）精神压力过大，健康状况不佳。职业生涯中期也是个人生命周期的转折阶段，个人的身体健康程度开始下降，而且工作负担相对较重。中年是人生最劳累的阶段，事业发展、子女教育、父母赡养都需要耗费精力，如果不能妥善地处理这些事情，往往就容易出现身体疾病。有关调查显示：许多老年疾病开始提前，如高血压、高血脂、偏头痛等，都在 35~40 岁的人身上发现。据有关专家研究发现：35 岁以前是健康期，35 ~ 45 岁为疾病形成期，45 ~ 55 岁为疾病爆发期，而 65 岁以后则为相对安全期。

3.3.4　职业生涯中期阶段的自我管理策略

员工在职业生涯中期，各种问题和矛盾集中，如果处置不当，对组织进步和员工全面发展都十分不利。这一时期，个人要克服职业生涯中期所发生的职业困境，应付人到中年时面临的生命周期的变化。

（1）保持积极进取的精神和乐观的心态。人到中年，会面对诸多问题和生命周期运行带来的变化，这会导致人生的关键时刻和转折点的出现。对于有信心和把握获得晋升及发展的人来讲，他们劲头十足，有充分的潜力进步，将来或做到高层领导职位，或成为职业中的稳定贡献者，增薪加资。但是，相当数量的中年期员工，由于面临职业生涯中期危机及家庭的各种问题，减弱甚至丧失了原有的工作热情、积极性和进取心，只求平平稳稳度过后期职业生涯，不想也不肯对工作投入太多、参与太多。少数人因为职业发展遇到的困难和问题较多，甚至陷于失望、沉沦，生涯发展滑向下坡路。后两种情况的出现对个人、家庭和组织都十分不利。诚然，职业生涯中期的诸多问题会给个人造成巨大的压力，但同时提供了发展的新机遇。如果能够正确控制自己的感情，正视客观现实，保持积极进取和乐观的心态，积极寻找解决矛盾和问题的新方案，那么，职业生涯中期危机就可能成为新的机会，还可能实现职业发展的新跨越。保持积极进取的精神和乐观的心态是职业生涯中期应完成的重要任务。

（2）面临新的职业与职业角色选择决策。在职业生涯中期，每个人都经历了较长时间的职场生涯，也面临着新的职业角色选择，这时个人必须明确自身的生活目标和价值观，以取得一种更稳定的职业和生活结构，摆脱以往的角色模式或压力。新的角色选择包括：①继续留在原来的职业岗位上，使自己的知识和技术更加精深和熟练，成为骨干或专家。②通过一定的方式使自身的技能通用化，更多地充当项目带头人和良师的角色。③离开原职业工作，寻求新的适宜的职业角色。④进入行政管理领域，成为主管，从根本上改变职业角色。每个人都需要在某个时点上做出选择和决定。这一决策受到内外两方面因素的影响。从内部因素来看，主要受个人职业定位约束和指导，所积累的经验和智慧会强化其潜在的贡献，影响其角色选择。外部因素主要是组织对个人才干和个人经验价值的判别，当组织觉察不到或识别不清楚个人具有成为技术专家或业务主管所需要的才能时，会限制其发展机会。

（3）成为一名良师，担负起言传身教的责任。随着职业生涯的发展及职业锚的稳固，个人在工作和发展中的经验日益丰富，这些对于正处在成长中的年轻员工来说是十分宝贵的。因此，处于职业生涯中期的员工，不论其是否有正式的主管角色，都不可避免地要肩负起言传身教的良师责任，给年轻人以监督、教诲和支持。老员工主要的言传身教角色有：①老师、辅导员或教练；②正面的榜样角色；③充当伯乐，作为人才的发现者；④指路人或开门者，给予年轻人承担挑战和做出成果的机会；⑤保护人；⑥成功的带头人，在自己成功的同时，保证自己的支持者和后辈一起受益，提携后辈。

在现实中，有些处在职业生涯中期的员工可能并未意识到自己应担负的作为良师益友的责任，不愿意给新员工支持，或者不负责任地进行指导。例如，有的老员工对年轻人有敌视或偏见，不愿意接触或故意压制年轻人；有的仅向年轻人讲述组织的各种阴暗面，提供讹传或错误的指导；有的利用言传身教的关系拉拢帮派势力；有的扮演附和者的角色，企图依赖年轻人，等等。这些做法都有悖于良师的角色和责任。所以，处于职业生涯中期的员工，应当主动、自觉地承担好良师的责任和角色。

（4）重新决策工作、家庭生活和自我发展三者的运作模式。要完成这一任务，可以从两个方面入手：一是重新认知自我，重新评估自己的职业定位和贡献区，现实地看待自己的才干、表现和业绩，重新思考自己的成功标准和目标定位等；二是对今后的人生进行重新定位，选择职业工作、家庭生活和自我发展三者的运作模式。以自我评估和再认识的结果为基础和前提，对今后如何参与工作、如何适应家庭生活做出决策。虽然这种决策不一定是永久性的，但它代表个人对未来的一种主要承诺。

三个生命周期运行本身就存在矛盾，因此做好决策是十分困难的，往往会出现顾此失彼、捉襟见肘的情形。例如，如果决定在今后的工作中全力以赴，力求取得更高层的领导职位，那么就意味着给予家庭的时间和精力减少，家庭要有更多的牺牲；但同时，会因“高官厚禄”，给家庭带来物质利益和精神上的满足。相反，接受一种低水平的抱负虽然会有更多精力和时间分配到家庭，但意味着收入有限，随之可能改变家庭的生活方式，给家庭带来新的问题。个人从原有的职业事务和家庭事务中解脱出来，沉湎于业余爱好，从事纯粹的个人活动，个人发展虽获满足，但这是以职业工作和家庭生活的牺牲为代价的。

因此，在职业生涯中期进行职业生涯发展决策时，个人要懂得“鱼和熊掌不可兼得”的道理，根据重新自我认知后的需求，综合考虑各方面的因素，妥善处理工作、家庭生活和自我发展三者的关系，求得三个区间的适当平衡。

3.4　个人职业生涯后期阶段

万物发展都有终点。谈到职业生涯，退休可能是一个比较困难的时刻，它对许多人来说意味着放弃权力、声望和地位，一些人将与自己充满激情为之长期奋斗的事业断绝联系，而另一些人觉得终于有机会开展计划已久的活动。实际上，就后者而言，退休意味着另一种“职业”生涯的开始。

3.4.1　个人在职业生涯后期阶段的特点

从年龄上看，该阶段的员工，一般在 55 岁至退休年龄之间。由于职业性质及个体特征的不同，个人职业生涯后期阶段开始与结束的时间也会有明显的差别。在这一阶段，个人的职业工作、生活和心理状态都发生了与以前不同的变化，并且具有某些明显的特征，主要有以下几个方面。

（1）员工的家庭境况发生很大的变化。员工的家庭出现“空巢”，使其产生对家的依赖感，温馨的家庭成为职业生涯后期阶段员工的一大诉求。

（2）自我意识上升，怀旧心重。突出地表现在三个方面：一是追求自我发展，觉得干了一辈子工作，现在应该是从事个人活动、发展个人兴趣爱好的时候了；二是从感情上意识到健康的重要性，保健意识极大地增强，重心转移至自我生命及健康；三是人已近老年，怀旧念友之情油然而生，渴望恢复过去的一些社会关系，回到过去的岁月，以满足精神上的要求。

（3）进取心显著下降，开始安于现状，淡泊人生。随着年龄的增长，个人的体力、精力、生理机能开始退化，学习能力下降，职业工作能力也明显衰退且无力更新与恢复，个人竞争力和进取心逐渐减弱以至丧失。“五十而知天命”，人到了职业生涯后期阶段，已走完了人生的大半，酸甜苦辣、美丑善恶均已经历过，不再有过多的奢望和追求，而是平静自若地面对人生，安于现状，淡泊坦然。

（4）权利、责任和职场地位下降，角色发生明显变化。在职业中期，正值员工年富力强、职业发展至顶峰的时期。有的员工攀升至中、高层领导岗位，拥有相当大的权利，负有重要责任；即使一般员工，也多是工作骨干，娴熟的技能和丰富的经验使他们处于良师角色和工作的中心地位。但是，到达职业生涯后期，一个个夺目的光环会渐渐消失。领导职务逐渐被年轻人所取代，权利与责任随之削弱，核心骨干、中心地位和作用逐步丧失。

（5）优势尚存，仍可发挥余热，尽职贡献。尽管进入职业生涯后期阶段的员工在体能、智能方面已明显下降，在工作中处于次要地位，但是他们仍然有优势存在。一些年老的员工熟知组织及其发展过程，已深深融入组织文化之中，对组织颇有感情；在长年的职业工作中，练就了娴熟的技能，积累了丰富的生产和业务实践知识；他们有丰富的人生阅历，见识广，具有处理工作中各种复杂的人与事、人与人之间矛盾的能力和经验。因此，进入职业生涯后期的员工，完全有条件凭借自身的经验、技能和智慧优势担当良师的角色，继续在职场发挥自己独有的作用。

3.4.2 职业生涯后期阶段的任务

根据职业生涯后期阶段个人身心及职场地位的变化情况，处在这一阶段的员工要完成职业工作，仍存在特定的角色转变与心理调适等管理任务。

（1）学会接受和发展新角色，学会接受权利、责任和职业地位的下降。勇敢面对和坦然接受生理机能衰退及其所导致的竞争力、进取心下降的客观事实，寻求适合自己的新职业角色，以发挥个人的专长与优势。

（2）将思想重心和生活重心逐渐从工作转移到个人活动和家庭生活方面，善于在业余爱好、家庭、社交、社区活动和非全日制工作等方面，寻找新的满足感来源。学会应付“空巢”问题，合理安排个人时间，充实和丰富个人的家庭生活。

（3）回顾自己的整个职业生涯，着手做退休准备。一方面，可以总结和评价自己的职业生命周期，为自己的职业生涯画上完满的句号；另一方面，通过总结自己职业生涯成功的经验和失败的教训，现身说法对新员工进行培训教育。同时，要做好退休的准备工作，主要是要做好个人的退休计划。

3.4.3 职业生涯后期阶段的问题

个人到了职业生涯后期，临近职业生涯的结束，面临的问题主要体现在以下几个方面。

（1）不安全感增加。员工在退休之后经济收入就会减少，但社会消费水平有可能提高，在社会保障体系不够健全的情况下，退休后的生活来源就会成为员工的经济负担，因此个人在经济上的不安全感增加。

另外，随着年龄的增长，老年人愈发感受到情感上的孤独，开始寻求心理的归宿，害怕被子女、社会和家庭冷落。年轻人冷落老年人的现象确实大量存在，有些是因为子女的品行问题，而有些是因为子女正值职业生涯中期，心有余而力不足。因而在职业生涯后期，个人在心理上的不安全感也会增加。

（2）疾病增多。机体的衰老是不可逆的生命过程。在职业生涯后期，个人身体衰退、老化，免疫系统功能减弱，发生疾病的概率增大。没有健康的身体，生活也就没有质量可言。

（3）不适应退休后的生活。很多时候，我们会有这种感觉：当我们养成了一种习惯的时候，就很难放弃。处于退休时期的员工也是如此。他们早已经习惯了每天用工作来填补自己的时间，突然要离开工作岗位，离开自己所熟悉的环境，闲下来反而会感到失落和无奈，面对退休后空虚的生活无所适从。

3.4.4　职业生涯后期阶段的自我管理策略

（1）接受新的角色。在职业生涯后期，个人能力和竞争力的下降是事实，要学会勇敢地面对和接受，另辟蹊径，寻求适合自己的新的职业角色，来发挥自己的特长和优势。在现实工作中，充当参谋、顾问等角色，或出谋划策、提供咨询，或从事力所能及的事务性工作等，均不失为适宜于职业生涯后期的新角色。

（2）培养年轻人。有的组织考虑到老员工的利益及其对公司的贡献，就把培养年轻人的任务交给了他们，希望其能够发挥自己的经验优势。其实，培养年轻人也是一门科学。老员工要像老师一样，将自己的感受和理解以科学的方法和方式传授给年轻人。在培养年轻人的时候，既要了解年轻人的心理，使自己与年轻人和谐相处；又要讲究技术，使他们能够很好地理解并接受。

（3）学会应对“空巢”问题。“空巢”的出现是职业生涯后期的一种重要变化，也是人生的一大转折。处理好“空巢”问题，对于个人职业生涯后期的发展有关键性的作用。这时应该多给配偶时间，通过多种方法来经营与配偶的关系。此外，可以发展自己的兴趣爱好或培养新的兴趣，以此来丰富和充实自己的生活。

（4）为退休做好准备。为自己的退休做好准备也是非常必要的。有的人在退休之前就对自己今后的生活做了安排，心理准备比较充分，退休之后能够很快地适应不再上班的生活；而另一部分人，在退休之前并未意识到退休后的生活与目前生活的区别，缺乏足够的心理准备和实际的安排，所以在退休之后会感到很不适应，寂寞、空虚和无聊可能充斥整个退休生活，对身体健康非常不利。

退休后的安排也是有多种选择的。如果还能继续工作，就可以再找一个单位，继续自己的职业生涯；如果觉得自己累了大半辈子，想出去看外面的世界，就可以去旅游；如果感到孤单，可以养花、种草、喂鸟、养鱼，或是练习书法、绘画、下棋等。此外，选择一些适合老年人的体育运动来锻炼身体也是不错的选择，如太极、乒乓球、健身操、跑步等。

3.5 职业生涯的成功

每个人都希望自己的职业生涯目标能够实现，拥有成功的职业生涯，但衡量职业生涯成功的标准是什么？因个人价值观的差异性，答案一定是多元化的。

传统的职业生涯成功的标准是沿着金字塔式的组织结构向上爬，这种职业生涯目标不仅受到员工自身努力的影响，还受到企业组织结构的影响。然而时代在变，价值观也在变。新的职业生涯目标更强调个人的心理成就感。与传统职业生涯目标相比，心理成就感很大程度上由自我主观感觉决定，而不仅指组织对员工的认可，如晋升、加薪等。每个人都想成功，但是成功对于不同的人来说意义不同，而且成功的意义会随着时间和环境而改变。卡尔·马克思认为，个人活动的社会环境决定了他们的生活感知和思想，这就是为什么每个人定义的职业成功都各不相同。

德尔（Derr,1988）提出了职业成功的五项度量标准，与职业成功的传统度量标准（正式的教育、获得工作保障的终身雇用和等级晋升）形成对比。德尔的五项内容说明如下。

进步：动机来自对提高的需求，包括专业水平和组织层级阶梯。

安全：在组织中有稳定的地位。

激励：受到工作性质和内容的激励。

自由：获得自主权的需要并受到建立自己的工作环境的激励。

平衡：获取非工作利益的平等和高价值。

德尔还假设这些职业生涯观念来自个人的思维习惯、动机和决策类型，总结得出公司员工有五种不同的生涯成功方向，成了指导人们生涯选择的根据。

进取型——使其达到集团和系统的最高地位。

安全型——追求认可、工作安全、尊敬和成为“圈内人”。

自由型——在工作过程中得到最大的控制（不是被控制）。

攀登型——得到刺激、挑战、冒险和“擦边”的机会。

平衡型——在工作、家庭关系和自我发展之间取得有意义的平衡，以避免工作变得过于耗费精力或太乏味。

职业生涯成功的含义因人而异，具有很强的相对性，同样的人在不同的人生阶段对其也有着不同的界定。对有的人来讲，成功可能是一个抽象的、不能量化的概念，如觉得愉快，在和谐的气氛中工作，有工作完成的成就感和满足感。每个人都要有自己定义成功的标准。在制定职业生涯规划的时候，要认真考虑自己所期待的成功是什么，回答与职业生涯成功相关的问题。

【本章小结】

职业生涯伴随人的一生，如同有机体具有生命周期一样，职业生涯也经历着从成长到衰退的过程。唐纳德·舒伯的生涯彩虹理论、格林豪斯的职业生涯阶段理论、施恩的职业生涯阶段理论和廖泉文的“三三三”理论，为理解职业生涯发展周期提供了理论基础。

从个人的角度而言，职业生涯发展可分为职业生涯早期、中期、后期等不同的时期和阶段。职业生涯早期阶段主要是指从进入组织之前的职业选择、职业培训到进入组织的探索与成长时期，是个人从学生转变为员工的过程。在这一时期，个人要有取得成功所必需的态度和价值观，要有积极的工作态度，熟悉工作环境，掌握职业技能，适应组织环境，正确面对困难。

职业生涯中期阶段是一个持续时间长、富于变化，既有可能获得职业生涯的成功，又有可能出现职业生涯危机的确立与维持阶段。这一时期作为人生最漫长、最重要的时期，个人特殊的生理和家庭特征将使其职业生涯发展面临不同的问题和任务。这一时期，个人要保持积极进取的精神和乐观的心态，适当考虑降低职业生涯目标，进行新的职业与职业角色的决策，担负言传身教的责任，维护工作、家庭生活和自我发展三者之间的均衡。

在职业生涯后期阶段，最主要的就是要调整心态，接受权力、责任和职业地位的下降。着手为退休做准备，为退休生活做好财务计划。

职业生涯成功的含义因人而异，具有很强的相对性。每个人都要有自己定义成功的标准，在制定职业生涯规划的时候，要认真考虑自己所期待的成功是什么。

【思考习题】

1. 分析个人在不同的职业生涯阶段有什么特点。
2. 讨论在不同职业生涯阶段个人应如何进行生涯的自我管理。
3. 联系实际，谈谈如何克服职业生涯中期阶段出现的困难。
4. 在职业生涯后期阶段，个人应为退休做什么准备？
5. 你如何评价职业成功？

【案例分析】

【案例 3–1】

吴依敏，28岁，女，今年刚获得企管硕士学位，与陈震东先生一起工作，然而目前的职位并不是吴依敏所期望的，因此她正在犹豫自己是否应该继续留在光明投资银行。

光明投资银行具有清晰的管理结构，但并没有刻板的等级制度。其风格相对不拘形式，有较强的灵活性，工作积极主动的人能迅速脱颖而出，具有创新意识的想法能够被迅速传递到银行上层。光明投资银行不是一个只就备忘录所记载的事务而忙碌的公司，大量的工作是通过电话和面谈完成的。这种环境并不适合所有人。加入光明投资银行的人不要指望随波逐流，员工必须发挥主观能动性，努力寻找脱颖而出的新途径。让光明投资银行引以为豪的是其内部推崇唯才是举，在这里，公司看重的是成果。

光明投资银行历来注意拓展员工的经验范围，重视各项业务之间技能的互通性，承诺为公司内优秀的人才提供最佳的发展机会。当需要专业化技能时，公司鼓励个人朝这个方向发展，但并不强求。客户交给公司的问题越来越复杂，公司认为，广博的经验和对公司运作的理解是满足他们需求的最有效的方法。

参观过光明投资银行的人都会感受到他们同事间的友谊和真诚，那是一种轻松自如、大门随时敞开的感觉。在这里，每个人都至关重要，个性得以充分发展。光明投资银行是一个倡导鲜明个性、鼓励积极主动、重视创造能力的公司。

公司在客户的眼里是一个统一的整体。无论要解决的问题多么复杂和困难，公司都确保能调配整个公司内相应的人力和资源来为客户服务。这种通过团队协作解决问题的方法对公司的客户来说至关重要，而且这正是公司的工作重点所在。这种以公司整体开展业务的方法，要求公司注重互相协调和执行战略计划。公司通过研究长远发展的问题不断进行调整，保证使公司成功的战略模式得到持续应用，以使公司在竞争中不断满足客户提出的各种新要求。

光明投资银行个人发展的宗旨是将公司的战略目标同个人的发展目标相结合，这种哲学始终是企业文化的一部分，也是公司未来计划中的一个具体组成部分。公司聘用的员工具有多样化的专业背景，以使公司人员专业能力的深度和广度都得到拓展。他们来自世界各地，专业范围也越来越宽，从金融到哲学、从经济学到工程学。公司认识到保持技术领先地位至关重要。在为客户服务、为客户提供信息时，技术优势转化为公司的竞争优势，所以公司大力投入资源以保持这一优势。

公司能持续发展，关键是在适应环境不断变化的同时，能够保持公司的优秀文化及形象的精髓——公司的信念：在工作方法方面，公司重视以客户为重、业务范围多样化、团队合作和创新；在员工相互协作方面，公司重视信守承诺、职业精神、尊严和尊重；在员工事业发展方面，公司重视岗位流动、唯才是举及提供优越的薪酬福利。

1. 以客户为重

公司的成功始于每一名员工对客户的奉献。客户知道公司会竭尽全力帮助他们达成目标，也知道虽然形势在不断变化，但是公司在业务上着眼于长远的立足点始终没有改变。正因如此，一些重要机构正在依靠光明投资银行执行涉及全行业的，最为错综复杂、最具有创新意义的交易。因为公司承担必要的风险以换取客户的最佳利益，也因为公司把客户的利益放在首位，所以许多客户都和公司保持着长期的合作关系。

2. 业务范围多样化

公司的业务灵活多样，包括企业融资、并购、销售与贸易、资产管理和直接投资等，每一项业务又都提供多种产品和多种服务。这种多样性可以为客户提供广泛的服务，以满足他们的需求。此外，这种多样性在市场波动很大的情况下，有助于避免收益不稳。

3. 团队合作

公司提倡并奖励团队合作。这一方针使公司在目前尤为受益，因为满足客户的需求需要集思广益。比如，当投资者寻求更改风险和回报的方案时，其解决方案就涉及研究、资产分配与优化模型、上市融资和结构融资及各种执行方法。公司的专业人员必须根据所需专业技术把各种人才组织成一支队伍，齐心协力地制订解决方案。一个真正的"一体化公司"应由具有高技能的个人组成，这些个人通过不断变更组合来解决不同的问题。

4. 创新

公司的客户不知道自己十年后会需要什么样的产品，但公司打算为他们做好准备。公司在多种业务之间调配人员和技术的独特方法，创造了一种激发创新能力的氛围。公司欢迎各种新想法和新方案，只要符合公司的标准，公司就会迅速将其推向市场，这将提高公司在创新方面的声誉，还能鼓励客户上门寻求新思路。

5. 信守承诺

公司在开发人力资源方面不惜花费大量资源，共同探索关于全球资本市场的深奥知识，并发展应用这些知识的能力。公司的目标是成为金融服务业中的最佳雇主。公司承诺为所有员工提供一个积极向上的工作环境，并根据业绩提供晋升的机会。

6. 职业精神

追求完美是公司一贯的作风，力求完善是公司与客户保持长久关系的基础。公司的文化是培养每位员工以最高的标准对待工作的态度。因此，在每年一次的专业人员绩效评估中，除工作效率与产品知识外，在帮助他人、交叉销售和人员招聘等方面所花费的精力也在评估范围之内。

7. 尊严和尊重

尊严和尊重是人们在共同工作、共同发展、共同学习中形成的文化的核心表现。在光明投资银行能体验到人与人之间的伙伴情谊、相互尊重和公司的荣誉感。公司的每个成员都扮演着不可或缺的角色，所以，公司有许多人都长期留任，或以公司为其唯一雇主。

8. 岗位流动

公司让每个员工在不同地区、不同业务领域之间进行流动，这有利于员工的全面提高和发展。公司会安排专业人员参加公司其他分支机构的工作。

9. 唯才是举

让公司引以为豪的是组织内部推崇唯才是举。公司注重的是成果，不管员工的级别如何，都能为公司做出贡献，对公司产生影响。虽然公司具有明晰的管理结构，但并没有刻板僵硬的等级，风格比较随便、灵活，工作积极主动的人能够被迅速提升到高层。

10. 提供优越的薪酬福利

公司的环境要求雇员保证充分的时间和精力进行工作。作为回报，公司也承诺为专业人员提供优越的报酬。从一开始，员工就会享受到较高的薪酬及福利。员工的年度收入一般包括基本薪资加上按业绩评定的浮动性奖金。

我们可以看出光明投资银行是一个充满活力、有大好发展前景的公司，那么，为什么吴依敏要离开光明投资银行呢?

吴依敏在刚从大学取得数学学士之后，她进入了上海市的大上海国际银行，担任电脑程式设计师。从程式设计师到系统分析师，她晋升得很快。她希望有机会从事更有挑战性及重要性的工作，而且吴依敏感觉自己还需要追求一些别的东西。

由于吴依敏对银行方面的知识十分了解，所以大上海国际银行派她到光明投资银行对接一个计划。当然，吴依敏是设计规划小组的组长，她的责任就是帮光明投资银行发展一套自动交换机上的软件程式，而计划的委托人就是陈震东先生。

在吴依敏尚未与陈震东先生会面时，她就听闻陈震东先生在光明投资银行是“最闪亮之星”，他45岁，几乎无所不通，而且知道如何激励及激发下属。因此，她和陈震东谈得十分融洽，也花了不少次午餐时间与陈震东先生谈到自己目前的需求，她希望能拥有一个更广阔的前景，而非目前在大上海国际银行被指定的工作。陈震东先生鼓励她，并告诉她应该再去进修一些企管方面的课程，比如获得企管硕士，如果她对行销有兴趣的话，陈震东先生保证在光明投资银行留个职位给她。

因此，在吴依敏完成了这个自动交换机软件程式的计划案以后，她就辞职去攻读企管硕士课程。该课程是令她兴奋的，但也十分吃力，不过，她仍然选择了坚持。

在吴依敏毕业后，陈震东先生也兑现了他的诺言，给她一个十分好的职位——行销经理，负责自动交换机网络并负责建立对新ATM制度的行销活动，该行销活动希望将产品推展到郊区各角落。由此，吴依敏有了第一次真正意义上的经理经验。

吴依敏通过企管硕士课程，获得有关企管方面的知识，并且在思考方面变得更有信心。因此，没多久吴依敏就不再需要在办事之前先去找陈震东先生讨论，也不再需要陈震东先生的忠告。她需要监控并检查所有自己负责的工作，却也变得十分易怒。以往的她非常懂得感激和鼓舞他人，可是现在的她变得很容易干扰他人、与他人产生冲突且缺乏自制。对于如何行销ATM的产品，她也开始与陈震东先生意见相左，处处有迹象表明她不是一位好的工作伙伴。

资料来源：https://www.docin.com/p-2054658937.html.

讨论题

1. 吴依敏目前正处于生涯的何种阶段？如果你是吴依敏，你会选择辞职还是继续留任？为什么？

2. 如果吴依敏要在公司继续留任，她应该做哪些方面的准备以更适应她目前的职位？

【案例 3-2】

“我可不希望在别人看到我的名字时，只会想到这是全国卖厕纸卖得最多的人。”蒂姆·彭纳开玩笑地说。蒂姆在宝洁公司工作了30多年，最后成为宝洁加拿大总裁。而自从以世界顶级快消品公司的领导者身份退休之后，他成了一个为社区筹集数亿美元资金的人，还参与了针对边缘青少年群体而建设的全新大型设施的集资活动。

许多成功的高管在退休后会感到无趣、失落，甚至沮丧。蒂姆想要确保自己不落于俗套。他将现在的退休生活主要投入顾问的身份中，既有营利性组织，也有非营利性组织。他的营利性服务对象包括一家保险公司、一家零售商和一家咖啡公司。他的慈善工作则包括在大多伦多地区的基督教青年会（YMCA）担任主席，最近刚刚卸任，之后作为前任主席，他在董事会内仍然保持活跃。蒂姆还是一家儿童医院和一家医疗创新组织的志愿董事会成员。他对顾问工作的热爱并不亚于对从前在宝洁公司的高管职位。

蒂姆在大学毕业后就加入了宝洁的品牌管理部门，因为面试时“他们的提问更好”。在接下来的15年里，他一步步升职。在37岁时，他想要接受更大的挑战，于是进入宝洁在俄亥俄州辛辛那提市的总部，开始接手英国和美国的国际业务。之后，他又回归加拿大，风风火火地做了12年宝洁加拿大的总裁。作为一名身处职业生涯中期阶段的高级管理人员，蒂姆努力在每周70小时的工作和完整的家庭生活之间寻找平衡。对于自己的升职之路，蒂姆是这样评价的：“我从来没有喘息的机会。如果你真的擅长某件事情，它们就会给你更多的责任和工作，而不是更少。公司要看到的不是顺从，而是业绩。要想让你的老板和公司取得成功，除了努力工作，别无他法。”

蒂姆从职业生涯中期阶段到后期阶段的成功转变并不仅是一个令人欣喜的巧合，而是多年试验和规划的结果。“在50岁出头的时候，我主要考虑的是‘接下来会如何’，”他说，“在告别了那样高强度的工作后，在剩下的30年甚至40年的预期寿命内，我该怎么过呢？我意识到问题不在于离开某件事情，而是要被吸引到其他的事情和目标上。”由于对下一步并没有确切的想法，蒂姆开始尝试各种各样的角色，这些与他在宝洁公司的职责都不相同。他试过在母校的董事会担任志愿工作，但发现自己并不适应。他也加入过行业协会，虽然认识了一些不错的人，但并不能爱上这份工作。“我需要做许许多多的试验才能找到接下去的使命，”他回忆道，“就算是发现自己不喜欢的事情也是有帮助的。”

直到参与了多伦多联合之路（United Way of Toronto）的大型募款行动，在为社区活动筹得了超过一亿美元善款时，蒂姆才找到了他的使命。大多伦多地区基督教青年会是联合之路赞助的组织之一。基督教青年会将蒂姆的两大最爱合并在了一起：孩子和运动。“这份工作简直是为我量身定做的，”他说，“我在宝洁学到了如何为你的想法争取支持和资金，以及如何为项目筹款的商业技能，在这里，它们都用得上。”在蒂姆看来，基督教青年会是一个真正能够培养技能和性格的“行动派组织”，为年轻人创造了许多机会。他开始积极践行董事会成员的职责，牵头进行筹款工作。后来，55岁的他刚从宝洁正式退休，就成了大多伦多地区基督教青年会的董事会主席。

有些人认为，从营利性职业生涯转移到非营利性生涯是一种走下坡路的表现。对此，蒂姆并不同意。“营利性世界中的人们经常觉得非营利性世界中人们的才能有限，这可能是因为后者赚的钱比较少，”他说，“我的经验表明，身处非营利性世界的人与营利性世界的人一样才华横溢，他们只不过是选择了金钱报酬较少的职业生涯而已。”他说自己在非营利性世界中的体验是一次继续学习和成长的机会。“他们能从我身上学到一些东西，但我收获的比付出的更多。”

回馈一直都是蒂姆领导风格的主要元素，这从同事对他的高度评价和他们之间的紧密联系就可以看出来。与那些严肃冷硬的高管不同，蒂姆是那种少有的在离开时会让整个团队流下热泪的领导者。由于注重帮助他人，不管对象是宝洁的同事，还是志愿者工作中的服务对象，所以蒂姆在他的工作中创造了更多满足感，这令他成为一个更幸福、更善良的人。对他而言，退休让他有机会将更多的时间投入帮助他人之中，而这正是他乐意做的。“回馈的感觉很棒。我能帮助改善社区中不那么幸运的人的生活，这让我感到自豪。”

蒂姆在职业生涯后期阶段的转换做得比大多数人都好得多。他在进入职业生涯后期阶段时进行了一些意义重大的试验，尝试不同的角色来契合这个新的人生阶段和新的目标。蒂姆清点了从之前几个阶段继承下来的技能，找出那些在新的组织中依然有用的部分。他成功接受了这次重大的思维转换，即从“行动者”到“建议者”，而许多人都没能在自己的职业生涯中完成这一转变。如今，身处职业生涯后期阶段、名义上已经退休的蒂姆虽然每周依然会在工作中投入至少35小时的时间，但是大部分都属于社区和非营利性事业。他将自己能够保持活力的原因归功于有意义的工作和每日的健身锻炼。蒂姆对成长和学习保持着一种健康的观念：“重要的不是管理你的职业生涯，而是管理你的学习曲线。你要让自己的学习曲线陡峭，要勇敢面对困难的问题，并自愿接受挑战。”

资料来源：布赖恩·费瑟斯通豪. 远见[M]. 北京：北京联合出版公司，2018.

讨论题

1. 蒂姆职业生涯各阶段的工作目标有什么不同？他经历了哪些挑战？

2. 蒂姆是如何实现职业生涯中期阶段到后期阶段的过渡的？在进入职业生涯后期阶段之前，他做了哪些准备或尝试？

【本章实训】

请写下在职业生涯不同发展阶段可能遇到的问题，完成后与身边的同学交换，对交换得到的问题写下建议和对策，并与大家分享，最后由老师进行总结。

第4章 认知自我

学习目标

掌握自我认知的内容
了解人格类型、兴趣、能力、价值观的测量工具
能够识别个人的人格、兴趣和能力
掌握职业生涯需要的技能，并能够用专业的语言描述技能
学会在职业生涯规划中思考个人价值观

关键术语

人格类型；兴趣；技能；价值观

引导案例

我为什么总是找不到满意的工作

阿成大学毕业后被分配到广州一家国有企业，熬了1年半，就跳槽去了一家美资生产企业，收入还比较高。但他发现自己不喜欢工厂。

阿成的好朋友开了家市场研究公司，他感觉做市场研究很有意思，也认为自己应该可以做得好，于是就去了这家市场研究公司做项目策划。在与广告公司的合作中，他发现做广告也挺有意思的，而且业务范围比市场研究公司广得多，于是又去

了一家广告公司。在4年时间里，阿成总共去过7家广告公司，包括本土4A广告公司和欧美4A广告公司，做过客户经理、策划总监及常务副总经理。

在每家公司，阿成都感觉自己得不到重用，虽然策划水平在广告界不是数一数二，但也应该是属于一流的，然而，他自己感觉很有水平的策划方案，经常不是被上司“篡改”，就是得不到客户的认可。

于是，阿成决定自己开广告公司，以实现自己的想法和创意。刚开始公司业务还可以，但到后来业务拓展越来越困难，亏损了十几万元，最后不得不停业。

又一次，阿成不得不去打工。他总结经验教训，认定广告业业务很不稳定，不是一个好行业。他发现房地产业很红火，自己做房地产策划也应该是擅长的。所以这次找工作，他专找房地产开发商和房地产策划代理公司。找了3个多月，终于找到一家著名的房地产策划代理公司做营销策划。他发现，自己的策划水平远高于其他同事，但与发展商、上司、销售部门的协调很有难度。刚好过了3个月，阿成就离开了那家公司。

现在，阿成又面临着找工作的问题，再找什么工作呢？做过几个行业，还是觉得市场研究行业最适合自己。但面试过几个市场研究公司，要么觉得自己年纪大，不适应市场研究的工作压力；要么对方认为阿成资历不够高，客户关系资源又很少，不适合负责一个项目组。就这样，一个有十几年工作经验的重点大学本科毕业生，就连找到一个普通的工作都困难，导致家人责备他说：你有没有想过自己为什么总是在找工作！

资料来源：http://www.ienjoyjob.com/.

咨询机构未来公司在2015年对23个国家的15 000多人进行了调查，根据调查形成了一份全球监控报告，该报告称，世界各地的职场人都在“躁动”。在全球范围内，58%的人极其迫切地想要找到好的工作和成功的职业生涯，而在21~35岁的人群中，这个比例高达64%。在所有年龄层中，53%的人都迫切地想要学习一项新的技能来求得一份更好的工作。现代人力资源管理的基本原则是将合适的人放在合适的岗位上。人与职位的匹配应该包括两个方面的内容：首先是个人的性格、兴趣与岗位相适应；其次是知识、能力、技能与岗位要求相匹配。很多人在职业生涯中的迷茫源自缺少客观的自我认知与评价，导致就业目标模糊或找到的工作不适合自己。一切认知都是从自我认知开始的，只有对自己的人格、兴趣、能力等有了清晰的认知，了解自己的局限性，才能够扬长避短，做出更适合自己的职业选择。

4.1 自我的认知

“知人者智，自知者明。”对于每个人来说，清晰地了解自己是一个重大的人生课题。大学阶段，正是大学生认识自我、理解自我、形成自我观念的关键时期，职业生涯的规划和发展要从自我探索起步。然而，你真的了解自己吗？你清楚什么样的工作更适合自己吗？很显然，我们现在需要重新客观全面地认知自我。

4.1.1 自我认知的内涵

自古以来，人们对于自我的认识始终处于探索之中。哲学家苏格拉底用其毕生的精力探索着一个终极的追问，那就是“我是谁”。中国思想家庄子也在两千多年前以“庄周梦蝶”的故事提出了“人如何认识真实的我”这一哲学问题。

自我认知（self-cognition）也叫自我意识，指的是个人对自己的洞察和理解，包括自我观察和自我评价。自我观察是指对自己的感知、思维和意向等方面的觉察；自我评价是指对自己的想法、期望、行为及人格特征的判断与评估，这是自我调节的重要条件。

个体对自我的觉察，或者说意识的形成，来源于个体对外界环境刺激经由记忆和思想产生的反应。自我观察在自我意识系统中具有基础地位，属于自我意识中“知”的范畴，其内容可以概括为三个方面：一是对自己身体状态的认识，如个人的外貌、体征、体能等；二是对自己心理状态的认识，如个人的价值观、性格、兴趣、态度、情感、能力等；三是对自己社会性状态的认识，如自己在社会上的名誉、地位、亲情、人际关系和经济实力等。

自我评价是在自我观察的基础上对自己做出的某种判断。正确的自我评价，对个人的心理生活及其行为表现会产生正向的影响。如果个体对自身的估计与其他人对自己的客观评价距离过于悬殊，就会使个体与周围人之间的关系失去平衡，产生矛盾。长此以往，将会形成稳定的心理特征，如自满或自卑，不利于个人心理上的健康成长。

认识自己是困难的，但也是必需的。对大学生来说，只有对自我有了全面且客观的认知，才能清楚地知道自己需要什么，明确自己的目标和发展方向，根据自己的优势和劣势，制定符合自身情况的职业生涯规划。

4.1.2 职业自我认知

在职业生涯发展过程中，对自己心理状态的认识是最重要的。这种心理状态被美国职业心理学家舒伯称为职业自我认知，是指个体对与自己职业选择和职业发展有关因素的认识，包括自身因素、自己所处的职业环境及社会资源因素。在具体的日常工作中，体现为对个人理想、人格、兴趣、能力、知识背景等的认知与理解。人们对职业自我认知理论的理解分为两个方面。一是个人心理上的，侧重于个人如何选择，以及如何调适其选择。可通过了解自己的价值取向，明确自己的优劣势，根据过去的经验、经历选择未来可能的工作方向，从而解决"我想干什么"和"我能干什么"的问题。二是社会性的，重点是个人对其社会经济环境及职业特点的评价。通过对自身所处职业环境或职业需求的了解，根据内心理想与外在要求探索自身行为与发展方向的思考与尝试，进而明确"我需要做什么"和"该如何做"的问题。只有"知己知彼"，方能"百战不殆"。

4.1.3 自我认知的意义

自我认知是职业生涯的基础和起点，对个人成长、工作定位、社会价值实现等都具有极为重要的指导意义。第一，积极的、正确的自我认知能帮助个体树立正确的个人发展观，个人的发展与社会国家的发展紧密联系在一起，正确的发展观能促进社会各方面的和谐发展。第二，准确的自我认知，可以使自己更可能有机会获得成功。越了解自己的天性和偏好，个人就越容易发现能够最大限度地发挥自己的天赋的职业轨道。在走上职业道路时，如果能够把自己的性格和兴趣考虑进来，个人就极有可能从工作中收获乐趣和满足感。第三，自我认知与自我调节结果是相辅相成的，比如在认识到自己遇事比较容易烦躁和冲动时，可以在日常学习和工作实践中学会放松自己的情绪状态，有意识地要求自己三思而后行，这样能让自己在自我成长的同时收获他人的信任，从而赢得发展的机会。

4.2 人格的认知

英文单词 personality，常被译为个性、性格，心理学学界则把它译为人格。人格不单指性格，还包括信念、自我观念等。这个概念源于希腊语 persona，原来主要是指演员在舞台上戴的面具，类似于中国京剧中的脸谱，后来心理学借用这个术语用来说明：在人生的大舞台上，人也会根据社会角色的不同来换面具，这些面具就是人格的外在表现。面具后面还有一个实实在在的真我，即真实的自我，它可能和外在的面具截然不同。

4.2.1 人格与职业的关系

心理学家从不同的角度对人格的定义不同，概括地说，人格是构成个人的思想、情感及行为的独特模式，这个独特模式包含了个人区别于他人的稳定而统一的心理品质。我们平常所表现的一系列复杂的习惯、行为、态度和特点等造就了我们每个人的独特性。个人对自己的人格了解得越多，就越能发现哪些工作和活动更适合自己。

在一定程度上，职业选择可以依据自己的人格类型来定。比如，你注重细节、有条有理，就可能对会计、工程、数学、科学、法律及健康科学等领域感兴趣；或者，你喜欢发散性或全局性思考，那么创造型艺术学科和社会科学领域可能更适合你。然而，所有领域都存在各种人格类型的从业者，认识到这一点至关重要。选择一个和自己人格类型不相匹配的专业或职业通常比在两者吻合时要投入更多的精力和专注力。在与自身人格不太相符的行业工作，你必须竭尽全力，才能在工作中表现突出，这些付出甚至远远超过了职业本身的要求。

理解人格与职业的联系，可以帮助个人更好地了解自己为什么能比别人更轻松地胜任某些工作、为什么更喜欢某些职业，从而在工作或生活中发挥自己的优势。

4.2.2　MBTI 人格测评工具

MBTI 全称为“ Myers-Briggs Type Indicator”（迈尔斯布里格斯类型指标），它是一种自我报告式的人格测评工具，用以衡量和描述个人在获取信息、做出决策、对待生活等方面的心理活动规律和不同人格类型的表现。它以瑞士心理学家卡尔·荣格（Carl Jung）的心理类型理论为基础，由美国的布里格斯和迈尔斯母女共同研究开发。该量表因其独到的理论根基、严格的操作规程和极强的实用性被广泛应用于团队建设、生涯设计、教育学习及个体与家庭治疗等领域。

MBTI 将个体行为表现的差异划分成四个维度：外向（Extroversion）—内向（Introversion）、实感（Sensing）—直觉（Intuition）、思考（Thinking）—情感（Feeling）、判断（Judging）—知觉（Perceiving），并以之来测量个人对人生、职业和生活的态度和取向。这些维度特征是组成个人人格意识层面的重要组成部分。具体表述如下。

（1）外向—内向维度（EI）。外向的意思是指将自己的注意力和能量主要指向外部的人和事，内向则是将自己的注意力和能量集中于内部世界。按照荣格的观点，这种态度的差异形成了一种人格能量的张力。外向者习惯于外界活动，愿意与人打交道；而内向者多表现为安静、缄默，喜欢独处或习惯一对一的人际交往。如果一个外向者和一个内向者共处，他们在相互理解上可能存在困难（Baron，1998）。外向—内向维度如表 4-1 所示。

表 4-1 外向—内向维度

外向型（E）	内向型（I）
与他人相处时精力充沛	独处时精力充沛
行动先于思考	思考先于行动
喜欢边想边说出口	在心中思考问题
易于“读”和了解；随意地分享个人情况	更封闭，更愿意在经过挑选的小群体中分享个人的情况
说的多于听的	听的比说的多
高度热情地社交	不常把兴奋说出来
反应快，喜欢快节奏	仔细考虑后，才有所反应
重于广度而不是深度（心理能量的获得途径和与外界相互作用的程度）	喜欢深度而不是广度（心理能量的获得途径和与外界相互作用的程度）

（2）实感—直觉维度（SN）。实感和直觉是我们感知世界、获取信息的两种方式，实感型的人倾向于通过自己的五官来获取有关环境的事实和现实，他们是实际的，需要获取精确的信息，着眼于现在；直觉型的人则习惯于通过想象、无意识等超越感官知识的方式来获取信息，他们更重视事情的含义、象征意义和潜在意识。直觉型的人对于洞察力、抽象的事物和未来等方面有明显的偏好。实感—直觉维度如表 4-2 所示。

表 4-2 实感—直觉维度

实感型（S）	直觉型（N）
相信确定的和有形的东西	相信灵感或推理
对概念和理论兴趣不大，除非它们有着实际的效用	对概念和理论感兴趣
重视现实性和常情	重视可能性和独创性
喜欢使用和琢磨已知的技能	喜欢学习新技能，但掌握之后很容易厌倦
留意具体的、特定的事物；进行细节描述	留意事物的整体概况、普遍规律及象征含义；用概括、隐喻等方式进行表述
循序渐进地讲述有关情况	跳跃性地展现事实
着眼于现实	着眼于未来，留意事物的变化趋势，惯于从长远角度看待事物
重于深度而不是广度（接收信息上）	重于广度而不是深度（接收信息上）

（3）思考—情感维度（TF）。思考和情感是关于我们如何对获取的信息做决定并得到结果的两种方式。思考型的人习惯于通过分析数据、权衡事实来做出符合逻辑的、客观的结论和选择；而情感型的人习惯于通过自己的价值判断来做决定，他们通常会

对信息做出个人的、主观的评价。此处的“情感”并不等于“情绪”（emotion），它是做判断过程中的一种逻辑方式。思考型的人通常是直接的、分析性的，他们用大脑做决定；而情感型的人更坚信自己的价值观，并习惯于用心灵来做决定。思考—情感难度如表 4-3 所示。

表 4-3　思考—情感维度

思考型（T）	情感型（F）
退后一步思考，对问题进行客观的、非个人立场的分析	超前思考，考虑行为对他人的影响
重视符合逻辑、公正、公平的价值；一视同仁	重视同情与和睦，重视准则的例外性
被认为冷酷、麻木、漠不关心	被认为感情过多，缺少逻辑性，软弱
认为坦率比圆通更重要	认为圆通比坦率更重要
只有当情感符合逻辑时，才认为它可取	无论是否有意义，认为任何感情都可取
被“获取成就”所激励	被“获得欣赏”所激励
很自然地看到缺点，倾向于批评	惯于迎合他人，着重维护人脉资源

（4）判断—知觉维度（JP）。判断和知觉是关于我们如何对待所做出的决策及在面对外部环境时如何行动的两种态度。判断型的态度意味着会通过思考和情感去组织、计划和调控自己的生活；而知觉型的态度意味着倾向于用实感和直觉的方式做决定，是灵活机动的、开放的。判断型的人喜欢将事情管理得井井有条，习惯过一种井然有序的生活，当他们做决定时，他们会对如何实施决定做出明确的计划，并考虑不同的观点；而知觉型的人喜欢自发、随意地处理问题，他们愿意保持开放性的选择。判断—知觉维度如表 4-4 所示。

表 4-4　判断—知觉维度

判断型（J）	知觉型（P）
做了决定后最为高兴	当各种选择都存在时，感到高兴
有“工作原则”：工作第一，玩其次（如果有时间的话）	“玩的原则”：先享受，然后完成工作（如果有时间的话）
建立目标，准时完成	随着新信息的获取，不断改变目标
愿意知道将面对的情况	喜欢适应新情况
着重结果（重点在于完成任务）	着重过程（重点在于如何完成工作）
满足感来源于完成计划	满足感来源于计划的开始
把时间看作有限的资源，认真地对待最后期限	认为时间是可更新的资源，而且最后期限也是可以变的

四个维度如同四把标尺，每个人的人格都会落在标尺的某个点上，这个点越靠近

哪个端点，就意味着哪方面的偏好越强。偏好（preference）是一种天生的倾向性，一种特定的行为和思维方式（Baron，1998），它并无好坏之分。偏好类型由 4 个字母组成，编码顺序为：E 或 I，S 或 N，T 或 F，J 或 P。例如，ESFP 表示的是这样一种人：外向（E），习惯于通过实感（S）来获取信息，依据情感（F）来做决定，主要通过知觉（P）的方式来与外界发生联系。而 INTJ 的人则是内向的（I）、习惯于通过直觉（N）来获取信息、依据思考（T）来做决定和通过判断（J）来与外界发生联系的（Myers，1987）。

MBTI 人格类型中的偏好有助于解释人们考虑问题时的差异。在 MBTI 中，4 个字母的代码代表了 16 种可能的偏好类型之一。表 4-5 列出的描述性词语用于解释各个类型。当然，人类的偏好远不只有这 16 种，MBTI 所提供的仅仅是对人类偏好类型的一部分描述。MBTI 并不是限定了个人一定是什么样子，它仅仅提供个人对该量表的回答所提示的可能选择。另外，4 个字母代码中的主导偏好并不意味着个人不具备那些不占主导地位的偏好，例如，外向型的人有时也会愿意独处，而内向型的人有时也是喜欢社交的。主导偏好只不过表明它是个人最习惯的方式。

表 4-5　16 种 MBTI 类型描述表

ISTJ	ISFJ	INFJ	INTJ
可靠的	乐于助人的	有同情心的	爱分析的
恰好的	注意细节的	理性的	自主的
讲事实的	有奉献精神的	有创造力的	坚决的
逻辑的	忠诚的	深沉的	坚定的
有组织的	细心的	坚决的	全面的
实际的	有组织的	理想主义的	独立的
现实的	有耐心的	激烈的	有组织的
可靠的	实际的	亲密的	有创新性的
缄默的	呵护备至的	忠诚的	爱独处的
明智的	安静的	有条不紊的	系统化的
坚定的	负责的	爱思考的	注重伦理的
详尽的	传统的	敏感的	有远见的
ISTP	**ISFP**	**INFP**	**INTP**
适应能力强的	适应能力强的	适应能力强的	自主的
勇敢的	关心他人的	投入的	认知性的
实用主义的	合作的	好奇的	漠不关心的
权宜的	温和的	深沉的	独立的
实事求是的	和谐的	具有奉献精神的	逻辑的
独立的	忠诚的	富有同情心的	有创新性的

续表

ISTP	ISFP	INFP	INTP
逻辑的	谦虚的	温和的	精确的
实际的	善于观察的	理想主义的	自主的
现实的	敏感的	富于想象力的	多疑的
足智多谋的	自发的	亲密的	爱思索的
自主的	信任的	忠诚的	自发的
自发的	善解人意的	沉默寡言的	注重理论的
ESTP	**ESFP**	**ENFP**	**ENTP**
爱参与活动的	适应能力强的	有创造力的	适应能力强的
适应能力强的	随便的	好奇的	爱分析的
富有冒险精神的	合作的	精力充沛的	具有挑战精神的
警觉的	逍遥自在的	热心的	聪明的
逍遥自在的	热心的	善于表达的	有事业心的
精力充沛的	友好的	友好的	独立的
好交际的	友善的	富于想象力的	有创新性的
友善的	顽皮的	独立的	直言不讳的
实用主义的	实际的	创新性的	爱探询的
迅速的	善交际的	不安定的	机智的
自发的	健谈的	自发的	足智多谋的
多才多艺的	宽容的	多才多艺的	注重理论的
ESTJ	**ESFJ**	**ENFJ**	**ENTJ**
果断的	谨慎的	欣赏的	具有挑战精神的
直接的	合作的	和谐的	自控的
高效率的	和谐的	老练的	精力充沛的
喜欢社交的	忠诚的	精力充沛的	逻辑的
逻辑的	优雅的	热心的	有条不紊的
明确的	有计划的	善于表达的	客观的
有组织的	负责的	理想主义的	坚持己见的
实际的	反应快的	忠诚的	有计划的
负责的	易于相处的	有组织的	直率的
结构化的	具有同情心的	优雅的	重策略的
系统化的	细心的	反应敏捷的	坚忍不拔的
任务取向的	传统的	支持的	

知觉功能和判断功能的组合，即 MBTI 的 4 个字母代码中的第 2 个（S 或 N）和第 3 个（T 或 F）字母，是考虑职业选择时最重要的一组指标。ST（实感加思考）型的

人一般都属于那种比较实际、注重事实的类型，他们获取成就或令他们感到满意的职业通常是那些需要不带个人主观色彩的、对正确的事实进行分析的职业，如经济、法律、外科、商业、会计、生产、处理机械和材料等。SF（实感加情感）型的人通常都是富有同情心、友好的类型，他们倾向于在那些能发挥爱心的职业当中工作，如销售商品、教育孩子和健康服务等行业。NF（直觉加情感）型的人同样具有满足他人需要的爱心、热情和洞察力等特点，他们更可能被中学、大学、销售服务、咨询、写作和研究等职业吸引。NT（直觉加思考）型的人在其感兴趣的特定领域里会以符合逻辑的、创新的方式处理问题。他们在如下一些职业里会表现出色：科研、电子计算、数学、金融、技术革新或管理等。

Hirsh&Kummerow（1990）和 Myers&McCaulley（1985）提供了 16 种 MBTI 类型适合的领域或职业和工作环境偏好，如表 4-6 所示。

表 4-6　16 种 MBTI 类型适合的领域或职业和工作环境偏好

类　型	适合的领域或职业	工作环境偏好
ISTJ	会计、办公室管理人员 工程师 警察工作、法律工作 生产、建筑、保健	注重事实和结果 提供安全、结构和顺序 能保持稳定情绪 努力、任务取向，为了工作不被中断而喜欢独处
ISTP	科研 机械和修理 农业 工程师和科技人员	注重迅速解决问题 目标和行动取向 不受规律限制 着眼于现在的经历
ESTP	市场销售 工程师和技术人员 信用调查 健康技术、建筑、生产、娱乐	注重第一手的经验 灵活、注重结果 工作具有灵活性 及时满足需要、技术取向
ESTJ	商业管理 银行、金融 建筑、生产 教育、技术、服务	注重正确、高效地做事 任务取向，注重组织、结构 提供稳定性和可预知性 实现可行的目标

续表

类　型	适合的领域或职业	工作环境偏好
ISFJ	会保健专业 教学、图书馆工作 办公室管理 个人服务、文书管理	看重有条理的任务 注重安全和隐私 结构清晰、有效率，一致、平静、安静 服务取向
ISFP	机械和维修 工厂操作 饮食服务 办公室工作、家务工作	善于合作、喜爱自己的工作 允许有自己的私人空间 灵活、具有审美能力 谦恭有礼、以人为本
ESFP	保健服务 销售工作、设计 交通工作、管理工作 机械操作、办公室工作	注重现实 行动取向、活泼、精力充沛 适应性强、和谐 以人为本、舒适的工作环境
ESFJ	保健服务 接待员 销售 看护孩子、家务工作	喜欢帮助他人 目标明确的人和组织 有组织的、气氛好的 善于欣赏的、有良心的、喜欢按事实办事
INFJ	宗教工作 教学图书馆工作 媒体专家 社会服务、研究和发展	关注人类的思想和心理健康 具有创造性 协调、安静、有组织的 具有情感、喜欢有反省时间和空间
INFP	咨询 教学文学、艺术 戏剧、科学 心理学、写作、新闻工作者	关注他人的价值 合作的氛围 允许有思考的时间和空间 灵活、安静、不官僚
ENFP	营销、市场推广 传媒 战略规划人员 事业发展顾问	关注发展空间和个人成就 随遇而安、极易适应工作环境 喜欢创新与自由 对官僚极其反感

续表

类　型	适合的领域或职业	工作环境偏好
ENFJ	教学、咨询 宗教工作、 广告销售、艺术、戏剧 音乐	关注人类的潜能 丰富多彩、积极参与的 活泼的、不受限制的 有变化和挑战、取向的
INTJ	销售 艺术家演艺人员 宗教工作 咨询、教学	愿意为帮助他人而做出改变 支持的、社会化的、和谐的 以人为本、井井有条 鼓励自我表达
INTP	科学 工程师 社会服务 计算机程序、心理学、法律	注意实现长远规划 有效率的、以任务为重的 允许独自一人和思考 支持创造性和独立，人员是有效率的、多产的
ENTP	摄影、艺术 市场营销 零售、促销 计算机分析、娱乐	喜欢解决复杂的问题 灵活的、喜欢挑战的、不官僚 求新取向 喜欢冒险
ENTJ	管理 操作和系统分析 销售经理 市场营销 人事关系	结果取向，独立的 喜欢解决复杂问题的 目标取向、果断 有效率的系统和人 挑战性的、结构性的顽强的人员

4.3 兴趣的认知

你喜欢做什么、探索什么、思考什么及学习什么，这些都凸显了你的个人兴趣。兴趣显示了我们想从事的工作、开展工作的方式及偏好的工作环境。深入分析兴趣爱好同样是职业生涯规划不可或缺的重要环节。

4.3.1 兴趣与职业的关系

从最早期的弗兰克·帕森斯（Frank Parsons）开始，职业生涯发展专家就专门把兴趣当作职业选择的一个重要部分。早期的职业咨询师认为，发现兴趣是个人寻求未来可能从事的职业的一种方法。

我们将兴趣定义为“人们为从中获得乐趣而做之事”。如果我们所从事的职业是自己所喜欢的，那我们的工作和生活就会愉快得多，多半也会对这样的工作更有激情，更有可能在这样的工作中获得满足感。人们倾向于在他们感兴趣的事情上投入更多的时间，从而得以培养更强的能力。但需要注意的是，兴趣并不等于能力，兴趣测评的分数也不代表能力的高低。因此在接下来进行职业兴趣的探索时，请不要考虑是否有能力做好某事，而只需要考虑自己对某一活动的好恶。当然，如果有较强的能力，人们在从事自己喜欢的事情时就会感到得心应手，进一步增强对这些事情的兴趣，从而形成良性循环。

大量的研究表明，兴趣和工作满意度、职业稳定性和职业成就感之间存在明显的关联。正因为如此，在制定职业生涯规划时通常将兴趣作为自我认知的一个重要方面，并通过科学的测评工具来测量人们的职业兴趣。同时，受霍兰德的“人格—职业”类型匹配理论的影响，职业的分类在很大程度上也是参照职业兴趣类型的划分来进行的。

有人认为，把职业选择建立在适合自身特点和喜好的基础上是不现实的。面对巨大的经济压力，很多人放弃了热爱的事业与追求梦想的初心，转而专注于一些更加实际的问题：什么专业容易就业？何种职业既有保障，又收入不菲？其实在许多情况下，我们原本可以选择某些更符合自己兴趣的职业。例如，一个热爱音乐的年轻人或许认为成为歌手或明星的机会太渺茫，于是干脆放弃了在这个领域一切可能的机会。其实，他完全可以寻求一份与自己的兴趣相关的职业，如担任音乐教师、文艺团体或演出机构的管理人员、广播电台的 DJ 等。与其从事自己完全没有兴趣、只为养家糊口而选择的工作，不如在自己热爱的领域选择一个职业。

4.3.2 霍兰德职业兴趣测评工具

兴趣量表和兴趣测验，可以帮助人们明确自己喜欢什么、不喜欢什么。心理学家发现，在不同职业领域工作的人有不同的兴趣模式。例如，会计师的兴趣一般不同于工程师和护士。

霍兰德职业兴趣测试（Self-Directed Search）是由美国职业指导专家霍兰德（John Holland）根据他本人大量的职业咨询经验及其职业类型理论编制的测评工具。他认为某一类型的职业通常会吸引具有相同人格特质的人，这种人格特质反映在职业上就是职业兴趣。大部分人的职业兴趣可以归纳为六个类别，即现实型 R、研究型 I、艺术型 A、社会型 S、企业型 E 和常规型 C。

现实型 R（Realistic）

愿意使用工具从事操作性工作，动手能力强，做事手脚灵活、动作协调。偏好具体任务，不善言辞，做事保守，较为谦虚。缺乏社交能力，通常喜欢独立做事。

典型职业：喜欢使用工具、机器，需要基本操作技能的工作。对要求具备机械方面才能、体力或从事与物件、机器、工具、运动器材、植物、动物相关的职业有兴趣，并具备相应的能力。如摄影师、制图员、木匠、厨师、技工、修理工、园艺师等。

研究型 I（Investigative）

思想家而非实干家，抽象思维能力强，求知欲强，肯动脑，善思考，不愿动手。喜欢独立的和富有创造性的工作。知识渊博，有学识才能，不善于领导他人。考虑问题理性，做事喜欢精确，喜欢逻辑分析和推理，不断探讨未知的领域。

典型职业：喜欢智力的、抽象的、分析的、独立的定向任务，要求具备智力或分析才能，并将其用于观察、估测、衡量、形成理论、最终解决问题的工作，并具备相应的能力。如科学研究人员、教师、工程师、电脑编程人员、医生、系统分析员。

艺术型 A（Artistic）

有创造力，乐于创造新颖、与众不同的成果，渴望表现自己的个性，实现自身的价值。做事理想化，追求完美，不重实际。具有一定的艺术才能和个性。善于表达，怀旧，心态较为复杂。

典型职业：喜欢的工作要求具备艺术修养、创造力、表达能力和直觉，并将其用于语言、行为、声音、颜色和形式的审美、思索和感受，具备相应的能力，不善于事务性工作。艺术方面如演员、导演、艺术设计师、雕刻家、建筑师、摄影家、广告制作人，音乐方面如歌唱家、作曲家、乐队指挥，文学方面如小说家、诗人、剧作家。

社会型 S（Social）

喜欢与人交往、不断结交新的朋友，善言谈，愿意教导别人。关心社会问题，渴望发挥自己的社会作用。寻求广泛的人际关系，比较看重社会义务和社会道德。

典型职业：喜欢要求与人打交道的工作，能够不断结交新的朋友，从事提供信息、启迪、帮助、培训、开发或治疗等事务，并具备相应能力。如教育工作者、社会工作者、心理咨询师、公关人员等。

企业型 E（Enterprising）

追求权力、权威和物质财富，具有领导才能。喜欢竞争，敢冒风险，有野心、抱负。为人务实，习惯以利益得失、权利、地位、金钱等来衡量做事的价值，做事有较强的目的性。

典型职业：喜欢要求具备经营、管理、劝服、监督和领导才能，以实现机构、政治、社会及经济目标的工作，并具备相应的能力。如项目经理、销售人员，营销管理人员、政府官员、企业领导、法官、律师。

常规型 C（Conventional）

尊重权威和规章制度，喜欢按计划办事，细心、有条理，习惯接受他人的指挥和领导，自己不谋求领导职务。喜欢关注实际和细节情况，通常较为谨慎和保守，缺乏创造性，不喜欢冒险和竞争，富有自我牺牲精神。

典型职业：喜欢要求注意细节、精确度、有系统有条理，具有记录、归档、据特定要求或程序组织数据和文字信息的职业，并具备相应的能力。如秘书、办公室人员、记事员、会计、行政助理、图书馆管理员、出纳员、打字员等。

由于霍兰德职业兴趣测试量表中的职业索引是未经本土化的版本，因此在职业名称上可能与中国国情有偏差。因此在本章实训中仅作为拓展大家关于职业思路的参考，不必拘泥于具体职业的名称。

4.4　技能的认知

技能领域是雇主特别感兴趣的部分，他们关注的问题是“你能做什么”。技能是求职者手中的硬通货。正如肌肉塑造着你的外形一样，技能打造着你在职场中的竞争力。通过对个人技能的认知能够帮助你确认自己已拥有的技能，并发现自己需要进一步拓展的技能。

在就业市场上，每个人都是以技能换取报酬的。一个能够向潜在的雇主描述自己技能的人往往能在工作中得心应手，因为他们最有可能获得能发挥自身特殊才能的工作；而热衷于自身工作的人更容易保持身心健康，工作效率更高。

4.4.1　技能与职业的关系

技能是指经过后天学习和练习培养而形成的能力。我们在生活中通过与他人的互动及处理日常事务不知不觉地发展了技能。个人喜好也常常影响着我们的技能和能力。人们倾向于在热衷的事情上反复运用某些技能，在使用那些善于并乐于使用的技能时，人们会感到足以胜任、游刃有余，从而获得快乐和满足。

心理学家罗圭斯特与戴维斯在对个体的工作适应问题进行多年研究以后，提出了明尼苏达工作适应理论：当工作环境能够满足个人的需求时，个人会感到“内在满意”；而当个人能够满足工作的要求时，个人能够达到“外在满意”（令自己的雇主、同事感到满意）。“内在满意”主要通过衡量个人价值观与企业文化及奖惩制度之间的适配性来评估；“外在满意”可以通过衡量个人职业技能与工作的技能要求间的契合程度来进行评估。当个人能够同时达到内在和外在满意时，个人与环境之间的关系就比较协调，个人的工作满意度会比较高，在该工作领域也能持久发展。做自己能够胜任的工作，进一步培养和发展自己的能力、发挥个人的潜能，这往往也是选择职业时的个人需求。可见，能力与个人的职业满意度、工作适应性及职业稳定性具有直接的相关关系。

4.4.2 识别你的技能

如果现在要求你将自己的技能罗列出来，你会列出什么？也许你能列出的技能不多，但这并不是因为你缺乏技能，而是因为你从未识别也不思考和谈论它们。技能识别并不容易，因为我们常常会觉得做一件事并不需要运用任何技巧就能很好地完成，这本身就是被我们忽略的天赋。我们还会认为目前没有运用某种技能，所以不应该认为自己具备这种能力，因为它可能已经消失了。又或者，如果没有因运用某种技能而获得报酬，我们就似乎看不到它的价值。

所有这些错误的看法使我们很难真实而准确地识别自己的技能，继而降低了我们选择与自己能力相匹配职业的可能。因此，每个人都必须清楚地认知自己具备哪些能力，去回答“我能干什么”的问题。一旦识别了自身的技能，你就会摆脱之前狭隘的自我认知，并逐渐认识到自己的特别之处。

有学者将职业领域的技能分为三种类型：知识技能、自我管理技能和可迁移技能。

（1）知识技能。知识技能是指一般需要通过教育或者培训获得的具有一定专业性和系统性的知识或能力。它们常常与我们的专业学习或工作内容直接相关。正因为如此，许多大学生由于不喜欢自己的专业，在找工作时可能陷入两难的境地：一方面，他们认为找工作必须“专业对口”，但是又不喜欢自己的专业，不想将之作为从事一生的职业；另一方面，如果“专业不对口”，自己不是“科班出身”，担心自己与专业出身的应聘者相比缺乏竞争力，觉得很难跨越专业的鸿沟。事实上，知识技能并非只有通过正式的专业教育才能获得。除了学校课程，课外培训班、讲座、资格认证考试等都可以帮助个人获得知识技能。在简历书写或面试中描述个人的知识技能时，一般用名词来表示。

（2）自我管理技能。自我管理技能是一种软技能，经常被看作个性品质而非技能，因为它们通常被用来描述或说明人具有的某些特征。这些特征是能够通过主观努力来培养和训练的，能够帮助个人更好地适应周围的环境。它体现着个体在不同情况下如何管理自己：是创新还是墨守成规，是认真还是敷衍了事，是否易与同事发生摩擦，是否对工作有热情等。

工作中需要知识，但更需要智慧，而最终起到关键作用的是软技能。个人如何使用自己的专业知识，以什么样的态度工作，甚至比工作内容本身更为重要。正是这样的一些品质和态度，将具有相同知识技能的候选人区分开来。良好的自我管理技能是个人事业成功的基础，是大学生进入企业的“金钥匙”。用人单位越来越重视这些技能，甚至超过知识技能，因为他们有助于我们协调处理复杂的工作事件，并与公司的同事和谐相处。在描述自我管理技能时常以形容词或副词的形式出现，如热情的、敏捷的、耐心地、深入浅出地等。

（3）可迁移技能。可迁移技能是指能够触类旁通的技能，也被称作通用技能或一般技能，是所有技能的基础与核心。其特征是可以从生活的方方面面，特别是工作之外得到发展，并可以迁移应用于不同的工作之中。无论职业、岗位如何变化，可迁移技能都是伴随个人一生的可持续发展的能力，它们都能够转换为市场价值。如学习能力、组织协调能力、解决复杂问题的能力、领导能力、批判性思维等。可迁移技能通常用行为动词表示。

【延伸阅读】

佛罗里达州立大学的生涯档案系统（Florida State University Career Portfolio System）列出了九种能转化到任何特定工作中的一般基本技能，它们能从一种工作迁移到另一种工作，或是从一种生活角色迁移到另一种角色。这九种技能是在佛罗里达州立大学职业生涯中心的工作人员、教学人员及与大学有联系的雇主达成共识所找出的技能。它们是更为宽泛的技能，而不是针对某个特定专业领域的技能。

这些技能也就是经常出现在简历上的技能，在求职面试中也经常被谈到。经理和领导者是最多使用这些一般技能的人。它们都是些什么技能呢?

1. 沟通技能

沟通技能包括阅读、书写、编辑、倾听、陈述和人际关系等方面的能力。这些技能在工作场所至关重要，因为它们涉及的是人们相互的信息传递。回顾课堂内外强调沟通的项目，或想想将来你可能参与的项目，包括制作学校年鉴、撰写研究报告、为班级写随笔；个人所修的课程和接受的技能训练或其他可能与沟通技能有关的经验。

2. 创造力

创造力包括许多不同领域的技能（如艺术、文学、机械和社会科学领域），回顾自己创造性地解决问题的经历，并想想有什么独特之处，将来你可以通过什么经验发展创造力呢?

3. 批判性思维

批判性思维包括在某种情境或组织中找出问题，思考问题的复杂性，通过研究收集证据，评估解决问题的各种方法，最终得出结论或找到解决办法。在寻找解决问题的各种方法时，你需要同时考虑它们的可能性和恰当性；在比较这些方法时，你需要一些衡量标准，这些标准可能来源不同。站好位置，摆明立场，提出解决问题的方法是批判性思维的最高宗旨，回顾你过去在课堂上完成项目时使用批判性思维的情境，再想想将来可能发展这一技能的场合。

4. 领导能力

领导能力是指为团体制定目标并指明方向的能力，当你提出某种计划或方法来达成团体目标时，你已经是“正式”的领导者了，这可能包括在某件事上提出动议以使团体采取行动，给其他人委派任务或权力的能力，以及激励他人的能力。举例来说，作为解决某个特定问题的团体，为团体目标提出问题或是向团体展示说明自己的提议都是领导力的表现，回顾你曾经承担或想要承担领导者角色的情境，包括班级中某个小组项目或大学校园组织（官员、委员会主席等），或是社区、教会组织。

5. 生活管理能力

生活管理能力指诸如时间管理之类的能力，既指长期的项目、活动，也指日常生活的时间管理（如完成课程、每周有效地应对工作和学业要求），包括准时、为行动做好准备。生活管理还包括适应变化的能力，以及财务管理的能力（如做预算评估收入与支出、保留详细的记录）。思考自己过去展示出生活管理能力的地方，或是将来你如何证明这种能力。

6. 研究项目开发技能

研究项目开发技能包括为解决问题发现和决策制定而寻找信息的技能，在对某个问题进行研究时，个体阅读并评估先前的工作报告，或收集新数据并在书面或口头报告中进行总结，以提供新的信息。除研究问题外，个体还要为项目提出包含解决问题在内的一系列合理行动措施的计划，也包括关于项目方向及项目协调配合的计划，以确保在预算内以讲求成本效益的方式达到目标。回顾教授曾经布置给你的研究报告，上司曾经委派给你的项目，以及你参与的某些机构、俱乐部的服务项目（如招募新成员、募集基金）。

7. 社会责任技能

社会责任技能包括尊重个体和文化差异，发现他人身上令人钦佩的品质——尤其是那些外表、思想及个性特征显得非常不同的人——这些都是具有社会责任技能的人的行为，社会责任与良好的公民身份相联系，具备这一领域技能的个体定期积极参与社区建设活动，回顾你参与社区活动的例子（如成为某个社区服务团体的一员，参加教会团体、娱乐团体，以及提供某种社区服务）。

8. 团队合作能力

团队合作能力包括在团队中提出观点，或是使团队成员互相合作、彼此协商。有效的团队合作行为是指与他人一起承担达到目标（合作）的责任，团队合作包括认识自己和他人的优劣势，鼓励团队利用优势，弱化劣势。回顾你是某个团队成员并使用（或可能使用）团队合作技能的情境，包括班级中某个小组项目或大学校园组织（官员、委员会主席等），或是社区、教会组织。

9. 技术/科学技能

技术/科学技能与社会科学、生物学和物理学等领域的经验有关，当前最常见的技术科学技能是计算机的应用，回顾你因为某个项目或活动使用某个软件程序的经历。技术/科学技能包括系统管理（如管理数据仓库或网络相关服务），以及为研究及相关活动使用互联网，将来你能通过何种经验来增强这方面的技能呢?

资料来源：罗伯特·里尔登. 职业生涯发展与规划[M]. 北京：中国人民大学出版社，2016.

4.4.3 有价值的能力

有一些比较抽象的能力，无论何时都比其他能力更有价值。

（1）创造价值的能力。一项有价值的技能或能力，应该能够更容易地创造高的价值。这是个人的深层竞争力。随着时间的推移，技能、能力和才能会上升到优势地位，如果有一天这项技能的价值开始下降或衰落，就是因为它创造的价值降低了，或者其价值基础受到了质疑。

因此，个人面临的挑战是预测哪些技能和能力将在未来创造最大的价值。

（2）稀缺的能力。和自然资源一样，有一些技能和能力变得有价值是因为它们的稀缺性，在工作世界里对这些能力或技能的需求大于供给，因此被看作稀缺资源。如果每个人都拥有同样的能力和技能，也就不存在稀缺的能力了。这就是世界级的足球运动员的高身价背后的逻辑。因为世界级的足球人才是稀缺的，因此被看作宝贵的资源。人类发展过程总是会出现资源短缺的情况，这是因为需求超过了供给，或者因为对某项技能的需求增加了。

当需求突然呈现爆发式的增长、大大超过现有的供给时，技能也会变得稀缺，尤其是在新技术创造出全新的技能和能力组合时。

因此，个人面临的挑战是预测哪些技能和能力将在未来成为稀缺的能力。

（3）很难被模仿的能力。要想有价值，能力或技能就必须很难被模仿，包括被技术模仿和被人模仿。当某项技能可以被人模仿时，工作机会就会转向报酬最低的模仿者。当然，模仿者并不一定是人，也可能是机器。而现在，模仿者往往是应用程序。例如，新软件的发布意味着一位设计师就能完成之前需要多名设计师才能完成的工作；随着高级电子制表软件的引入，行政部门人员将大幅度削减；机器人学的发展很可能使服务和护理行业的职位削减。

因此，个人面临的挑战是寻找并发展很难被其他人或机器模仿的能力。

4.5 职业价值观

价值观是指人们认识和评价客观事物、现象对自身或对社会的重要性所持有的内部标准。每个人都生活在特定的生活环境中，对现实中的一切事物都会有一定的评价，哪些是好的、可接受的、值得的，哪些是不好的、不可接受的、不值得的，这就是价值观。价值观对个人的思想和行为具有重要的导向和调节作用，使之指向一定的目标或带有一定的倾向性。

从 20 世纪 50 年代开始，唐纳德·舒伯、马丁·卡茨（Martin Katz）及其他心理学家开始研究价值观，更确切地说是职业价值观，即价值观在职业生涯选择中的作用。价值观在职业选择上的体现就是职业价值观（vocational value），是人们对待职业的一种信念和态度，或者是在职业生活中表现出来的一种价值取向。研究发现，价值观是职业生涯决策过程的一个影响因素，并且与日后的工作满意度相关。如果人们依循自己的价值观生活，就能获得最大限度的幸福感和自尊感。

在选择职业时，个人的择业标准和对具体职业的评价集中反映了他们的职业价值观。例如，有的人追求丰厚的收入，有的人希望取得较高的社会地位，有的人喜欢工作环境轻松愉快，有的人把学习和成长作为择业的第一标准。

对职业价值观的研究是职业生涯规划的基础。认识到自己思想中根深蒂固的价值观，是理解工作中什么样的特征能给你满足的第一步。如果在职业生涯中找到了自己的价值观，那么你的工作就会变得更加有意义、有目的；如果工作没有使你得到满足，生活也就会变得乏味和令人烦闷。

职业和工作并不是为满足我们所有的重要价值观而生的。卡茨的另一个重要观点是：在职业生涯决策中，个体的价值观体系，即个体各个重要价值观之间的相容与和谐程度，与个体最看重的价值观同样重要。例如，“高收入”和“稳定性”这两种价值观常常是不相容的。卡茨认为，在职业生涯决策中，价值观比兴趣更加重要，尽管其他心理学家并不同意这种观点。

每个人都有自己独特的价值观，很少有工作能够完全满足个人所有的重要价值观。因此，我们总是要不断地做出妥协和放弃。这是不可避免的，也是必要的。只有对自己的价值观进行澄清和排序，才能知道如何取舍。随着职业生涯发展周期或社会环境的变化，个人的需求会发生变化，职业价值观也有可能需要做相应的调整。

【延伸阅读】

测验 21 种个人价值观排序

请按照下列21种个人价值观对自己的重要程度来排列顺序。如果有时间，可以先把这些价值观写在小纸片上，然后再将它们排序。在对你最重要的价值观旁边写下1，接着在对你次重要的价值观旁边写下2，以此类推，直到排列完所有的21种价值观，将21写在对你来说最不重要的价值观旁边。

成就：成功；通过决心、坚持和努力而达到预定的目标。

审美：为了美而欣赏、享受美。

利他：关心别人，为别人的利益献身。

自主：能够独立地做决定的能力。

创造性：产生新思想及革命性的设计。

情绪健康：能够克制焦虑的情绪，有效阻止坏脾气的产生；思绪平静，内心感觉安全。

健康：生命存在的条件，没有疾病和痛苦，身体的总体状况良好。

诚实：公正或正直的行为，忠诚、高尚的品质或行为。

正义：无偏见，公平、正直，遵从真理、事实和理性；公平地对待他人。

知识：为了满足好奇心；运用知识或满足求知欲而寻求真理、信息。

爱：建立在钦佩、仁慈基础上的感情。温暖的依恋、热情、献身；无私奉献，忠诚地接纳他人，谋求他人的益处。

忠诚：效忠于个人、团队、组织或政党。

道德：相信并遵守道德标准。

身体外观：关心自己的容貌。

愉悦：是一种惬意的感觉，是伴随着对美好事物的期待和对伟大愿望的实现而产生的。愉悦不在于表面上的高兴，而在于内心的满足和喜悦。

权力：拥有支配权、权威或对他人的影响力。

认可：由于他人的反应而感到自己很重要、很有价值；得到特别的关注。

宗教信仰：与神交流，服从神，代表神行动。

技能：乐于有效使用知识、完成工作的能力；具有专门技术。

财富：拥有大量的物质财富；富足。

智慧：具有洞察内在品质和关系的能力；洞察力、智慧、判断力。

列出自己的排序前6的价值观。

资料来源：洛克. 把握你的职业发展方向[M]. 北京：中国轻工业出版社，2006.

在价值观认知过程中，可能有人会发现对价值的取舍和排序是一个艰难的过程，甚至做完了这个活动，仍然不清楚自己想要的到底是什么。这都是很正常的现象，重要的是要对自己的职业和生活不断地进行思考和探索。价值观的澄清本身也不是一劳永逸的过程。一些专家认为，价值观的澄清过程比价值观本身的内容更重要。他们确定了价值观澄清的七个步骤，分为三个阶段。

第一个阶段为选择价值观，包括：①在不考虑来自他人压力的情况下自由选择一种价值观；②将此价值观与其他选择放在一起考虑；③考虑每种价值观选择的结果。

第二个阶段为评估价值观，包括：④珍视、喜爱你的价值观选择；⑤在适当的时候乐于向他人公开自己的选择。

第三个阶段为按价值观行事，包括：⑥做与选择有关的事情，如投票；⑦以与自己的价值观选择一致的模式行动。

个人越清楚自己的价值观，越了解自己在工作和生活中想要寻求什么、什么对自己来说是最重要的，其职业生涯发展目标也就越清晰。

【本章小结】

很多人对职业生涯的迷茫源自缺少客观的自我认知与评价，从而导致就业目标模糊或者找到的工作不适合自己。一切认知都是从自我认知开始的，只有对自己的人格、兴趣、能力等有了清晰的认知，了解自己的局限性，才能够扬长避短，做出更适合自己的职业选择。

人格是职业生涯探索中的一个重要部分，每个人都有与众不同的特质，人格与职业的最佳匹配能够使我们成为更有效的工作者。

兴趣是影响人们工作满意度、职业稳定性和职业成就感的重要因素，也是对职业进行分类的重要基础。

正确认识技能帮助个人摆脱对能力的狭隘认识，树立自信心，并最终在求职和工作中胜出。在学习和各种经历中识别个人所擅长的技能，有针对性地发展和培养个人技能，有助于个人在未来工作中脱颖而出。

价值观是个人在生活中所看重的原则、标准或品质。它指向我们一生中最重要的东西，是个体行为背后的深层动机。因此，在职业生涯规划时应重视价值观澄清，培养健康合理的工作价值观，追求有意义的人生。

【思考习题】

1. 思考人格对职业会产生哪些影响。
2. 思考如何将个人兴趣与职业相匹配。如果你的兴趣过少或过多，你会怎么做?
3. 简述需要培养和发展哪些技能才能胜任自己心仪的工作。
4. 对自己的价值观进行澄清，并列举最重要的 3 个职业价值观。
5. 思考哪些技能或能力会成为未来有价值的能力?

【案例分析】

【案例 4-1】谁都能当老师吗?

李华，某名牌师范大学中文系本科毕业，在一所中学担任语文教师。她性格文静，有较强的中文写作能力，但不善于口头表达及人际交往。

师范类毕业生做中学教师似乎是理所当然、顺理成章的事。然而实践中有太多例子表明，一个师范类毕业生并不一定是一个称职的教师。李华在近两年的教学工作中发现自己并不适合做老师，虽具备相应的学历，但不具备老师应有的管理学生的能力。课堂上不能够调动学生的积极性，所带班级的成绩不理想，学校对其工作表现不是很满意，自己也觉得很苦恼。

教师工作的确能给李华带来稳定的收入和不错的福利，但凭李华的表现，这种“稳定”还能维持多久?她认为自己在教师的岗位上很难成功。因此，她想转行从事其他能够发挥自己文字特长的工作。但具体向哪一个行业转，还需要慎重考虑。经过一番内心的斗争，李华决定重新择业。

通过对自我性格与能力的分析，李华认识到自己虽然不擅长管理学生、口头表达能力差，但自己的文笔优美、文字能力强，其职业倾向也是希望发挥自身在文字方面的优势。于是，李华决定到广告公司去应聘。不出所料，李华很顺利地通过了广告公司的笔试与面试，成为一名广告文案编辑人员。“现在感觉好多了。”从事了一年广告文案编辑工作的李华这样说。

资料来源：http:/www.dushu.com/book/11216056/.

讨论题

1. 李华为什么会出现择业失误？
2. 李华在选择职业时应该如何扬长避短？
3. 你认为李华的新工作适合她吗？

【案例 4-2】才女求职无门

两年前，被系里的老师称为才女的纪茜顺利在某知名大学拿到生物学硕士学位，风光地毕业了。专业水平高、综合能力强，英文口语也十分流利，这样的她一毕业，便毫不费劲地进入一家医药公司工作，岗位是海外销售。刚开始这个工作对纪茜来说很新鲜，也有挑战，但在一段时间之后，她开始感到自己的才能没有发挥应有的作用。当初同时毕业的同学，学识不如她的都去到一些公司从事研发工作，再看看自己这个岗位，实在有些拿不出手，同学问起来她也觉得汗颜。

在工作满一年时，公司本想和纪茜续约，她却潇洒地“裸辞”了。纪茜觉得，自己有那么好的能力，一定要去研究所，让自己的专业功底真正发挥实力。可谁料，专业的研究所如今都只招收博士，纪茜觉得自己目前的处境已经难以考博了，年龄和经济条件都不允许，她已经打定主意了——进事业单位或国企。

在之后的一年中，也有一些大的国内企业和知名外企向纪茜“示好”，可她就是一根筋，不去。去外企，劳累不说，福利和社会保障方面都不及事业单位好。她是一心只想进事业单位，但偏偏没有合适的机会，就这样寻找、等待，一年过去了。

这一年生活百无聊赖，心中急躁烦恼，所以当一个同学告诉她专利代理人资格证有用，她不假思索就随同学参加了培训，但考到这个证书根本没带来任何帮助。越等越心慌，纪茜没了往日的骄傲自信。她觉得自己很委屈，很想不通：自己又不是没有能力，怎么会一年了还待业家中？

资料来源：https://area.xycareer.com/article/339.html.

讨论题

1. 为什么纪茜明明有不错的专业背景和专业能力，却找不到工作？
2. 请给纪茜提一些建议，帮助她重拾工作的信心。

【本章实训】

完成霍兰德职业兴趣测试，找出与自己人格、兴趣、能力、价值观相匹配的职业。

霍兰德职业兴趣测试

本测验共有七个部分，每部分测验均没有时间限制，但请尽快按要求完成。

第一部分　理想职业

对于未来的职业（或升学进修的专业），个人需要早有考虑，它可能很抽象、很朦胧，也可能很具体、很清晰。不论是哪种情况，现在都请把自己最想做的 3 种工作或最想读的 3 种专业，按顺序写下来。

第二部分　兴趣活动

下面列举了若干种活动，请就这些活动判断好恶。喜欢的，在“是”栏里打√；不喜欢的，在“否”栏里打 ×。请按顺序回答全部问题。统计“是”一栏的得分，每个√计 1 分。

R：现实型活动	是	否	I. 研究型活动	是	否
1. 装配修理电器或玩具			1. 读科技图书和杂志		
2. 修理自行车			2. 在实验室工作		
3. 用木头做东西			3. 改良水果品种，培育新的水果		
4. 开汽车或摩托车			4. 调查了解土和金属等物质的成分		
5. 用机器做东西			5. 研究自己选择的特殊问题		
6. 参加木工技术学习班			6. 解算术或玩数学游戏		
7. 参加制图描图学习班			7. 物理课		
8. 驾驶卡车或拖拉机			8. 化学课		
9. 参加机械和电气学习班			9. 几何课		
10. 装配修理机器			10. 生物课		
共计			共计		
A：艺术型活动	**是**	**否**	**S：社会型活动**	**是**	**否**
1. 素描 / 制图或绘画			1. 学校或单位组织的正式活动		
2. 参加话剧 / 戏剧			2. 参加某个社会团体或俱乐部活动		

续表

A：艺术型活动	是	否	S：社会型活动	是	否
3. 设计家具 / 布置室内			3. 帮助别人解决困难		
4. 练习乐器 / 参加乐队			4. 照顾儿童		
5. 欣赏音乐或戏剧			5. 出席晚会、联欢会、茶话会		
6. 看小说 / 读剧本			6. 和大家一起出去郊游		
7. 进行摄影创作			7. 想获得关于心理方面的知识		
8. 写诗或吟诗			8. 参加讲座会或辩论会		
9. 进艺术（美术 / 音乐）培训			9. 观看或参加体育比赛和运动会		
10. 练习书法			10. 结交新朋友		
共计			共计		
E：企业型活动	是	否	C：常规型活动	是	否
1. 说服鼓动他人			1. 整理桌面和房间		
2. 卖东西			2. 抄写文件和信件		
3. 谈论政治			3. 为领导写报告或公务信函		
4. 制订计划、参加会议			4. 检查个人收支情况		
5. 以自己的意志影响别人的行为			5. 打字培训班		
6. 在社会团体中担任职务			6. 参加算盘、文秘等实务培训		
7. 检查与评价别人的工作			7. 参加商业会计培训班		
8. 结交名流			8. 参加情报处理培训班		
9. 指导有某种目标的团体			9. 整理信件、报告、记录等		
10. 参与政治活动			10. 写商业贸易信		
共计			共计		

第三部分 擅长活动

下面列举了若干种活动，其中自己能做或大概能做的事，在“是”栏里打√；反之，在“否”栏里打 ×。回答全部问题，并统计“是”一栏的得分，每个√计 1 分。

R：现实型活动	是	否	I：研究型活动	是	否
1. 能使用电锯、电钻和锉刀等木工工具			1. 懂得真空管或晶体管的作用		
2. 知道万用表的使用方法			2. 能够列举三种蛋白质多的食物		
3. 能够修理自行车或其他机械			3. 理解铀的裂变		
4. 能够使用电钻床、磨床或缝纫机			4. 能用计算尺、计算器、对数表		
5. 能给家具和木制品刷漆			5. 会使用显微镜		
6. 能看建筑设计图			6. 能找到三个星座		

续表

R：现实型活动	是	否	I：研究型活动	是	否
7. 能够修理简单的电气用品			7. 能独立进行调查研究		
8. 能修理家具			8. 能解释简单的化学现象		
9. 能修理收录机			9. 理解人造卫星为什么不落地		
10. 能简单地修理水管			10. 经常参加学术的会议		
共计			共计		
A：艺术型活动	是	否	S：社会型活动	是	否
1. 能演奏乐器			1. 有向各种人说明解释的能力		
2. 能参加二部或四部合唱			2. 常参加社会福利活动		
3. 独唱或独奏			3. 能和大家一起友好地相处、工作		
4. 扮演剧中角色			4. 善于与年长者相处		
5. 能创作简单的乐曲			5. 会邀请人、招待人		
6. 会跳舞			6. 能简单易懂地教育儿童		
7. 会绘画、素描或书法			7. 能安排会议等活动顺序		
8. 会雕刻、剪纸或泥塑			8. 善于体察人心和帮助他人		
9. 会设计板报、服装或家具			9. 帮助护理病人和伤员		
10. 写得一手好文章			10. 安排社团组织的各种事务		
共计			共计		
E：企业型活动	是	否	C：常规型活动	是	否
1. 担任过学生干部且干得不错			1. 会熟练地打字		
2. 工作上能指导和监督他人			2. 会用外文打字机或复印机		
3. 做事充满活力和热情			3. 能快速记笔记和抄写文章		
4. 有效利用自身的做法调动他人			4. 善于整理保管文件和资料		
5. 销售能力强			5. 善于从事事务性的工作		
6. 曾作为俱乐部或社团的负责人			6. 会用算盘		
7. 向领导提出建议或反映意见			7. 能在短时间内分类和处理大量文件		
8. 有开创事业的能力			8. 能使用计算机		
9. 知道怎样做能成为一个优秀的领导者			9. 能收集数据		
10. 健谈善辩			10. 善于为自己或集体做财务预算表		
共计			共计		

第四部分 喜欢职业

下面列举了多种职业，请逐一认真地看，如果是自己感兴趣的工作，在“是”栏里打√；如果是不太喜欢、不关心的工作，在“否”栏里打×。回答全部问题，并统计“是”一栏的得分，每个√计1分。

R：现实型活动	是	否	I：研究型活动	是	否
1. 飞机机械师			1. 气象学或天文学者		
2. 野生动物专家			2. 生物学者		
3. 汽车维修工			3. 医学实验室的技术人员		
4. 木匠			4. 人类学者		
5. 测量工程师			5. 动物学者		
6. 无线电报务员			6. 化学家		
7. 园艺师			7. 数学学者		
8. 长途公共汽车司机			8. 科学杂志的编辑或作家		
9. 自动化技师			9. 地质学者		
10. 电工			10. 物理学者		
共计			共计		
A：艺术型活动	是	否	S：社会型活动	是	否
1. 乐队指挥			1. 街道、工会或妇联干部		
2. 演奏家			2. 小学、中学教师		
3. 作家			3. 精神病医生		
4. 摄影家			4. 婚姻介绍所工作人员		
5. 记者			5. 体育教练		
6. 画家、书法家			6. 福利机构负责人		
7. 歌唱家			7. 心理咨询师		
8. 作曲家			8. 共青团干部		
9. 电影电视演员			9. 导游		
10. 节目主持人			10. 国家机关工作人员		
共计			共计		
E：企业型活动	是	否	C：常规型活动	是	否
1. 厂长			1. 会计师		
2. 电视片编制人			2. 银行出纳员		
3. 公司经理			3. 税收管理员		
4. 销售员			4. 计算机操作员		
5. 不动产推销员			5. 簿记人员		
6. 广告部长			6. 成本核算员		
7. 体育活动主办者			7. 文书档案管理员		

续表

E：企业型活动	是	否	C：常规型活动	是	否
8. 销售部长			8. 打字员		
9. 个体工商业者			9. 法庭书记员		
10. 企业管理咨询人员			10. 人口普查登记员		
共计			共计		

第五部分 能力简评

表 A 和表 B 是在 6 个职业能力方面的自我评定表。个人可以先与同龄者比较自己在每个方面的能力，再经斟酌后对自己的能力进行评估。请在表中适当的数字上画圈。数字越大，表示的能力越强。注意，请勿全部画同样的数字，因为人的每项能力强弱不可能完全一样。

表 A

R 型	I 型	A 型	S 型	E 型	C 型
机械操作能力	科学研究能力	艺术创作能力	解释表达能力	商业洽谈能力	事务执行能力
7	7	7	7	7	7
6	6	6	6	6	6
5	5	5	5	5	5
4	4	4	4	4	4
3	3	3	3	3	3
2	2	2	2	2	2
1	1	1	1	1	1

表 B

R 型	I 型	A 型	S 型	E 型	C 型
体育技能	数学技能	音乐技能	交际技能	领导技能	办公技能
7	7	7	7	7	7
6	6	6	6	6	6
5	5	5	5	5	5
4	4	4	4	4	4
3	3	3	3	3	3
2	2	2	2	2	2
1	1	1	1	1	1

第六部分 统计和确定您的职业倾向

将第二部分至第五部分的全部测验分数按前面已统计好的6种职业倾向（R型、I型、A型、S型、E型和C型）得分填入下表，并做纵向累加。

测试	R型	I型	A型	S型	E型	C型
第二部分						
第三部分						
第四部分						
第五部分表A						
第五部分表B						
测试总分						

请将上表中的6种职业倾向总分按大小顺序依次从左到右排列：

得分最高的职业类型就是最适合你的职业。如果最适合你的职业和在第一部分所写的理想工作之间不太一致，或者在各种类型的职业上个人的能力和兴趣不相匹配，那么请参照第七部分——职业价值观来做出最佳选择。

第七部分 个人所看重的东西——职业价值观

这一部分测验列出了个人在选择工作时通常会考虑的9种因素（见所附工作价值标准）。现在请在其中选出最重要的两项因素，并将序号填入下边相应的空格上。

最重要：__________

最不重要：________

次重要：__________

次不重要：________

价值标准

1. 工资高、福利好
2. 工作环境（物质方面）舒适
3. 人际关系良好
4. 工作稳定有保障
5. 能提供较好的受教育机会
6. 有较高的社会地位
7. 工作不太紧张、外部压力小
8. 能充分发挥自己的能力特长
9. 社会需要与社会贡献大

以上是测验的全部内容。

职业索引将个人测验得分居第一位的职业类型找出来，根据职业兴趣代号对照以下内容，判断自己适合的职业类型。

R（现实型）：木匠、农民、操作 X 光的技师、工程师、飞机机械师、鱼类和野生动物专家、自动化技师、机械工（车工、钳工等）、电工、无线电报务员、火车司机、长途公共汽车司机、机械制图员、器修人员、电器师。

I（研究型）：气象学者、生物学者、天文学家、药剂师、动物学者、化学家、科学报刊编辑、地质学者、植物学者、物理学者、数学家、实验员、科研人员、科技作者。

A（艺术型）：室内装饰专家、图书管理专家、摄影师、音乐教师、作家、演员、记者、诗人、作曲家、编剧、雕刻家、漫画家。

S（社会型）：社会学者、导游、福利机构工作者、咨询人员、社会工作者、社会科学教师、学校领导、精神病工作者、公共保健护士。

E（企业型）：推销员、进货员、商品批发员、旅馆经理、饭店经理、广告宣传员、调度员、律师、政治家、零售商。

C（常规型）：记账员、会计、银行出纳、法庭速记员、成本估算员、税务员、核算员、打字员、办公室职员、统计员、计算机操作员、秘书。

下面介绍与个人 3 个代号的职业兴趣类型一致的职业对照的方法。首先，根据你的职业兴趣测试中得分前三的代号组合，在下面找出相应的职业，如你的职业兴趣代号是 RIA，那么牙科技术人员、陶工等是适合你兴趣的职业。然后，寻找与你职业兴趣代号相近的职业，如你的职业兴趣代号是 RIA，那么其他由这三个字母组合成的编号（如 IRA、IAR、ARI 等）对应的职业，也较适合你的兴趣。

RIA：牙科技术人员、陶工、建筑设计员、模型工、细木工、制作链条人员。

RIS：厨师、林务员、跳水员、潜水员、染色员、电器修理人员、眼镜制作人员、电工、纺织机器装配工、服务员、装玻璃工人、发电厂工人、焊接工。

RIE：建筑和桥梁工程、环境工程、航空工程、公路工程、电力工程、信号工程、电话工程、一般机械工程、自动工程、矿业工程、海洋工程、交通工程技术人员，制图员、家政经济人员、计量员、农民、农场工人、农业机械操作、清洁工、无线电修理、汽车修理、手表修理、管工、线路装配工、工具仓库管理员。

RIC：船上工作人员、接待员、杂志保管员、牙医助手、制帽工、磨坊工、石匠、机器制造人员、机车（火车头）制造人员、农业机器装配人员、汽车装配工、缝纫机装配工、钟表装配和检验人员、电动器具装配人员、鞋匠、锁匠、货物检验员、电梯机修工、托儿所所长、钢琴调音员、装配工、印刷工、建筑钢铁工、卡车司机。

RAI：手工雕刻、玻璃雕刻、制作模型人员、家具木工、制作皮革品工人、手工绣花工人、手工钩针纺织工、排字工、印刷工、图画雕刻工、装订工。

RSE: 消防员、交通巡警、警察、门卫、理发师、房间清洁工、屠夫、锻工、开凿工人、管道安装工、出租汽车驾驶员、货物搬运工、送报员、勘探员、娱乐场所的服务员、起卸机操作工、灭害虫者、电梯操作工、厨房助手。

RSI：纺织工、编织工、农业学校教师、某些职业课程教师（如艺术、商业、技术、工艺课程）、雨衣上胶工。

REC：抄水表员、保姆、实验室动物饲养员、动物管理员。

REI：轮船船长、航海领航员、大副、试管实验员。

RES：旅馆服务员、家畜饲养员、渔民、渔网修补工、水手长、收割机操作工、搬运行李工人、公园服务员、救生员、登山导游、火车工程技术员、建筑工人、铺轨工人。

RCI：测量员、勘测员、仪表操作者、农业工程技术人员、化学工程技师、民用工程技师、石油工程技师、资料室管理员、探矿工、煅烧工、烧窑工、矿工、保养工、磨床工、取样工、样品检验员、纺纱工、炮手、漂洗工、电焊工、锯木工、刨床工、制帽工、手工缝纫工、油漆工、染色工、按摩工、木匠、农民建筑工作、电影放映员、勘测员助手。

RCS：公共汽车驾驶员、一等水手、游泳池服务员、裁缝、建筑工作、石匠、烟囱修建工、混凝土工、电话修理工、爆炸手、邮递员、矿工、裱糊工人、纺纱工。

RCE：打井工、吊车驾驶员、农场工人、邮件分类员、铲车司机、拖拉机司机。

IAS：普通经济学家、农业经济学家、财政经济学家、国际贸易经济学家、实验心理学家、工程心理学家、心理学家、哲学家、内科医生、数学家。

IAR：人类学家、天文学家、化学家、物理学家、医学病理学者、动物标本剥制者、化石修复者、艺术品管理者。

ISE：营养学家、饮食顾问、火灾检查员、邮政服务检查员。

ISC：侦察员、电视播音室修理员、电视修理服务员、验尸室人员、编目录者、医学实验定技师、调查研究者。

ISR：水生生物学者、昆虫学者、微生物学家、配镜师、矫正视力者、细菌学家、牙科医生、骨科医生。

ISA：实验心理学家、普通心理学家、发展心理学家、教育心理学家、社会心理学家、临床心理学家、目标学家、皮肤病学家、精神病学家、妇产科医师、眼科医生、五官科医生、医学实验室技术专家、民航医务人员、护士。

IES：细菌学家、生理学家、化学专家、地质专家、地理物理学专家、纺织技术专家、医院药剂师、工业药剂师、药房营业员。

IEC：档案保管员、保险统计员。

ICR：质量检验技术员、地质学技师、工程师、法官、图书馆技术辅导员、计算机操作员、医院听诊员、家禽检查员。

IRA：地理学家、地质专家、声学物理学家、矿物学家、古生物学家、石油学家、地震学家、声学物理学家、原子和分子物理学家、电学和磁学物理学人员、气象学家、设计审核员、人口统计学家、数学统计学家、外科医生、城市规划人员、气象员。

IRS：流体物理学家、物理海洋学家、等离子体物理学家、农业科学家、动物学家、食品科学家、园艺学家、植物学家、细菌学家、解剖学家、动物病理学家、作物病理学家、药物学家、生物化学家、生物物理学家、细胞生物学家、临床化学家、遗传学家、分子生物学家、质量控制工程师、地理学家、兽医、放射性治疗技师。

IRE：化验员、化学工程师、纺织工程师、食品技师、渔业技术专家、材料和测试工程师、电气工程师、土木工程师、航空工程师、行政官员、冶金专家、原子核工程师、陶瓷工程师、地质工程师、电力工程师、口腔科医生、牙科医生。

IRC：飞机领航员、飞行员、物理实验室技师、文献检查员、农业技术专家、动植物技术专家、生物技师、油管检查员、工商业规划者、矿藏安全检查员、纺织品检验员、照相机修理者、工程技术员、编计算程序者、工具设计者、仪器维修工。

CRI：簿记员、会计、计时员、铸造机操作工、打字员、按键操作工、复印机操作工。

CRS：仓库保管员、档案管理员、缝纫工、讲述员、收款人。

CRE：标价员、实验室工作者、广告管理员、自动打字机操作员、电动机装配工、缝纫机操作工。

CIS：记账员、顾客服务员、报刊发行员、土地测量员、保险公司职员、会计师、估价员、邮政检查员、外贸检查员。

CIE：打字员、统计员、支票记录员、订货员、校对员、办公室工作人员。

CIR：校对员、工程职员、海底电报员、检修计划员、发报员。

CSE：接待员、通讯员、电话接线员、卖票员、旅馆服务员、私人职员、商学教师、旅游办事员。

CSR：货运代理商、铁路职员、交通检查员、办公室通讯员、簿记员、出纳员、银行财务职员。

CSA：秘书、图书管理员、办公室办事员。

CER：邮递员、数据处理员、办公室办事员。

CEI：推销员、经济分析家。

CES：银行会计、记账员、法人秘书、速记员、法院报告人。

ECI：银行行长、审计员、信用管理员、地产管理员、商业管理员。

ECS：信用办事员、保险人员、各类进货员、海关服务经理、售货员，购买员、会计。

ERI：建筑物管理员、工业工程师、农场管理员、护士长、农业经营管理人员。

ERS：仓库管理员、房屋管理员、货栈监督管理员。

ERC：邮政局长、渔船船长、机械操作领班、木工领班、瓦工领班、驾驶员领班。

EIR：科学、技术和有关周期出版物的管理员。

EIC：专利代理人、鉴定人、运输服务检查员、安全检查员、废品收购人员。

EIS：警官、侦察员、交通检验员、安全咨询员、合同管理者、商人。

EAS：法官、律师、公证人。

EAR：展览室管理员、舞台管理员、播音员、驯兽员。

ESC：理发师、裁判员、政府行政管理员、财政管理员、工程管理员、职业病防治人员、售货员、商业经理、办公室主任、人事负责人、调度员。

ESR：家具售货员、书店售货员、公共汽车驾驶员、日用品售货员、护士长、自然科学和工程的行政领导。

ESI：博物馆管理员、图书馆管理员、古迹管理员、饮食业经理、地区安全服务管理员、技术服务咨询者、超级市场管理员、零售商品店店员、批发商、出租汽车服务站调度。

ESA：博物馆馆长、报刊管理员、音乐器材售货员、广告商、售画营业员、导游、（轮船或班机上的）事务长、飞机上的服务员、船员、法官、律师。

ASE：戏剧导演、舞蹈教师、广告撰稿人、报刊专栏作者、记者、演员、英语翻译。

ASI：音乐教师、乐器教师、美术教师、管弦乐指挥、合唱队指挥、歌星、演奏家、哲学家、作家、广告经理、时装模特。

AER：新闻摄影师、电视摄影师、艺术指导、录音指导、丑角演员、魔术师、木偶戏演员、骑士、跳水员。

AEI：音乐指挥、舞台指导、电影导演。

AES：流行歌手、舞蹈演员、电影导演、广播节目主持人、舞蹈教师、口技表演者、喜剧演员、模特。

AIS：画家、剧作家、编辑、评论家、时装艺术大师、新闻摄影师、男演员、文学作者。

AIE：花匠、皮衣设计师、工业产品设计师、剪影艺术家、复制雕刻品大师。

AIR：建筑师、画家、摄影师、绘图员、环境美化工、雕刻家、包装设计师、陶器设计师、绣花工、漫画工。

SEC：社会活动家、退伍军人服务官员、工商会事务代表、教育咨询者、宿舍管理员、旅馆经理、饮食服务管理员。

SER：体育教练、游泳指导。

SEI：大学校长、学院院长、医院行政管理员、历史学家、家政经济学家、职业学校教师、资料员。

SEA：娱乐活动管理员、国外服务办事员、社会服务助理、一般咨询者、宗教教育工作者。

SCE：部长助理、福利机构职员、生产协调人、环境卫生管理人员、戏院经理、餐馆经理、售票员。

SRI：外科医师助手、医院服务员。

SRE：体育教师、职业病治疗者、体育教练、专业运动员、房管员、儿童家庭教师、警察、引座员、传达员、保姆。

SRC：护理员、护理助理、医院勤杂工、理发师、学校儿童服务人员。

SIA：社会学家、心理咨询者、学校心理学家、政治科学家、大学或学院的系主任、大学或学院的教育学教师、大学农业教师、大学工程和建筑课程的教师、大学法律教师，大学数学、医学、物理、社会科学和生命科学的教师，研究生助教、成人教育教师。

SIE：营养学家、饮食学家、海关检查员、安全检查员、税务稽查员、校长。

SIC：描图员、兽医助手、诊所助理、体检检查员、监督缓刑犯的工作者、娱乐指导者、咨询人员、社会科学教师。

SIR：理疗员、救护队工作人员、手足病医生、职业病治疗助手。

第5章 认知工作世界

学习目标

了解认知工作世界的意义
掌握认知宏观工作世界的具体内容
熟悉认知微观工作世界的具体内容
掌握认知工作世界的方法与途径
了解未来世界的技术发展趋势和领域

关键术语

劳动力市场；行业；宏观工作世界；微观工作世界；科技革命

引导案例

步入不惑之年的李先生，从某高校生物医学工程专业本科毕业后，在家庭成员的支持下，应聘到了沿海城市的一家事业单位从事技术资料管理工作。因为很难适应工作环境，他随后辞职到一家医药公司任职；在绿色药业的风潮下，继而选择到生物制药行业的新兴技术性企业发展，在中原地区的一座城市任一家医药公司的销售主管，同时加入了专业学会，掌握了丰厚的人脉资源……在这位成功职业人的办公桌上和书柜中，除了有专业书籍，还整整齐齐地放着不少关于劳动法规、就业政策、行业导航、职业指导等方面的资料。他颇有感触地说，每当有“挪动”的意念时，就广泛收集“下一个”的信息。当然，不仅要收集求职应聘的微观内容，还必须捕捉一些宏观的动向，这样才能做到心中有数。实践证明，所有的社会信息都与个人的发展息息相关。

资料来源：王占军，北森生涯学院组. 大学生职业生涯规划咨询案例精编[M]. 上海：华东师范大学出版社，2017.

5.1 认知工作世界的原因

在步入职场之前，很多人都对工作世界充满好奇和期待。那么，你眼中的工作世界是什么样子的，是时尚气派的办公室和会议室里的高谈阔论、意气风发？或者是嘈杂忙碌的施工现场和设备运转不停的厂房？还是深夜里仍然亮着灯的写字楼里孤单的身影？

这些都是工作世界的小小缩影，还有很多东西是我们在亲身经历之前未曾想象到的。工作世界中有让人获得成就的一面，也有令人茫然失措的一面。有些大学生觉得就业压力太大，不如一直躲在象牙之塔里继续读书，但是物竞天择，竞争其实一直都在。不能只看到工作世界的负面信息，不努力就出局的残酷现实无论是在求学过程中还是在职场里都一样。如果学生能够清晰、客观地了解工作世界，知道尽管毕业生众多、就业竞争激烈，但只要自己用心了解市场需求、用人单位的具体要求及职业发展的路径等，就能够结合自己的特点找到属于自己的工作，做出合理的职业生涯决策，而不是盲目跟风，迷失在求职大军中。

对工作世界的认知包括对宏观工作世界的认知和对微观工作世界的认知。认知宏观工作世界包括对经济发展水平、社会环境和行业环境等宏观信息的了解；微观工作世界的认知则是具体到特定职位及其所处的组织环境，进行信息的收集和分析。

职业生涯的发展不能脱离经济发展模式和产业结构的主导。人类社会文明的进步和技术的发展不断地改变着经济与社会的方方面面。迄今为止，人类社会已经历了三次工业革命，蒸汽技术的应用推动了生产环节的机械化，提高了生产效率，加速了商品的流通；电力技术的应用提高了能量供给效率，为自动化生产奠定了坚实的基础；电子计算机及互联网技术的应用，极大地提高了人类生产、生活中信息处理及信息传播的效率。而认知能力的提高正在促进人类生产力的进一步提升，物理、数字、生物领域的新技术很有可能掀起一场新的工业革命。而我们是否已经对这些变革的趋势有足够的了解？变革即将带来哪些新兴产业和职业？这些都是我们了解宏观工作世界的主要内容。

宏观工作世界正在以惊人的速度发展，每天都有行业和公司经历起起落落。与2000 年相比，职场几乎已经变得“面目全非”了，关于工作内容和方式的许多认识将逐渐消失，取而代之的是更大的机会和更多的选择。因此，我们不能停留在长辈或学校职业辅导老师对工作的经验认知里，因为每个人关注工作世界的侧重点都是不同的，掌握的信息也不可能面面俱到。大学生要主动地收集微观工作世界的信息，探索在未来世界哪些用人单位最有发展潜力、哪些职业的发展路径最适合自己等。

认知工作世界，是进行正确而合理的职业选择的基础。在认知工作世界的过程中，我们常常会陷入两难的境地。比如网上曾有一句广为流传的话：“北上广容不下肉身，三四线放不下灵魂。”世间没有完美的事，外部条件总给我们设立这样或那样的限制，看上去可能很难，也会有沮丧，但是深入地思考，就会发现我们正是在这种两难的选择当中，越来越知道什么是对自己真正重要的，是追求理想还是追求安稳，从而调整自己的行动，走上属于自己的职业生涯道路。

对宏观工作世界的了解可以帮助学生在求职时比较从容地承受激烈的竞争，提前做好知识、技能等方面的准备，以积极的姿态应对所面临的各种情况。在这个探索的过程中，大学生还可以培养和提升自己的能力，如沟通、收集和加工信息等，也可以帮助我们预测未来可能发生的风险，未雨绸缪，做好心理准备。

5.2　认知宏观工作世界

宏观工作世界的信息包括劳动力市场供求关系、社会环境、行业环境等。工作世界信息的实时性很强，因此在收集这类信息时应当注意与时俱进。

5.2.1　了解劳动力市场

劳动力市场又称人才市场，是用人单位招聘、劳动者求职的市场。劳动力市场是遵循市场规律调节人才供求的一种机制，用人单位是劳动力市场的需求方，劳动者是市场的供给方，供求关系决定了哪些行业或职位的就业机会更多或更少。因此，在搞清楚自己能选择什么样的工作之前，要清楚这个世界需要什么。

近些年，我国劳动力市场供求由长期过剩转为短缺。劳动力供求关系的变化形成了一种“新常态”，对我国经济社会发展产生了重要影响。人口过多和劳动力过剩曾是长期困扰我国的一个经济社会问题。早在清朝乾隆五十八年（1793 年），乾隆就感叹当时“天下户口之数，视昔多至十余倍。以一人耕种而供十数人之食，盖藏已不能如前充裕。生之者寡，食之者众。朕甚忧之”。新中国成立后的很长一段时期，劳动力持续大幅增长。1952—2002 年全国经济活动人口从 21 106 万增加到 74 492 万，增长 2.53 倍，给社会带来了严重的就业压力。20 世纪六七十年代的“上山下乡”运动和 70 年代开始实施的计划生育政策就是为应对就业压力而出台的。然而，进入 21 世纪以来，我国劳动力供求状况开始发生变化，由长期过剩逐步趋向短缺。根据中国人力资源市场信息监测中心对全国约 100 个主要城市的统计，2001 年，全国劳动力市场岗位空缺与求职人数的比率为 0.71，仍然严重供过于求，但是岗位空缺与求职人数的比率在逐年提高。到 2010 年一季度，全国劳动力市场首次出现供不应求，岗位空缺与求职人数的比率达到 1.01，这标志着我国劳动力市场发生了历史性变化。此后劳动力市场供不应求态势日益明显，2015 年的岗位空缺与求职人数的比率呈现波动上升趋势；2016 年三季度至 2017 年三季度，岗位空缺与求职人数的比率稳定在 1.1 左右；2017 年四季度以来始终保持在 1.2 以上的高位，且呈现持续上升趋势（见图 5-1）。根据 2018 年四季度公共就业服务机构市场供求信息的统计数据，市场需求仍大于供给，岗位空缺与求职人数比率有所增长。与去年同期相比，市场需求人数增加了 10 万人，增长 2.4%；求职人数减少了 6.9 万人，下降 2%。劳动力短缺已经成为常态。

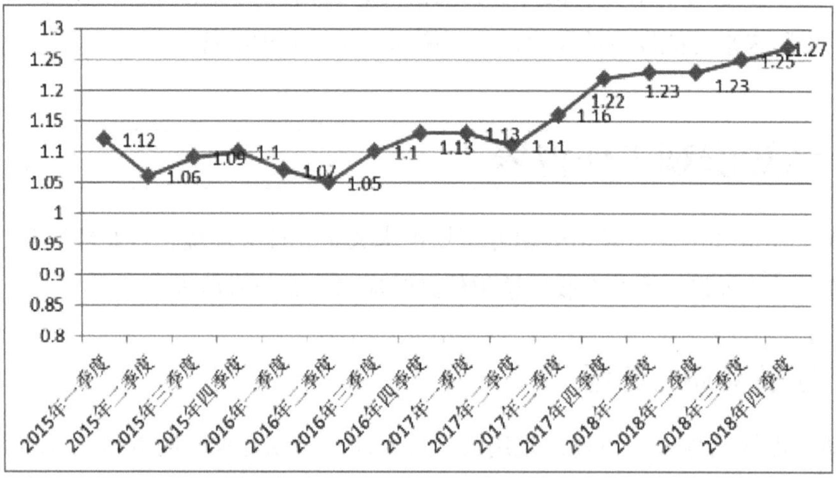

图 5-1　2015 年一季度至 2018 年四季度岗位空缺与求职人数比率变化趋势

资料来源：http://www.chinajob.gov.cn/.

随着劳动力市场总体转向短缺，劳动力普遍过剩的总量性矛盾相对缓和，而结构性矛盾比较突出，主要表现为三方面。一是一线生产人员短缺与二线非生产人员过剩并存，商业和服务业人员、生产运输设备操作工、专业技术人员的需求大于供给；而办事人员和有关人员岗位需求小于供给。二是青壮年劳动力短缺与中老年劳动力过剩并存。在全国大多数城市，45 岁以下的劳动力供不应求，45 岁以上的劳动力则供过于求。三是具有技术等级和专业技术职称的劳动力供给不足。市场对劳动者的技术等级或专业技术职称的要求越来越高，但各技术等级或者专业技术职称的岗位空缺与求职人数的比率仍较大。另外，从需求侧来看，第三产业市场，如科学研究技术服务和地质勘查业、公共管理与社会组织、房地产业、租赁和商务服务业、水利环境和公共设施管理业、教育业、批发和零售业等行业需求人数的涨幅高于第二产业市场，如制造业、采矿业、电力煤气及水的生产和供应业、建筑业等行业需求人数的涨幅。2018 年四季度全国十大城市岗位需求和求职排行榜（见表 5-1）显示，推销展销人员、部门经理、餐饮服务人员、厨工、简单体力劳动人员等职业的用人需求较大，财会人员、秘书、打字员、营业人员、收银员等职业的用人需求相对较小。

表 5-1　2018 年四季度全国十大城市岗位需求和求职排行榜

城市	岗位空缺与求职人数的比率	第二产业需求	第三产业需求	岗位空缺大于求职人数缺口最大的前三个职业	岗位空缺与求职人数的比率	岗位空缺小于求职人数缺口最大的前三个职业	岗位空缺与求职人数的比率
上海	1.73	7.5%	92.4%	保险业务人员	3 ∶ 1	财会人员	1 ∶ 3
				其他购销人员	3 ∶ 1	治安保卫人员	1 ∶ 2
				车工	3 ∶ 1	储运人员	1 ∶ 2
重庆	1.68	42.4%	55.9%	部门经理	6 ∶ 1	餐饮服务人员	1 ∶ 3
				电子元器件与电子设备制造装调工	6 ∶ 1	铣工	1 ∶ 3
				加工中心操作工	6 ∶ 1	镗工	1 ∶ 3
沈阳	0.94	23.2%	73.8%	推销展销人员	2 ∶ 1	财会人员	1 ∶ 2
				机械冷加工人员	2 ∶ 1	行政办公人员	1 ∶ 3
				客服人员	3 ∶ 1	建筑工程技术人员	1 ∶ 3
长春	0.74	27.0%	65.2%	餐饮服务人员	2 ∶ 1	机动车驾驶人员	1 ∶ 2
				治安保卫人员	2 ∶ 1	财会人员	1 ∶ 2
				营销人员	2 ∶ 1	保管人员	1 ∶ 2
石家庄	1.18	22.1%	77.9%	推销展销人员	2 ∶ 1	计算机工程技术人员	1 ∶ 2
				行政业务人员	2 ∶ 1	营业人员、收银员	1 ∶ 2
				治安保卫人员	2 ∶ 1	财会人员	1 ∶ 2

续表

城市	岗位空缺与求职人数的比率	第二产业需求	第三产业需求	岗位空缺大于求职人数缺口最大的前三个职业	岗位空缺与求职人数的比率	岗位空缺小于求职人数缺口最大的前三个职业	岗位空缺与求职人数的比率
郑州	2.33	23.1%	76.0%	简单体力劳动人员	3：1	其他仓储人员	1：2
				营业人员、收银员	2：1	财会人员	1：3
				推销展销人员	3：1	其他行政办公人员	1：3
西安	1.41	22.2%	75.2%	销售人员	7：1	道路运输服务人员	1：3
				餐饮服务人员	3：1	家用电子电器维修人员	1：3
				部门经理	8：1	美容美发和浴池服务人员	1：4
福州	1.23	55.7%	44.1%	简单体力劳动人员	2：1	营业人员、收银员	1：2
				电子器件制造工	2：1	治安保卫人员	1：2
				鞋帽制作工	2：1	秘书、打字员	1：3
南宁	2.77	22.6%	76.8%	推销展销人员	4：1	工美装饰服装、广告设计人员	1：4
				营业人员、收银员	3：1	秘书、打字员	1：2
				餐厅服务员、厨工	5：1	行政业务人员	1：4
昆明	1.9	20.7%	77.4%	餐厅服务员、厨工	3：1	秘书、打字员	1：4
				推销展销人员	3：1	其他社会服务人员	1：2
				保洁人员	3：1	幼儿教师	1：3

资料来源：http://www.chinajob.gov.cn/.

要应对劳动力短缺和用工成本上涨，加快转变经济发展方式、不断优化经济结构是必由之路。要从粗放式发展转向集约式发展，从高速增长转向高质量发展，大力发展先进制造业、现代服务业和新兴产业，推进结构调整和产业升级。同时，要转换发展动力，把经济发展从拼资源、拼消耗、拼人力转为依靠科技进步、自主创新，实现创新驱动发展。

5.2.2 了解社会环境

社会环境对每个人的职业生涯乃至生命发展都有重大的影响。它不但能够影响到我们的职业，还能影响到我们生活的方方面面。通过对社会环境进行分析，了解所在国家或地区的经济、法制建设发展方向，可以帮助我们寻求各种发展机会。

（1）经济发展水平。以往的经验是，在经济发展水平较高的地区，优秀企业较多，个人职业选择的机会也就比较多；反之，在经济落后的地区，个人职业选择的机会就会相对较少，个人的职业生涯发展也会受到很大的限制。但随着我国通过经济结构、创新发展等一系列措施来解决各地区发展不平衡、不充分的问题，经济的转型会逐渐传导到劳动力市场上来，劳动力结构必须进行同步调整。一些经济欠发达的地区将有越来越多的就业机会和发展机遇。

（2）社会文化环境。社会文化是影响人们行为、欲望的基本因素。它主要包括教育水平、教育条件和社会文化设施等。在良好的社会文化环境中，个人往往能够得到良好的教育和熏陶，从而为其职业发展打下良好的基础。

（3）价值观念。个人生活在社会环境中，必然会受到社会价值观念的影响。在现实生活中，大多数人的价值取向在很大程度上都是为社会主体价值取向所左右的。个人的思想发展、成熟的过程，其实就是认可、接受社会主体价值观念的过程。而社会价值观念也正是通过影响个人价值观来影响个人的职业选择的。

（4）政治制度和氛围。政治和经济是相互影响的，政治不仅能影响到国家的经济体制，而且影响着企业的组织体质，从而直接影响到个人的职业发展。另外，政治制度和氛围会潜移默化地影响个人的追求，从而对个人的职业生涯产生影响。

（5）信息化与全球化的影响。信息技术的高度发展缩短了全球各个国家的距离，使经济资源在全球范围内进行重新组合和配置，包括国际化人才的竞争。随着越来越多的跨国企业进入中国市场，中国企业也开始向国外发展，中国的建筑公司开始在国外兴建工程，中国的石油公司开始尝试在国外开采石油，中国也一度成为世界的代工中心。从世界工厂到中国制造，企业的国际化势必要求具有国际化视角与素质的员工。因此，大学生在进行职业生涯规划时，也应当具有一定的国际化视角，将自己放到更广阔的平台上，这样才能有利于长久的发展。

【延伸阅读】

转变就业观念，创业走进基层

认清形势：既要志存高远，又要脚踏实地

随着1999年高校开始扩招，我国高等教育的规模持续扩大，高等教育已经从精英化转向大众化，在某些地区甚至已经达到基本普及。

据教育部统计，2019年全国普通高校毕业生预计达到834万人，大批毕业生涌入就业市场，为就业形势增添了巨大的压力。近些年，对“史上最难就业季”“史上更难就业季”的报道也层出不穷。

由于产业结构升级、区域经济格局调整、教育培训体制改革滞后等因素叠加，结构性就业矛盾是我国现阶段就业面临的突出问题。一方面，劳动者面临极大的就业压力；另一方面，企业难以招到合适的人才。高校培养出的人才和市场需求存在一定的错位。

就业是最大的民生，在如此严峻的就业形势下，大学毕业生要想实现更高质量和更充分的就业，不仅需要有远大的理想志向，更要脚踏实地、从实际出发，既了解现实环境，又认清自身特质，树立科学理性的就业观念。

进入新世纪，教育部将毕业生就业“派遣证”改为“报到证”，以市场为导向的“双向选择、自主择业”的就业制度就此确立，大学生不再是待价而沽的“天之骄子”，需要树立主动择业的观念，不能再等待分配。还有一些传统的就业观念已经不能适应当前的就业形势。不少人仍然认为，“人往高处走”，大学毕业生应该在就业中注重更高的薪酬、更高的社会地位，以及更发达的区域，出现了“新三到”现象：到高薪的工作岗位、到好的事业单位、到发达的大城市。尤其是很多从乡村考出来的学生，更是认为好不容易走出乡村，就要在城市立足，不愿意回到家乡，支持乡村的建设。

但是实际上，在大城市的产业结构相对成熟后，人才竞争残酷，生活压力大，所有人都盯着一个“碗”是不明智的。我们应该放开眼界，实现多渠道、多元化的就业，在基层的广阔天地也大有可为。

同时需要认识到，个人的成长和国家的发展是分不开的，国家的发展也需要所有个体的参与和支持。我们在进行就业选择时，应该注意在社会需要和自我价值之间找到理想的结合点。

认识基层：成长成才的重要平台

很多人对基层的拒绝其实源于不了解。乡村基层因为相对落后，人们对其认识不足，造成了“大学生缺乏—经济无法发展—对人才没有吸引力—经济更加落后”的恶性循环。只有真正走进基层、认识基层，才能够感受到它的召唤，认识到自己的潜力。

认识基层，首先要了解其在国家发展中的重要地位。我们已经处在全面建成小康社会的决胜阶段，而“小康不小康，关键看老乡”，乡村基层的脱贫攻坚是实现全面建成小康社会的重要一环。

自党的十八大以来，鼓励和引导高校毕业生服务国家发展战略、到基层建功立业和支持青年创新创业等已经成为当前高校毕业生就业制度的重要内容。同时，国家层面也有多项计划和项目支持大学生到基层就业，如2003年实施的“大学生志愿服务西部计划”，2006年实施的“农村义务教育阶段学校教师特设岗位计划”和“三支一扶”计划，以及2008年实行的“大学生村官”计划等。鼓励和引导毕业生到基层就业，既拓宽了就业渠道、缓解了就业压力、维持了社会稳定，也促进了城乡和区域的协调发展，同时是大学生健康成长和发展的重要平台。

比如，福建省自2012年以来探索培养年轻干部的引进生制度，从清华大学、北京大学、中国人民大学等高校引进博士、硕士毕业生，直接挂职副县（区）长、副镇长等干部岗位，配套多项措施重点培养。通过扎根基层、融入基层、奉献基层，一些引进生在淬炼中成长，以工作实绩赢得了群众认可。清华大学汽车工程系博士李腾2013年到福建老工业基地永安挂职副市长，经过深入调研，他带领当地进军新能源电动汽车领域，使永安在竞争激烈的新能源汽车行业占据一席之地。年仅34岁的李腾现在已经是三明市明溪县委书记，他说，如果奋斗只是为了在北京等大城市有套房子，开一辆好车，感到“对不起自己的一生”。

尚待开发的基层空间具有更加广阔的可能性，拥有无限的潜力，是青年成长成才的重要平台。越是急需发展的地区，越是有更多的增长点，将自身所学与基层实际结合，将自己的创业理想与乡村振兴大计相结合，挖掘基层潜力，造就实打实的发展，青年人将大有可为。

资料来源：https://mp.weixin.qq.com/s/aEWm6Ai_rtwr4URRnww3hg.

5.2.3　了解行业环境

职业生涯往往是在特定的行业中进行的。了解行业环境能够帮助我们判断企业的发展前景，以及未来的职业生涯发展机会。尤其像财务管理、人力资源管理、行政事务管理类的非生产性岗位，选对了行业能够让你在职业生涯中走得更稳、更久。

（1）行业发展状况。选择一个自己感兴趣的行业，了解这个行业在我们国家的发展趋势如何。它是一个逐渐衰退的行业，资源消耗大、造成环境污染、产能过剩、连续创新趋于枯竭，如传统胶卷行业、煤炭等，还是一个朝阳行业，如新能源、电子信息、节能环保、生物技术等？

（2）目前的行业优势和存在问题。关注行业目前存在的问题是可以通过新技术的应用来改进或避免的，还是无法消除的，以及行业的优势会持续多久。

（3）行业发展前景预测。对行业发展前景的预测可以从两方面来进行：一方面要考虑和研究行业自身的生命力，是否有技术、资金支持等；另一方面要考虑和研究国家对相关行业的政策。政府往往会根据经济与社会发展状况对一些行业发布法规、政策，如对一些行业实施鼓励、扶持，对另一些行业则要限制发展。

国家统计局发布的2017年《国民经济行业分类》（GB/T 4754—2017）中（见http://www.stats.gov.cn/tjsj/tjbz/），将全社会的经济活动分为20个门类、97个大类，每个行业大类又根据生产产品和经营活动的不同细分了很多中类、小类。同一行业不同经营活动的市场规模和上升空间不同，行业的天花板越高，行业发展越具有成长性，职业生涯就越具有发展空间，获得职业生涯成功的概率也越大。因此，了解行业环境要先确定一个大类，然后具体考察中类和小类，才能避免对行业信息的片面解读职业生涯决策。

一般来说，个人可以通过回答以下问题来帮助自己更清楚地认知所处的行业环境对职业选择和职业发展的影响。

① 你所在的地区有哪些行业能给你提供职业生涯发展机会？哪个行业是你最感兴趣的？

② 你最感兴趣的行业是处于发展上升期，还是处于衰落期？这个行业会为你提供哪些发展机会？机会有多大？

③ 这个行业在你所在的地区发展状况如何？市场占有的体量有多大？市场需求是否饱和？除此之外，在哪个城市该行业的就业机会更多？

④ 除了自己所在地区的就业机会，还有哪些城市、哪些新兴行业或哪些企业有适合你的发展机会？

【延伸阅读】

国家统计局发布的数据显示，2018年全国规模以上企业就业人员年平均工资为68 380元，比上年增长11.0%；城镇非私营单位就业人员年平均工资为82 461元，比上年增长11.0%，增速比上年提高1个百分点，扣除价格因素，实际增长8.7%；城镇私营单位就业人员年平均工资为49 575元，比上年增长8.3%，增速比上年提高1.5个百分点，扣除价格因素，实际增长6.1%。

数据显示，年平均工资最高的三个行业分别是：信息传输、软件和信息技术服务业147 678元，金融业129 837元，科学研究和技术服务业123 343元，分别为全国平均水平的1.79倍、1.57倍和1.5倍；年平均工资最低的三个行业分别是：农、林、牧、渔业36 466元，住宿和餐饮业48 260元，居民服务、修理和其他服务业55 343元，分别为全国平均水平的44%、59%和67%。

从增长速度来看，年平均工资增速最高的三个行业依次为采矿业、科学研究和技术服务业及批发和零售业，增长率分别为17.2%、14.4%和13.1%；增速最低的三个行业依次为农、林、牧、渔业，租赁和商务服务业及住宿和餐饮业，增长率分别为-0.1%、4.6%和5.5%。

资料来源：http://www.sohu.com/a/314960532_675205.

5.3 认知微观工作世界

在对宏观工作世界有了一定的认知之后，我们要进一步对微观工作世界进行探索。如果你打算进入某个组织从事某一项工作，组织环境就会对你的职业发展产生重要的影响。通过对组织的内部环境进行分析，可以帮助个人了解企业在本行业的地位和发展前景，以及组织的产品在市场上的发展潜力。

5.3.1 了解组织环境

（1）组织文化。组织文化决定了一个组织如何看待其员工，所以员工的职业生涯是为组织文化所左右的。一个主张员工参与管理的组织显然要比一个独裁的组织能为员工提供更多的机会；而一个渴望发展、追求挑战的员工自然也很难在论资排辈的组织中受到重用。当然，从另一方面来看，个人的价值观与组织文化有冲突，难以适应组织文化，这也决定了其在组织中难以得到发展。因此，组织文化也是在制定个人职业生涯规划时应当加以考虑的一个重要因素。

（2）组织制度。组织员工的职业生涯发展是要靠组织管理制度来保障的，包括合理的培训制度、晋升制度、绩效评估制度、奖惩制度、薪酬制度等。价值观、经营哲学等也只有渗透到制度中，才能使制度得到切实的贯彻执行。凡是没有制度或制度制定得不合理、不到位的组织，其员工的职业生涯发展就难以实现。

（3）领导者的素质和价值观。组织的文化和管理风格与其领导者的素质和价值观之间往往有着直接的联系，实际上组织的经营哲学往往就是组织的价值观。组织主要领导者的抱负及能力是组织发展的重要影响因素。

（4）组织实力。组织在本行业中是具备了很强的竞争力，还是处于一个很快就会被吞并的地位？发展的前景是什么？在激烈的市场竞争中，不一定是最大、最强的组织就能生存，即不是强者生存而是适者生存。只有适应这个环境、适应发展趋势的组织才能生存。

（5）工作内容和职责。要清楚组织对从事某项工作所要求的知识、技能、素质及资历、资格是不是自己所具备的，或者能够通过学习获得的。还有工作的时间、地点和环境是不是符合自身的情况。

下列问题可以帮助个人更清楚地了解组织环境及它可能为职业生涯带来的发展机会。

① 你打算求职的组织是企业、政府机构还是事业单位？

② 如果是企业，那么该企业是处于初创期、成长期、成熟期还是衰退期？

③ 组织在行业或领域里的知名度如何？参与社会活动、行业活动的活跃度如何？

④ 组织的文化、价值观和个人价值观相符吗？

⑤ 组织的发展目标是什么？这样的发展目标能为你的职业生涯发展提供什么样的机会？

⑥ 组织为实现发展目标，最需要什么样的人才？可能出现哪些新增岗位？你认为自己符合组织发展的要求吗？

⑦ 你认为自己的竞争力是什么？在你意向的组织里能发挥积极的作用吗？

对组织的评估也有一个渐进的过程。在选择一个组织时，个人要尽可能地利用可以获得的信息，了解组织的基本情况。通过对组织进行分析得出结论，判断自己对组织发展战略、组织文化和管理制度等方面的认同程度。但是在进入组织后，随着对组织内部的深入了解，还应对组织做出重新评估，了解组织发展的变化趋势及与自己未来的发展路径的契合度，以进一步明确自己的发展目标或做出重新择业的决策。

5.3.2 新生职业生涯信念

传统职业生涯信念与新生职业生涯信念有很大区别（见表 5-2）：前者认为组织应当为员工的生涯发展负责；而后者认为员工应当为自己的职业生涯负责。在传统的职业生涯信念中，员工是从属于组织的，组织像父母一样应当照顾员工，同时员工应当以组织为家，以组织利益为先，以被组织认可获得升职为成功。在新生职业生涯信念中，组织和员工的关系更像合作者，组织向员工提供横向的职业发展，而员工在接受新的工作或任务时能够不断学习新的技术与知识，以适应组织的需要，同时提升自己的专业能力和就业竞争力。新生职业生涯信念是经济和科学技术快速发展的产物，日趋激烈的竞争要求企业有更灵活和快速的适应能力，因此组织更愿意采取一种期限更短、双方承诺更少的“交易型”心理契约。在这种契约下，因为雇用的不稳定性、竞争的不确定性，员工更需要为个人的生涯规划负责，以便能够控制机会和主导个人的发展。新生职业生涯信念提醒大学生应更主动地为自己的生涯规划负责，以新视角看待生涯规划，无论在哪个组织工作都应该注意培养个人的就业竞争能力，以更积极地把握个人的发展。

表 5-2 传统职业生涯信念与新生职业生涯信念

传统职业生涯信念	新生职业生涯信念
重视忠诚和工作任期 接受工作稳定的职业生涯模式 忠诚于公司，公司将以延长工作任期作为奖励 经常需要个人为公司利益做出牺牲	**重视承诺和绩效** 接受实现个人理想的职业生涯模式 忠诚于增强信心的理想，人生的价值是做贡献和适应新的要求 认为团队协作和彼此忠诚是重要的
成长 成长就相当于晋升 逐级晋升就等于成功	**成长** 成长与个人发展和人生意义相关，尤其要扩大知识面，提高技能水平 从事个人认为有意义的活动就等于成功
员工发展 组织重视员工发展 个人重视组织所提供的职业生涯道路，通过获得组织认为重要的技能寻求保障 组织对员工的职业发展负责	**个人发展** 组织重视个人发展 最成功的工作环境会鼓励员工不断学习和进步 个人对自己的职业发展负责
绩效 个人保障与受雇时间长短有关 个人应该在同一家单位长久供职	**暂时性** 个人保障与个人能力和适应性挂钩 个人可能不在同一家公司长久供职
组织模式 组织相当于一个小家庭："妈妈和爸爸"（高级管理人员）会照顾我们	**组织模式** 组织相当于一个大家庭：重要的是伙伴关系和关系网络，服务是共享的
组织体制 以职位等级为基础，由具体的工作组成	**组织体制** 以要做的工作为基础，由合同、联盟和网络组成

5.3.3 多种工作形式选择的可能性

当我们更仔细地审视未来时，会发现通向未来的道路可能不止一条，而是很多条。工作的形式有很多种，最常见的就是全职工作，即连续为同一雇主工作，每周工作 40 或 40 小时以上，学生在求职时都是希望能够找到一份全职工作，因为其相对具有保障和稳定性。

随着新兴产业的不断涌现，兼职工作是近些年需求量增长很快的工作形式之一。

兼职工作者每周为同一雇主工作的时间不足 40 小时，他们通常没有将工作报酬作为生活费的主要来源，不是为了赚取额外的收入而考虑工作。兼职工作虽然收入不一定高，也不够稳定，但对学生，尤其是那些希望继续读书但受限于经济条件的学生来说，是很好的增长社会经验的途径。

另一种和兼职工作较为类似的工作形式是多重工作，是指个人同时兼有 2 个或 2 个以上独立的工作角色。有时，他们也被称作“兼职者”，因为他们经常除做“有规律的”全职工作外，还有一份兼职的工作。多重工作者的角色包括：为两个或两个以上雇主工作，或者为一个雇主工作的同时自己也经营企业。他们喜欢在具有多样性、灵活性和变化性的环境中工作，愿意不断地更新技能，从而为自己提供“保障”。

自由职业，或称 SOHO（Small Office House Office），是目前社会中比较受追捧的一种自雇的工作形式，是个人的经营模式。随着信息技术的发展，这种工作形式的普及已经越来越成为可能。因为这种工作形式具有自由、开放的性质，所以近年来越来越多的人加入了这个行列。自由职业的风险相对较大，因此选择此种工作形式的人通常具有良好的心理安全感、自我管理能力和自信心。

自我创业，做一个企业家，也是一种工作形式，其风险最高。企业家既是企业主也是运营官，其特点是要雇用其他人来经营企业，具有高风险、高回报的性质。企业家重视独立、刺激和成功。他们很能容忍不确定的状态，具有控制内在因素的特质。为了取得成功，他们的信仰必须与其成功的目标保持一致。不同的是，企业家会把毕生的资产作为企业成功的抵押。

以上提到的只是目前比较常见的几种工作形式，未来一定还会有更多新的工作形式出现。其实有多少种工作形式，如何对它们进行分类并不重要，关键是随着社会的进步和发展，提供给个人的机会越来越多，大学生在进行职业生涯规划时要注意这些可能性，给自己更大的选择空间。如创业是你的最终理想，但在刚毕业时机尚未成熟时，你可以从其他的工作形式开始，有了各方面的积累后再进行创业。又或者一时难以找到心仪的全职工作的大学生，不妨从兼职工作开始培养自己所欠缺的经验和能力，然后去争取全职工作。只有在看到更多的可能性时，个人才会有更多途径走上自己的理想道路，并将经历的过程看作锻炼和提升的机会。在寻找理想工作的过程中遇到的顺境与逆境都是生涯中精神财富的一部分，不能简单地归为找到工作和没找到工作两种结果，那样将忽视找工作过程中创造和努力的可能性。

5.4 认知工作世界的方法与途径

工作世界的信息浩如烟海，很多大学生根本不清楚应该从哪儿入手去认知工作世界。其实，探索工作世界信息的方法有很多，依据一定的规律可以提高效率，如从近至远的探索，所谓近和远，是指信息与探索者的距离。通常近的信息比较丰富，远的信息更为深入；近的信息较易获得，远的信息则需要更多的投入和与环境的互动才能了解。所以，从近至远的探索是一个范围逐渐缩小、了解逐渐加深的过程。

（1）报纸、杂志、电视、书籍都有可能提供职业信息，比如《中国大学生就业》、《职业》杂志、江苏卫视的《职来职往》、天津卫视《非你莫属》、CCTV-2 的《创业英雄汇》、知名企业的经营管理书籍、企业家访谈等。

（2）国内职业指导的网络资源也很丰富，如中国就业培训技术指导中心、中国就业网、全国大学生创业服务网、中国人力资源市场网、中国国家人才网、教育部大学生就业网，以及前程无忧、智联招聘、中华英才等求职招聘网站。

（3）进入组织实习是实践性很强的方式，获得的信息更为真实，但是所耗费的时间、精力比较多，机会也有限。

（4）生涯人物访谈是认知工作世界的一种兼具效率和信息真实性的方法。在个人的社会关系网络中选择从事自己感兴趣职业的人物进行采访，接受访谈者就是我们所谓的“生涯人物”。为防止访谈中的主观影响，应至少访谈两人以上，如既与成绩卓然者谈，也与默默无闻者谈，效果会更好。在进行访谈时，大学生应明确访谈的目的是收集供职业生涯决策的信息，而不是利用生涯人物来找工作，以免使双方感到尴尬。访谈前要对访谈的问题做好准备，可以参考以下问题。

- 您是如何找到这份工作的？
- 在这个工作岗位上，每天都做些什么？职业发展路径是什么？
- 您的工作是如何为实现组织的总体目标或使命贡献力量的？
- 您是如何看待该领域工作将来的变化趋势的？
- 这份职业是否令您有职业危机感？危机感源自哪里？
- 本职业需要什么样的人？到本领域工作的基本条件有哪些？需要什么特别的知识、技能和经验吗？
- 什么样的个人品质或能力对本职业的成功来讲是重要的？
- 本职业的哪部分让您最满意，哪部分最有挑战性？
- 就您的工作而言，您最喜欢什么？最不喜欢什么？
- 本领域初级职位和略高级别职位的薪水是多少？
- 工作中采取行动和解决问题的自由度如何？
- 还有哪些方法能帮助我深入了解该职业领域？
- 对于一个即将进入该职业领域的人，您愿意提出一些特别建议吗？

- 根据您对我的教育背景、技能和工作经验的了解，您认为我在做出最终决定之前还可以在哪个领域、什么样的工作上进行深入的调查研究呢？
- 您的熟人中有谁可以作为我下次的采访对象吗？您可以把我介绍给他（她）吗？

最后，不要忘记对接受访谈的生涯人物表示感谢。

认知工作世界，光讲方法是不够的，关键是要做到有心，随时留意周围的信息。有一个真实的故事：K先生在择业前，就经常到家附近的众多写字楼里考察，记录楼层指示牌上的入驻企业名单，挑选自己感兴趣的企业进一步在网上搜索相关情况，补充相关的专业知识，并持续关注企业的招聘信息，最终成功地找到了一份发展前景好且离家近的工作。

5.5 改变世界的力量

人类进步的脚步永不停止，科技的力量推动着世界飞速发展变化。科学突破和新技术正在以更快的速度掀起波澜壮阔、势不可当的巨变，有很多专家预言第四次工业革命即将到来。但技术的变革对就业产生的影响是双向的。一方面，技术对就业具有破坏效应。技术创新总是会淘汰部分工作，或者技术带来的颠覆和自动化会让资本取代部分劳动者，从而导致一些劳动者失业。另一方面，技术的创新会增加对新商品和新服务的需求，从而催生全新的业务、职业，甚至是全新的行业，以其他形式或者在其他地方提供新的工作机会。了解改变世界的力量，可以帮助我们更好地判断哪些领域未来会拥有更好的发展前景，我们可以提前做好哪些知识和技能上的储备，从而在职业选择时掌握主动权。

5.5.1 科技带来的改变

科技的力量将影响人们的生活和工作的世界。关于科技打造的未来会是什么样子，我们可以从以下10个方面来预测。

（1）科技动力成倍提高：科技发展的一个关键动力就是计算机硬件成本的快速下降。我们预计这一趋势还将继续，它将促使越来越复杂的技术在价格相对低廉的手持设备上使用。

（2）50亿人联网：世界各地的人们将通过互联网联系在一起。互联网的普及可能创造一种前所未有的“全球意识”。

（3）云计算普及：快速发展的科技将创造拥有可用的服务、应用和资源的全球基础设施。这样，拥有电脑或手持设备的任何人都能按分钟“租用”这些设施，为将复杂的科技带到世界的各个角落创造了很大的可能性。云计算为全世界的人们创造了利用资源的新方式。

（4）生产率的持续提高：自 20 世纪 90 年代中期以来，科技极大地提高了生产率，预计这样的生产率提高还将继续，先进的沟通技术的成本可能接近于零。有趣的是，在第二波生产率的提高中，重点将不再是科技，而是像文化、合作和团队协作这样的组织资产。

（5）社会参与度提高：关于未来工作的一个关键问题，就是预测人们将如何利用空前水平的连接、内容和生产率。预计在未来 20 年里全世界的知识将数字化，用户生成的内容、"聪明人群"应用、开放式创新应用将成倍增加。

（6）世界的知识将数字化：来自教育机构、上市公司和政府的强大推动力将促使全世界的知识实现数字化。预计这将产生深远的影响，尤其是对那些无法接受正规教育的人来讲。

（7）巨型公司和微型企业家出现：技术进步将使工作和商业环境变得越来越复杂，遍布全球的巨型公司将出现。与此同时，几百万名微型企业家和合资公司将在很多新兴的产业生态系统中共同创造价值。

（8）无处不在的虚拟人和虚拟世界：工作会变得越来越虚拟化，工作人员将在世界各地进行沟通。他们的虚拟代表（虚拟人）将成为虚拟工作的核心。

（9）"认知助手"（cognitive assistant）的兴起：目前该领域的主要发展方向是认知技术与人机互动使生活变得更简单。在不远的将来，将会有更多商业方面的应用。

（10）科技取代工作：未来 10 年，机器人会在工作世界中扮演关键的角色，从生产制造到对日益老龄化人口的照顾。

5.5.2　驱动科技革命的"三驾马车"

当前所有的新技术和科学进展无一例外地借助了数字化和信息技术的力量。世界经济论坛创始人兼执行主席克劳斯·施瓦布将推动当今科技革命的技术归纳为三类：物理类、数字类和生物类。

（1）物理类技术。物理方面的技术大趋势是技术看得见摸得着，最容易被人们所了解，主要列举以下 3 个方面。

① 无人驾驶交通工具。无人驾驶汽车一直是媒体跟踪报道的热点话题，但其实目前已有很多其他类型的无人驾驶交通工具，包括卡车、无人机、飞行器和船只等。随着传感器和人工智能等技术的进步，所有这些无人驾驶设备的性能迅速提高。不出几年，成本低、可供商用的无人机和潜水器将广泛投入使用。

随着无人机逐步发展得能够感知环境并做出响应，如变更飞行路线以避免发生碰撞，它们将能胜任电缆检查和战地医疗物资运输等任务。再比如，在农业领域，用户通过使用无人机，再结合数据分析，便能更加精准、高效地进行施肥和灌溉。

② 3D打印。3D打印又名增材制造，根据数字3D图像或模型，一层层地打印出实物。相对于传统的加工模式，3D打印是一种“自下而上”通过材料累加的制造方法，从无到有。这使得过去受到传统制造方式的约束而无法实现的复杂结构件制造成为可能。

这一技术已广泛应用于生产各类产品，大到风电机，小到医学植入材料。当前，其应用主要限于汽车、航空航天和医疗等行业。与规模化生产的商品不同，3D打印产品很容易实现量身定制。目前这个技术还存在体积、成本和生产速度方面的限制，随着对这些问题的逐步攻克，未来3D打印的应用范围将变得更加广阔，如用于制作电路板等集成电子元件，甚至是人体细胞和器官。事实上，研究人员已开始研究4D（四维）打印，这一工艺将创造出可自我调整的新一代产品，能够适应温度和湿度等环境因素的改变。这一技术可用于生产服装、鞋及医疗卫生相关的产品，如可适应人体个体差异的植入材料。

③ 新材料。不少新材料很快都将投放市场，这些新材料具有以前人们无法想象的属性。总体而言，新材料质量更轻、硬度更大，其可回收性及适应性也更强。例如，现已投入使用的一些智能材料可以自我修复、自我清洁；一些金属具备记忆，可以恢复到原来的形状；有些陶瓷和水晶可以将压力转化为能源。

还有些新材料有望在缓解人类所面临的全球性危机中发挥重要作用。例如，对于一些过去普遍认为无法回收却又广泛用于生产手机、电路板乃至航空部件的材料而言，热固性树脂的创新有望实现这些材料的回收利用。以资源再生利用为出发点的循环经济，有助于打破发展对资源的高度依赖。

【延伸阅读】

机器崛起对我们职业规划的启示

英国广播公司2015年9月发布了一份报告，这份报告将人与机器对抗的辩论推到了风口浪尖。报告称：“关于机器是否会代替人类的工作的辩论已经不再局限于学术层面了。波士顿咨询公司（Boston Consulting Group）预计，到2025年，高达1/4的工作将被智能软件或机器人取代。牛津大学的一项研究则表明，在英国目前的工作岗位中，有35%在接下来的20年里都存在被自动化的风险。”该报告接着回顾了在牛津大学的研究中分析的282个岗位，评估了部分岗位被取代的风险。“最脆弱的工作大部分是机械性的和重复性的，比如从事写报告、做表格等重复性工作的办公室职员就很容易被软件取代，工厂工人也因为更加灵巧的机器人被开发出来而变得越来越危险。随着更先进的工业机器人越来越多地配备了更强大的感知能力，手指和手掌的运动能力也越来越协调，从而能够进行更精细的操作和组装，这些机器人将有能力完成更多、更复杂的手工任务。不过，在无秩序环境下的操作，如必须由清洁工完成的任务，在可预见的未来里依然不是自动化可以企及的范畴。”

有意思的是，尽管出租车司机正在抗议优步的竞争，但他们真正的对手可能是无人驾驶汽车。无人驾驶汽车并非近在眼前，而是已经登场。几个月前，就有人驾驶特斯拉横跨了美国，其中90%的时间处于“无人驾驶”状态。

相比之下，如果重复性和程序性的工作正在没落，那么要求员工用自己的大脑思考，并得出有创意的想法的职位，就会在自动化面前拥有相当大的优势了。这对艺术家、设计师或工程师而言是个好消息。此外，研究发现，需要高度的社交智慧和谈判技能的工作，如管理岗位，受到的来自机器的威胁也要小得多。首席执行官被替代的风险很低，只有9%。

克莱尔·凯恩·米勒在《纽约时报》发表文章称：合作能力、做事灵活、有同理心，这样的技能在现代工作中的重要性已越来越强。最新的研究表明，需要强大社交技能的职位在1980年后的增长要比其他职位更加突出。在2000年之后，工资保持持续增长的少数职位都既需要认知技能，也需要社交技能……需要社交技能的工作在1980—2012年增加了24%，而建立在重复性劳动之上的工作，如垃圾收集、某些分析工作，则有所下降。这些发现从一个角度解释了困扰经济学家的一个谜团：高技能要求的职位的增长速度在放缓。受到打击最大的工作似乎都是很少需要社交技能的工作，而且在所有薪资层次上的表现都一样。

那么，机器的崛起对于我们长期的职业规划有什么启示呢？答案很简单：你需要确保自己能拥有一些与机器的工作不同或互补的人类技能。如果你做的事情都是常规的计算、报告或执行，就需要警惕了。如果你正在做一份重复性很高而社交投入很低的工作，就真的应该捏一把汗了，你应当马上行动起来。如果无动于衷，那么在未来的某个时候，你就很可能被机器超越、取代或排斥。

简而言之，我们可以将世界上所有的活动分成“重复性”的和“创造性”的两种。这里的重复性是指大规模生产、程序式计算和其他机械性任务。在这个领域，机器占据了统治地位，它们更强大、更准确、更快速、更可靠，也更高效。在创造性领域，人类依然是主宰，我们擅长像发明、分辨歧义和建立人际信任这样的事情。

不过有趣的是，人类和机器之间需要互动。即使是在重复性工作中，人类的技能也扮演着重要的角色，人类需要教育机器、检查输出结果以确保准确无误，以及测试新的假设。而在创造性世界里，运用机器来辅助创作的机会也越来越多。作曲家使用软件来谱写音符和变调，这样可以让艺术家专注于发明创造的部分，而不是费劲的机械工作。现代的编舞者可以利用 YouTube来搜索史上最优秀的巴厘岛舞蹈视频，以此来激发新式芭蕾舞的创作灵感。肿瘤医生可以运用IBM的沃森来帮助处理数百万的数据点，从而将可能的治疗手段缩小到一种复合肿瘤诊断方法中。我鼓励大家不断寻找自己的归属，最大的危险往往潜伏在极端情况中。这个世界上有很多好的职业，你需要为此建立技能集合，做好充足的准备，这些技能包括在以下几方面的能力之中：发明、评判、建立人际信任、社交、教育机器和创造测试假说。

资料来源：布赖恩·费瑟斯通豪. 远见[M]. 北京：北京联合出版公司，2017.

（2）数字类技术。有专家指出，数字类技术是当前科技革命的核心，新经济的发展必定通过数字类技术来实现。作为一个技术体系，数字类技术主要包括大数据、云计算、物联网、人工智能、区块链五大技术。根据数字化生产的要求，大数据技术为数字资源，云计算技术为数字设备，物联网技术为数字传输，区块链技术为数字信息，人工智能技术为数字智能，五大数字技术是一个整体，相互融合呈指数级增长，推动数字新经济的高速度、高质量发展。

① 大数据。麦肯锡全球研究所对“大数据”的定义是：一种规模大到在获取、存储、管理、分析方面大大超出了传统数据库软件工具能力范围的数据集合，具有海量的数据规模、快速的数据流转、多样的数据类型和价值密度低四大特征。

大数据技术的战略意义不在于掌握庞大的数据信息，而在于对这些有意义的数据进行专业化处理。如今，大数据已经逐渐发展成为一种产业，这种产业实现盈利的关键在于提高对数据的“加工能力”，通过“加工”实现数据的“增值”。

② 云计算。对云计算的定义有多种说法。现阶段广为接受的是美国国家标准与技术研究院（NIST）的定义：云计算是一种按使用量付费的模式，这种模式提供可用的、便捷的、按需的网络访问，进入可配置的计算资源共享池（资源包括网络、服务器、存储、应用软件、服务），这些资源能够快速提供，只需投入很少的管理工作，或与服务供应商进行很少的交互。简而言之，用户通过自己的电脑发送指令给提供云计算的服务商，通过服务商提供的大量服务器进行“核爆炸”式的计算，再将结果返给用户。

从技术上来看，大数据和云计算的关系就像一枚硬币的正反面一样密不可分。大数据无法用单台的计算机进行处理，必须采用分布式架构。它的特色在于对海量数据进行分布式数据挖掘，但它必须依托云计算的分布式处理、分布式数据库和云存储、虚拟化技术。

③ 物联网（Internet of Things， IoT）。物联网，也称万物联网，是互联网、传统电信网等信息承载体，让所有能行使独立功能的普通物体实现互联互通的网络。它能够拉近分散的信息，统整物与物的数字信息，使现实世界数字化。物联网的出现，为全球范围内各类设备、传感器的互联互通提供了有力支撑。

传感器及其他可将物理世界中的物品与虚拟网络接连起来的各种方式，正在以惊人的速度传播开来。我们的住房、服饰、城市、交通、能源网络及生产制造过程都可以安装体积更小、成本更低、更为智能的传感器。以在物联网中广泛应用的远程监控为例。如今，所有包裹、货盘、集装箱都可以安装传感器，即信号发射器或射频识别标签，有了它们，企业可以对物品在供应链中的移动情况进行追踪，包括追踪其实际性能和使用情况等信息。同理，顾客也可以对待收包裹和文件进行持续追踪。对于经营复杂长线供应链的企业而言，这无疑具有变革性的意义。类似的监控系统还可应用于追踪人员的移动。

④ 人工智能（Artificial Intelligence， AI）。人工智能是研究、开发用于模拟、延伸和扩展人的智能的理论、方法、技术及应用系统的一门新的技术科学。它企图了解智能的实质，并生产出一种新的能以与人类智能相似的方式做出反应的智能机器，该领域的研究包括机器人、语音识别、图像识别、自然语言处理和专家系统等。自人工智能出现以来，科学家们在这些领域的研究已经取得了非常惊人的成果，同时，人工智能使人类超越了自身的局限，基于大数据分析得到各种新知识、新信息，使原本难以预测的洪水、地震等灾害的预报的精确度大大提高，使人类在自然的约束面前变得更强大，从而更新了人们解决问题的方法。人工智能研究的一个主要目标是使机器能够胜任一些通常需要人类智能才能完成的复杂工作。

⑤ 区块链（blockchain）。工业和信息化部指导发布的《中国区块链技术和应用发展白皮书（2016）》中，这样定义区块链："广义来讲，区块链技术是利用块链式数据结构来验证与存储数据、利用分布式节点共识算法来生成和更新数据、利用密码学的方式保证数据传输和访问的安全、利用由自动化脚本代码组成的智能合约来编程和操作数据的一种全新的分布式基础架构与计算范式。"简单来说，区块链就是一种可共享、可编程、安全、可信的去中心化分布式数据库系统，任何单一用户都无法控制它，但是所有人都能监督它。

区块链是一种底层架构技术，可以和大数据、云计算、物联网、人工智能结合，应用于多种行业。区块链技术现在可以通过记录比特币等数字货币进行交易，未来还将应用于信息认证、智能合约的创建、制造企业的生产制造、金融智能、政务智能等社会生产和生活的方方面面。

【延伸阅读】

从数据层面理解客户

不论客户是个人（B2C）还是企业（B2B），他们正日益成为数字经济的焦点，而数字经济的核心内容便是如何服务客户。客户期望正在被重新定义为体验。比如，苹果公司创造的体验不仅包括其产品卓越的使用性能，还包括其包装、品牌、购物和客户服务。因此，苹果公司对客户期望的定义还包括产品体验。

传统的人口细分方法正向数字定位转变。基于客户共享数据和互动的意愿，数字技术可以发现潜在客户。随着所有权共享向使用权共享快速转变（这一点在城市中尤为明显），数据共享将成为企业价值主张必不可少的一部分。比如，拼车就需要汽车、公共事业、通信和银行等行业的多家公司对个人及其财务信息进行整合。

大多数企业都宣称以客户为中心，我们可以用实时数据和分析来研究其定位和服务客户的方式，从而检验它们是否能做到这一点。数字时代的核心便是获取和利用数据，以此完善产品和体验；在企业不断调整和完善的同时，还要确保这个过程以人的互动为核心。

只有通过多个渠道挖掘数据（包括个人、行业、生活方式和行为的数据），企业才能从细节上理解客户的购买过程，这在以前是无法想象的。今天，数据和度量方法可以提供准确的关键信息，帮助企业了解客户的需求和行为，从而做出更好的推广和销售决策。

目前数字化的趋势是朝着更加透明的方向发展，这意味着供应链数据更多，消费者可掌握的数据也更多，从而更容易比较同类产品的性能，也就是说，权力在向消费者转移。例如，比价网站就为消费者比较产品价格、服务质量和性能提供了便利。对于现在的消费者来说，他们只要鼠标一点或手指一滑，就可以转向其他品牌、服务和网络零售商。企业已经无法再为劣质的产品性能推卸责任。建立品牌资产困难重重，但失去易如反掌，在一个信息更加透明的时代，这一点将表现得更加淋漓尽致。

数据驱动的商业模式因为能够在更大的范围内获取有价值的客户信息，所以能够创造新的收入来源，而且为了获取有价值的信息，这些商业模式日益依赖于数据分析和智能软件。“开放而流动”型企业就把自己定位成一个流动的价值创造生态系统的一部分；而“天网”型公司专注于自动化，常见于危险行业和地点。另外，还有很多公司越来越倾向于这样的商业模式，即采用新技术提高能源和材料的利用效率，从而保护资源、降低成本，并对环境产生积极影响。

这些变革意味着企业需要对网络和数据安全系统进行大量投资，这样才能避免被犯罪分子和激进主义分子干扰，以及防止数字基础设施出现意外失灵。据估计，网络攻击每年给企业造成的损失高达5 000亿美元。索尼影视、塔吉特、巴克莱银行和滔客（TalkTalk）等企业的经历说明，如果企业和客户的敏感数据失控，企业的股价就将受到非常大的负面影响。因此，美银美林预计网络安全市场规模将从2015年的750亿美元上升至2020年的1 700亿美元（增长超过一倍），这意味着在未来5年，这个行业的年增长率将超过15%。

随着新兴运营模式的出现，我们必须从新的技能要求及吸引和留住合适人才的角度，重新思考人才和文化的问题。在各行各业的决策和运营模式中，数据发挥着关键作用，因此，就业人员需要掌握新的技能，同时企业的流程要升级（如利用实时信息），文化也要随之进步。

资料来源：施瓦布.第四次工业革命[M].北京：中信出版社，2016.

（3）生物类技术。生物领域尤其是基因方面的创新同样令人叹为观止。近年来，从一开始的降低基因测序成本和难度到最近的基因激活与基因编辑，都取得了巨大的进步。过去，“人类基因组项目”花了 10 年以上的时间才完成，耗资高达 27 亿美元。今天，一个基因组的排序仅需数小时便可完成，花费不超过 1 000 美元。随着计算能力的提高，科学家们不再需要反复试错，他们可以直接测试特定的基因变异会引起哪些症状和疾病。

科学研究表明，一些困扰人类健康的主要疾病，如心脑血管疾病、糖尿病、肝病、癌症等都与基因有关。依据已经破译的基因序列和功能，找出这些基因并针对相应的病变区位进行药物筛选，甚至基于已有的基因知识来设计新药，就能“有的放矢”地修补或替换这些病变的基因，从而根治顽症。基因药物将成为 21 世纪医药中的“耀眼明星”。基因研究不仅能够为筛选和研制新药提供基础数据，也为利用基因进行检测、预防和治疗疾病提供了可能。医生会根据各人不同的基因序列给予因人而异的指导，使其养成科学合理的生活习惯，最大可能地预防疾病。目前，中国的基因制药行业已经初具规模，但与发达国家仍存在的差距，主要表现在具有自主知识产权的产品较少，产业规模小、经济效益低。随着政府支持力度的不断加大和国际交流的持续增多，基因制药产业将迎来更多的机遇和更广阔的发展前景。

此外，基因编辑技术还可以帮助人们创造转基因动植物。最广为人知的应用就是培育转基因农作物，可增加作物产量，降低生产成本，增强作物抗虫害、抗病毒等的能力，提高农产品耐贮性，还可以培育出能耐受极端温度或干旱的粮食作物。在改良动物基因方面，也实现了培养出生长速率快、抗病力强、肉质好的优良新品种，降低饲养成本或更好地适应当地条件。实际上，这门科学发展非常快，限制其应用的并非技术，而是法律、监管、长期影响评价和伦理方面的问题。

【延伸阅读】

应对未来考验的技能领域

技能领域：生命科学和健康

可以完全确信的是，在未来20年，生命科学将成为技术性工作发展中的关键环节。不管我们感觉多么良好，不管我们活得多久，我们总是想让自己看起来更健康，并且活得更久。可以预见，两种重要的生命科学和健康集群将出现。第一种是所谓的“健康中心”在全世界的兴起，它们的创建在一定程度上是为了满足发达国家日益老龄化的人口的需求。例如，截至2010年，欧洲已经出现了许多在地中海周围兴建的疗养胜地，与此同时，住在美国北部的人大批涌向佛罗里达州和南方诸州。土耳其已经开始以健康和温泉疗养专家的名义进行自我推销，整个东欧正在准备接纳越来越多的寻找“希波克拉底假日”的婴儿潮一代。

与此同时，随着大学、健康和医药企业、合资企业和服务公司开展更为密切的合作，围绕生命科学的集群也会变得更加重要。环绕旧金山的旧金山湾区，波士顿、剑桥和马萨诸塞州的“基因城”（Gene Town）已经发展为第一批生物技术集群，它们在相对较小的区域内集中了大量关键的学术和行业机构。截至2010年，欧洲已经出现了3个生物医学集群，英国的牛津、剑桥、伦敦黄金三角，法国首都巴黎，瑞典和丹麦之间的Medicon集群走廊。亚洲最大的生物医学集群在新加坡，那里有超过1.3万人。可以预测在未来10年，生物集群将在日本的神户和大阪强化。在2010年的中国，重点高校正在开展生物医学研究，不过还没有成熟的生物医学集群来填补研究和商业应用之间的空白。但是可以预测在未来几十年，中国政府会投入大量的资源来发展这些集群。

这些生物医学研究有什么用呢？在2010年美国经济仍然不景气的情况下，生物医学工程成为美国发展最快的技能（72%的增长率）。这些人将在未来10年开发核磁共振成像仪器、哮喘呼吸器和人工心脏，可以预测到2025年会有更大的发展。

纳米医学技术将设计出亚原子“纳米级”医疗设备、程序和身体植入，其中包括在血液中搜索癌细胞的“货船”，还有为想增强记忆能力的人增加额外的记忆能力。截至2010年，干细胞研究已经取得了一定的成绩，这是一个有着广阔发展前景的行业。这些细胞可以用于修复受损的脊髓，发育成替代器官，甚至有可能构建替代肢体。不过胚胎干细胞研究也遭遇了道德冲突，它有着巨大的发展潜力，但同时面临巨大的障碍。2010年，人类胚胎干细胞已经被允许用在人身上，这被看作一个关键行业的开始。

技能领域：能源节约

由于新的行业将继续建立在利用能源的基础上，能源节约领域存在大量潜在的工作机会。2010年，风能、太阳能和海浪能已经成为新兴产业。在印度，大量的投资被用于风能的开发；在中国，能源节约专家正在太阳能领域探索新的发展可以预见能源节约领域的技能将获得快速发展，这一方面是由政府对零排放汽车的政策支持推动的，另一方面的动力来源于对大规模生产的财政刺激。风能和太阳能的发展将刺激电力运输的大发展——由蓄电池、燃料电池或混合技术驱动。这些可持续能源领域肯定需要大量的工程师，同时需要公关专员、计划专员，以及传统能源领域需要的一切。实际上，再生能源领域的工作机会要比传统能源领域多，因为在可再生能源的生成过程中，每单位的能量、每单位的装机容量和每单位的投资创造的工作机会要多于传统的能源生成。

生命科学、健康和能源节约领域的工作将成为真正的全球劳动力市场。这些工作需要精深、广博的知识，而且正在世界的各个地方发展。如果需要工程技能，就最好把目光投向印度，在2009年这个国家有40多万名工程师毕业；想要寻找IT人才，可以看一下中国，在2009年这个国家有610万名毕业生进入劳动力市场。这意味着对这些工作的竞争将在全世界展开，发达国家出现的劳动力短缺可能由来自世界其他任何地方的热门专业的毕业生填补。还需要牢记的一点是，位置并不总是影响这些技能发挥作用关键因素。就拿 Miguel来说吧，他与来自世界各地的其他热心人开展合作，为勒克瑙减少碳足迹的努力提供支持。为了解决世界另一端的城市所面临的挑战，他积极地联合了来自哥本哈根和巴西的环保人士。还有Rohan，他使用了最新的可视化机器人与来自世界各地的同行为全世界的病人服务。

技能领域：创造和创新

创造和创新正处于上升趋势，因为过去的机械化和自动化正在被更加系统、自然和创造性的工作方式所取代。这些创新行业会蓬勃发展，并渗透到日常生活中。从一定程度上讲，这是因为体验正在变得与消费一样重要，因此发明、设计和实施体验的人的技能将变得有价值。我们从 Richard Florida等人对创新阶层的愿望和需求所做的研究中进一步认识了这一阶层。

根据 Richard Florida的计算结果，即使在2008年，发达经济体中也有25%~30%的工作者从事创新领域，包括科学与技术、研究与开发、艺术的科技分支，以及以知识为基础的医学、金融管理和法律行业。

似乎全世界的人们都已经从官僚主义的单调乏味中走了出来，认识到创造力的色彩丰富。我在未来工作研究协会中深切感受到这一点。在我们的活动接近尾声时，建议大家提交一份执行报告。我们很有创造力的团队为每位参与者制作了一个盒子，里面的60张卡片通过语言、故事、图片和漫画展示了未来的关键方面。他们称其为“对未来的大胆假设”，并邀请执行者用这些卡片做游戏，执行者对此表现出了极大的热情。我估计对许多执行者来讲，这可能是他们第一次体验高质量的设计和创造，可以想象他们的期望会因此发生微妙的变化。毫无疑问，下次他们再看到“正规陈述”或得到一份报告时，他们当中的一部分人可能想：“是否有其他的做法？”

我的团队由专注创造和设计的人组成，他们的队伍正在逐渐壮大，影响力也与日俱增。他们并不接受默认状态，总是在寻找展示数据和与客户互动的另一种方式。尽管他们许多创造性的尝试都以失败告终，而这一过程却是非常重要的，因为若没有创造和创新，一切就会变成一潭死水。我们知道创新阶层在未来几十年将继续发展壮大，创新阶层和组织中的管理者、工作者之间的界限将越来越模糊。正如我在那些卡片和陈述中看到的那样，可以称为“艺术”的东西已经渗透到“美学思维”领域。看看加利福尼亚州的成功企业DEO，我们就会知道一个产品设计师团队是如何发展为体验、组织实践的设计师和创造者的。再看看创造和创新对品牌创造、信誉建立的方式的影响有多大。在2025年还会出现多少像Tom Fords这样的高品位、自我展示的领军者呢？（Tom Fords是时尚界的领军人物。）

这些创新阶层会做什么呢？德国未来学家 Mathias Horx列举了100多种创造性的职业，其中包括动画师、建筑师、作家、陶瓷艺术家、创意经理人、DJ、纪录片制作者、活动代理、时尚顾问、健身教练、平面设计师、室内设计师、媒体培训师、乐师、诗人、画家、摄影师、哲学家、牧师、出版商审稿人、说唱歌手研究人员、明星厨师、小说家、戏剧导演、网站开发者。当然，一些创造性的角色会直接淡化并转变成联合角色，而其他角色的发展轨道才刚刚开始，可以预计它们在未来几十年会有更大的发展。

这些创新人士的日常生活是怎样的呢？也许在你的想象中，他们应在大海中间的温湿的岛上过着隐士的生活。他们在那里思考和计划，当然也创造。实际上，事实远非如此，而且几乎可以完全肯定的是，这永远是一个谬论。创新阶层喜欢与有着同样技能的其他人在一起。此外，他们在世界的特定地区大量聚集和群居，可以完全肯定，这种聚集机制从现在到2025年只会进一步强化。创新阶层正在全世界蓬勃发展，在这里聚集的是互相学习和合作的人们。这些集群的动力和能量来源于拥有相关却不同的技能和能力的人们聚在一起时产生的想法和创造力，它们正在成为我所说的创造和创新热点。在精心打造的未来的故事情节中提到的余陈龚，就是在上海的一个创意集群中工作的人。和周围的许多人一样，他正在各种技能和想法中汲取营养，并从他体验的多样化中创造价值。

再考虑一下是否加入创新阶层。Mathias Horx就创新阶层的获利潜力问题提出了一个有趣的观点（尽管没有被完全证实）。他的观点是，创新阶层的收入分配将像现在的网球运动员、模特、设计师、戏剧导演、广告设计师和歌剧演员那样两极分化。他预测创新阶层的财富分配将这样：80%将以比较低的收入维持生存，不过他们并不一定不幸福；18%能够达到富足的水平；2%将赚大钱，这些人极具天赋，能够通过个人品牌管理创造巨大的财富。他的观点是专业阶层（律师、医生、建筑师和教授）创造的“同业公会”在一定程度上确保了资源在整个行业的合理分配（如通过最低收费），这些行业中可能有明星，不过他们必须非常努力才能出人头地。与之相反，在新兴的创新行业中并不存在这样的确保资源合理分配的“同业公会”机制，因而他们更有可能模仿现在的网球运动员和模特行业的“赢家通吃”的资源分配模式。对于那些考虑加入创新阶层的人来讲，这是非常需要关注的。

技能领域：指导和关爱

在一个越来越虚拟化的世界，创造支持性的关系来帮助人们渡过难关，帮助工作过度劳累的员工保持最佳状态，并应对时间的破碎带来的挑战是关键所在。这就是和指导、关爱相关的技能将在未来20年变得更加重要的原因。

美国经济评论员 Robert Reich把这些工作称为“购买的关爱”，并用5个以字母C开头的词来描述它们：Computing（从事计算机工作）、Caring（关爱）、Catering（提供饮食及服务）、Consulting（顾问）、Coaching（指导）。Mathias Horx做出这样精彩的描述：“他们为我们提供香味设计，赞美我们，帮我们整理书桌上的文件，为我们朗读，用新的仪式塑造我们……”

一些服务是通过虚拟方式提供的。因此，可以预见大量的微型企业家将开发能够创建和管理个人及专业虚拟人的虚拟个人教练，确保个人身份的正常运行，监控高价值网络的发展并提供建议。我们还能够看到虚拟和实际的服务工作将解决时间破碎的挑战；虚拟数据整理师将帮助我们组织复杂的电子生活，包括处理邮件、存储数据、管理身份；“小众传播者”与内容供应商和广告商合作，创建个性化的内容。

和创新阶层一样，这些新的关爱角色是未来几十年工作和生活发展的必然结果。他们的出现符合这一原理：到2025年，许多人会选择关注积极的体验，而不是贪婪的消费，“关爱人士”往往是这些体验的提供者。他们为你提供的最高端的服务就是为你量身打造的独特体验。他们还会帮助你在彻头彻尾的自恋和更加细致入微的陈述与个人身份之间把握好分寸；会帮助你设计个人博客，确保照片和虚拟人的逼真性；还会设计计算机控制交通系统，帮助像Rohan这样的人浏览世界劳动力市场。他们会推荐好的剧院，为空档年和假期做计划，通过美发、按摩和健身为个人身份提供支持。

还可以预测这些关爱角色会特别关注家庭幸福。当家庭变得更小、重组和破碎时，可以预测作为父母的Y世代和Z世代很想为自己的孩子提供最好的一切，并且会珍惜自己的家庭。因此他们会成为优先服务对象，会有人关爱、教育和激励他们，并提升他们的幸福感。

这些关爱和指导工作会分布在什么地方呢？哪里有客户，它们就会出现在哪里。如果说创新阶层是聚集的，那么指导和关爱角色就会去那里为他们提供支持并确保提供个人服务。也可以预见，他们会在新出现的健康生活地区工作。正如在创造和创新转变中看到的那样，关爱和指导人士将成为再生社区的支柱，而这些社区对2025年的工作者的幸福至关重要。

资料来源：格拉顿. 转变：未来社会工作岗位需求变化及应对策略[M].北京：电子工业出版社，2012.

【本章小结】

本章将职业生涯探索的视角由内部转向外部。工作世界是个人实现其职业生涯理想的平台。对工作世界的认知是进行正确而合理的职业选择的基础，包括对劳动力市场、宏观工作世界、微观工作世界的认知。增进对工作世界的了解，能够帮助我们找到更好的职业生涯发展发现。

认知工作世界的方法和途径有很多。例如，报纸、杂志、电视、书籍等传统媒体，互联网招聘网站、实习、生涯人物访谈等。

科技的力量推动着世界飞速变化，同时会对劳动力市场产生巨大的影响。数字和信息技术将是推动科技革命的重要力量，了解这些技术的应用能够帮我们更好地预测未来有发展潜力的职业，帮助我们找到自己的职业生涯发展空间。

【思考习题】

1. 简述对工作世界的认知。
2. 探索工作世界信息的途径有哪些？你打算采用哪种途径？
3. 有哪些工作形式是我们可以选择的？这些选择和生涯信念有什么联系？
4. 讨论在当前社会经济发展和科技革命的情境下将有哪些新兴职业。
5. 谈谈自己认为有巨大的发展潜力的行业或技术领域，有哪些领域会逐渐衰退？

【案例分析】

李翔是班里的计算机高手，他精通网络游戏。很快到了毕业前夕，他眼看着身边的同学陆陆续续都签了就业协议，自己的工作还没影儿，开始着急起来。一天，他在报纸上看到本市周六有一场大型招聘会，介绍说“近百家世界著名跨国大型企业几天面向毕业生提供近千个就业岗位”，欣喜过望。

兴致勃勃地来到会场后，他才发现跨国公司连影子都没有，只有一些名不见经传的小公司，而且绝大多数要求有两年以上工作经验，真正适合应届毕业生的单位和岗位屈指可数，在逛了大半天后终于找到一家比较对口的网络科技公司，招聘人员粗略地看了他递上去的简历后让他下周六去公司面试，接着要他去缴纳50元的面试费。他心有不甘，但为了得到工作还是交了。周六，他到公司面试，自称经理的男子随便问了几个问题后，就表示随时可以签协议录取他。签了协议以后，叫他下周一来上班，同时又要求他交300元的服装费和培训费。

周一，李翔意气风发地去上班，却发现公司早已人去楼空，他一下子懵了，回学校在网上查了一下该单位的资料，才发现这个公司根本就不存在。

资料来源：https://wenku.baidu.com/view/ab4486b385868762caaedd3383c4bb4cf7ecb728.html.

讨论题

1. 李翔应聘上当的原因是什么?
2. 如何才能避免这样的事情发生?

【本章实训】

根据对自我的认知，收集工作世界的信息，并评估这些信息的价值，挑选出能作为你职业生涯决策依据的信息。

第6章 决策与确定目标

学习目标

了解职业生涯决策的内涵和影响因素
熟悉应对职业决策困难的方法
掌握职业生涯决策的方法
掌握目标制定的方法、原则
了解不同类型职业的发展路径

关键术语

职业选择；职业决策；职业锚；目标

引导案例

孙康，男，26岁，一年前毕业于国内某知名大学法学院，性格偏外向，喜欢接触新生事物，具有较强的学习能力，在校期间多次获得奖学金。目前，他就职于一家事务所，担任律师。孙康的姐姐在研究生毕业后出国，并在国外找到了一份不错的工作，还给他办好了留学手续。孙康觉得一个男人，需要不断拓宽视野，有机会要多走出去看看外面的世界。然而孙康的父母在农村老家，身体都不是很好，需要有人照顾，同时与自己谈了几年的女朋友家里也总是催着他们早点结婚，如果他真的出国了，婚事有可能告吹。上学期间没有收入来源，最近几年留学生回国就业状况也不乐观，回国后还要顶着买房买车的压力，结果可能还不如自己的同学同事混得好。这时，孙康的公司要做组织架构调整，他很有可能升为部门经理，年收入高达几十万元，对他来说也是很大的诱惑。就这样，他就像一个“不倒翁”，在出国和留下之间倒来倒去。

资料来源：刘瑞晶，等. 职业生涯规划：理论、案例与实训[M]. 北京：中国人民大学出版社，2015.

我们每天都面临着各种选择，小到三餐吃什么，大到选择职业或伴侣。而为各种可选择的事件出主意、做决定的过程就是决策，它是一个复杂的思维操作过程，是信息收集、加工，最后做出判断、得出结论的过程。不少人都缺乏为自己做决策的信心。他们担心自己会犯错、会后悔，因此在面对选择时左右为难。没有人能保证每一次的选择一定正确或是最好的。只能在充分地分析已有信息的基础上选择一个相对更好的方案。个人在职业生涯发展过程中，会面临各种各样的问题与选择，能否做出利于自身长远发展的决策，往往会影响整个职业生涯发展乃至一生。

6.1 职业决策

6.1.1 职业决策的内涵和原则

决策是决策者为达到某个目标，采用一定的科学方法和手段，从备选方案中选择一个满意方案的分析、判断过程。职业决策，从狭义上讲，就是对职业的选择；但从广义上讲，是对一切与职业相关问题的思考和解决方案的选择过程。在个人的职业生涯发展的一些重要节点，如首次择业、确定职业锚、重新择业等，都是需要我们慎重思考、科学决策的时刻。职业决策是个人根据职业期望和兴趣等条件，并经过一系列认知活动进行的目标选择，是为实现目标制订行动方案和选择发展路径。职业决策不单是一种结果，而是一个复杂的认知过程，通过此过程，决策者组织有关自我和职业环境的信息，仔细考虑各种可供选择的职业方向，做出职业行为的公开承诺。个人的职业选择恰当与否，关系到其职业意愿和兴趣能否得到满足，关系到其才能是否得到发挥，关系到其在岗位上的工作状况，也关系到其一生的生活道路。

（1）整合信息。认知信息加工理论认为，决策就是对信息的认知、加工和处理。在对自我和工作世界有了一定的认知之后，将这些信息整合在一起，对自己的就业方向和工作岗位的类别进行比较、挑选和确定，是职业决策的一项重要内容。从选择职业开始，人们正式开启了进入社会生产领域、成为社会生产活动主体的重要行为，这也是实现人生价值的开始。

在选择自己未来的职业时，把对个人人格、兴趣、价值观和能力的认知结果，与工作世界里的职业进行匹配，这一整合信息的过程是做出职业决策的基础。有些人喜欢凭直觉选择喜欢的职业或工作，但这种直觉要建立在充分了解信息的基础之上，否则就是冲动决策，对个人的职业生涯发展有害无利。

职业决策并不是一生只做一次。相反，这是一个持续的过程。一旦我们对开启职业生涯的第一份职业做出了选择，随着内部或外部影响因素的变化，有了新的信息需要加工、整合，就要对职业生涯现状进行重新审视和评价。对于大多数人来说，职业选择的范围即使再小也不会只有一种理想的工作。在通常情况下，个人可能对与某个兴趣点相关的各种职业都感到满意。即便是暂时没有机会获得理想的职位，也可以退而求其次，选择一个类似的职业从事相关工作，一步一步脚踏实地地接近梦想。

因此，在进行职业选择时，千万不要囿于某一个职位或某一类工作，如果没有获得自己理想的职业，就多收集一些信息，我们一定还可以有其他选择。

（2）进行人职匹配。个人想要做出正确的决策，选好自己的职业，走好事业发展的第一步，就要做好三方面的工作：一是清楚地了解自己的态度、能力、兴趣、智谋、局限及其他特征；二是清楚地了解职业选择成功的条件，所需知识，不同工作岗位的优势、不利和补偿、机会和前途；三是上述两个条件的平衡。职业生涯能够成功发展的核心，就在于从事的工作所需要的正是自己所擅长的。从事一项自己擅长并喜欢的工作会很愉快，也容易脱颖而出。这正是成功的职业规划的核心所在。如果一个人性格内向、不善与人沟通，没有很好的交际意识，那么这个人就很难成为一名成功的管理人员。

职业决策的理想结果是实现人职匹配。在清楚地认知、了解个人的主观条件和社会职业岗位需求条件的基础上，将主客观条件与社会工作岗位相对照，最后选择一种职业需求与个人特长相匹配的职业，通过匹配达到最佳职位相宜度。帕森斯的“特质因素论”将人职匹配分为两种类型：一种是条件匹配，即技能的匹配；另一种是特质匹配，即人格或性格的匹配。

① 条件匹配。在现实的职业选择中，人们虽然面对诸多的职业，但往往难以找到自己理想中的最好的职业。有时即使遇到“好职业”的岗位空缺，但自己可能不具备必要的技能，或者在求职竞争中败给他人，这也会使其职业选择不能实现。

对任何一种职业而言，从业者必须具备与其相适应的知识或能力。这是职业适应性的首要的和基本的制约因素。因此，无论是用人单位在招聘人员时，还是个人在择业时，都应考虑到技能与职业相吻合的问题。职业可以根据工作的性质、内容和环境划分为不同的类型，并且对人的技能有不同的要求。因此，在选择职业时应注意技能类型与职业类型的吻合。

每个人都具有一个多种知识和能力组成的技能系统。在这个技能系统中，各方面能力的发展是不平衡的，常常有某方面的能力占优势。在做职业决策时，应主要考虑其最佳能力，选择最能运用其优势技能的职业。

② 特质匹配。人的性格千差万别，不同的职业有不同的性格要求，每个人的性格都不可能百分之百地适合某项职业，但可以根据自己的职业方向来培养、发展相应的职业性格。对组织而言，性格决定了每个员工的工作岗位和工作业绩；对个人而言，性格决定了自己的事业能否成功。因此，性格是组织选人、个人择业的重要因素之一。例如，具有敏感、易动感情、不守常规、个性强、理想主义等人格特性的人，更适合从事审美性、自我情感表达的艺术创作类型的职业。

（3）职业决策要遵循以下几个原则。

① 以理想为导向的原则。理想是人生前进的动力，人生就是不断追求理想、实现理想的过程。选择职业是实现人生理想的过程也是实现人生理想的一种阶段性手段。只有将职业的选择和理想的选择统一起来，我们才能在工作中找到实现人生价值的动力、途径和乐趣。

② 不可好高骛远，并且具有可执行性。很多大学生在刚开始时雄心壮志，一心想着出人头地。但是实际的社会工作，有时确实会存在一定的挑战，但更多的时候是一种积累的过程——资历的积累、经验的积累、知识的积累，所以职业规划不能好高骛远，而是要根据自己的实际情况和社会情况，选择能力水平与职业层次一致或基本一致的职业，一步一个脚印，层层晋升，才能最终实现梦想。

③ 职业决策必须有可持续发展性。职业决策不能只制定一个阶段性的目标，而应该是一连串的、可以贯穿自己整个职业生涯发展的远景展望。如果职业决策定得过于短浅，又没有后续职业决策点支撑，肯定会使人丧失奋斗的热情，并且不利于长远发展。

6.1.2 职业决策的影响因素

有学者认为，职业决策就是个人在多项选择之间权衡利弊，以取得最大价值的过程。生涯决策的过程，是综合了个人对自我的认知，以及对教育与职业等外在因素的判断，在面临生涯抉择情境时所做的各种反应。其构成要素包括决策者的个人目标、可供选择的方案与结果，以及对各个结果的评估。而其历程与结果受到机会、结构、文化等社会因素，以及个人价值观与其他内在因素的影响。

职业决策的主要影响因素可以总结为内部因素和外部因素两个方面。

（1）内部因素。主要指个人因素，如健康、个性特征、兴趣爱好、负担、性别、年龄、所受教育及由此形成的职业意向等。职业决策是对个人未来职业的选择过程，是个人依照自己的职业意向和兴趣，凭借自身能力挑选职业，使自身能力素质和职业需求特征相符合的过程。职业选择与职业意向有密切联系。职业意向是个人对某项职业的希望、愿望和向往，一般要经过萌芽期、空想期、现实期，在面临就业时才能比较清晰地确定下来。

由于各种条件的作用，人的职业意向在确立以后还会发生一定的变化。职业意向的变化包括以下几种类型。

① 现实化。一般来说，青年人在就业前往往对未来职业充满天真烂漫、不切实际的幻想。当他们进入职业选择阶段，特别是走上工作岗位以后，面对现实，就能比较客观地看待问题，承认现实，并在一定程度上降低原有的意向水平，放弃不切实际的想法。

② 调整方向。人们在职业适应期及职业准备期接受教育时，可能发现自己不能适应某一职业，从而转变职业方向；也可能发现自己虽然胜任该职业，但其他一些职业更适合自己，或者更加喜欢其他职业，这时也可能调整职业方向。

③ 意向水平提高。当个人能力有较大的发展，所在的工作岗位不遂心意时，就可能提高意向水平，倾向于从事其他类型的职业。

职业意向的变化，使人们对自身和岗位有了更好的了解，从而更现实地对待职业。

（2）外部因素。主要指来自个人以外周围环境的一切因素。影响个人理性职业决策的因素，除上面提到的自己的性格、特长和兴趣等内部因素外，还有一些具体的外部因素，如家庭、朋友、社会观念、市场环境的因素等。

个人在进行职业选择的同时在被用人单位选择。个人选择某种职业并在该岗位就业，必须以岗位需求为前提，即这种职业有空缺、需要招聘劳动者。我们所学专业、所从事行业在市场上的发展情况和前景，决定着相关岗位在就业市场的需求量。因此，在个人进行职业选择之前，要对职业进行研究，找出一种发展潜力大、在未来若干年中有较高社会需求的职业。

6.1.3　应对职业决策困难

在职业决策中，我们通常都不可能拥有全部的信息，大多数选择都有预测行为参与其中，都具有不确定性和风险。因此，很多人在职业选择过程中遇到各种难题，导致决策者无能力做出一个满意的决策，心理学上称为职业决策困难。

但这并不意味着我们只能听天由命，可以不重视决策的严谨性。职业决策的目的，正是尽可能地收集信息，并且用理性的方法和工具做出决策。学术界普遍认为，造成职业决策困难的影响因素有：对自我认知的需求、对职业信息的需求、职业选择焦虑和性格上的犹豫不决。我们之前讨论了认知自我和认知工作世界，对自我和职业信息的需求问题已经基本解决。下面讨论如何应对决策困难。

（1）职业选择焦虑。这是正常的发展性问题。大学生还处在生涯探索阶段，在以前的学校教育中又缺乏与职业生涯规划相关的内容，造成大学生普遍不了解自己的兴趣或能力、价值观不清晰、缺乏关于工作世界的信息等状况，因此难以进行生涯决策。这种情况通常只要得到关于自我认识、工作世界介绍等相关的信息即可解决，可以通过选修生涯规划课程、阅读相关书籍、参加社会实践活动等实现。

（2）性格上的犹豫不决。这是由个人特质引起的，如个人兴趣与能力有差异，个人偏好与社会期待有冲突，价值观受到环境条件限制，非理性生涯观念桎梏等。比如，有的人由于自信心低落，极大地阻碍了对于职业的憧憬与选择；有的人虽然做出了初步选择，却感到非常焦虑；还有的人，虽然经过多方面的探索，在职业兴趣方面却仍然相当混乱，等等。这类学生需要较长时间的个别生涯辅导，甚至是心理咨询和治疗帮助他们提升自我价值感，增进其对自我的肯定与信任，并在此基础上改善其决策能力。

另外，只有当个人的职业意向与个人技能、职位需求能够相互协调配合时，职业决策才能够令人满意。但是，三者的协调一致往往是比较困难的。因此，人们的职业选择往往是个人降低自己的职业意向水平、适应社会客观职业岗位状况的过程，社会学把这一现实化过程称为个人职业理想与社会职业现实之间的“调和”或“调适”过程。

事实上，职业选择决策是一种个人职业意向现实化的过程。进一步分析，这种现实化又包含两方面的内容。一是个人向客观现实妥协的过程。当个人的选择意向与实际情况不尽相符、存在矛盾的时候，人的职业选择就是一种打破幻想、承认实际、降低要求的过程，也就是向客观现实妥协的过程。二是个人对“我与职业”关系的调适过程。向现实妥协，对于存在着浪漫情怀和幻想色彩的青年人来说，可能是不情愿、不甘心的，甚至是痛苦的，但又是非常必要的。因为，这使得人能够真正地认识自我，真正认识个人在社会中的地位、状况与际遇，是一种在自我反思后真正能够解决“我与职业”关系，从而科学、实际、合理地完成职业选择的“调适”过程。

6.1.4 培养职业决策能力

具有出色的职业决策能力或决策技术往往会事半功倍。所以，个人在选择职业之前，必须着力培养和提高职业决策能力。

所谓自我职业决策能力，是指个人习得的用以顺利完成职业选择活动所需要的知识、技能及个性心理品质。具体要培养和提高个人如下几方面的职业决策能力：善于收集相关的职业资料和个人资料，并对这些资料进行正确的分析与评价；制定职业决策计划与目标，独立承担和完成个人职业决策任务；在实际决策过程中，不是犹豫不决、不知所措、优柔寡断，而是做到有主见性，能适时果断地做出正确的决策；能有效地实施职业决策，能够克服计划实施过程中的种种困难。

职业决策能力运用于实际的职业决策之时，需要讲求决策技术，掌握决策过程。首先，收集、分析与评价各项相关职业资料及个人资料，这一工作是几种职业选择途径的后果与可能性的分析和预测。其次，对个人预期职业目标及价值观进行探讨。个人究竟有怎样的职业价值倾向？由此决定的职业目标是什么？类似的问题并非每个人都十分清楚。现实当中，我们经常会有价值观念不清楚、不确定的情况。所以，澄清、明确和肯定个人主观价值倾向与偏好当为首要，否则就很难做出职业决策。最后，在上述两项工作的基础上，将主观愿望、需要、动机和条件，与客观职业需要进行匹配和综合平衡，经过权衡利弊得失，确定最适合、最有利、最佳的职业岗位。这一决策选择过程，是明晰个人的自我意向，找到自己爱好的和擅长的东西，发展一种将带来满足和报偿的职业角色的过程。

6.2 职业决策方法

随着社会职业的发展变迁，现代人择业的自主性越来越大。如何根据企业的需求和个人的特质确定进入的行业和转变职业，是求职者不得不面对的问题。职业决策中较为常用的方法与工具有以下几种。

6.2.1 SWOT 决策模型

（1）SWOT 决策分析法的形成。SWOT 决策分析法又称为态势分析法，是由美国旧金山大学的管理学教授韦里克于 20 世纪 80 年代初提出来的，是一种能够较客观准确地分析和研究个人或组织的现实情况的方法。SWOT 四个英文字母分别代表优势（Strength）、劣势（Weakness）、机会（Opportunity）、威胁（Threat）。从整体上来看，SWOT 可以分为两部分：第一部分为 SW，主要用来分析内部条件；第二部分为 OT，主要用来分析外部条件。SWOT 决策分析法通过分析内部的优势和劣势，发现外界的机会和威胁，从而做出决策。

SWOT 分析是职业生涯决策过程中一种关键的技术。我们可以利用这种技术更准确地进行自我评估，更清晰地认识自己的生涯机会，从而就社会就业市场的状况和个人的情况做出最佳的决策。

（2）SWOT 决策模型的操作程序。SWOT 分析法被引入职业生涯决策领域后，不但受到了使用者的普遍欢迎，而且逐渐形成了简洁、直观的 SWOT 决策模型。使用 SWOT 决策模型，应遵循以下几个步骤。

① 评估自己的优势和劣势。每个人都有自己独特的天赋和能力。首先，在优势分析和劣势分析的开始阶段，我们可以回想自己喜欢做的事情，尝试列举一些具体的词汇来描述自己，出现频率较高的特征词汇就构成了我们主要的优势和劣势。其次，我们可以借助一些职业测评工具来帮助自己客观地认知自我，或者请教他人帮助诊断，如同学和老师的评语等，这些都是有价值的信息反馈。此外，我们也可以求助于职业辅导专家。

② 找出外部的机会和威胁。不同的人和行业（包括这些行业里不同的企业）都面临着不同的外部机会和威胁，所以找出这些外界因素可以帮助个人成功地进行职业生涯规划和今后的求职，因为这些机会和威胁会影响第一份工作的选择和今后的职业发展。找出自己感兴趣的一两个行业（如保健、金融服务或者通信），然后认真地评估这些行业所面临的机会和威胁。

③ 做出职业生涯决策。根据对自我和外界环境的分析，选择自己所从事的职业。构建一个 SWOT 分析模型，列出从学校毕业后最想实现的 4~5 个职业目标。根据优势、劣势、机会和威胁，确立最符合自己实际的职业生涯发展目标。请时刻记住：必须竭尽所能地发挥自己的优势，使之与行业提供的工作机会完美匹配。因为职业选择的正确与否，直接关系到人生职业发展的成败。

④ 制订职业行动计划。在完成 SWOT 分析后，便可以制订相应的行动计划。制订计划的基本思路是发挥优势，克服劣势，利用机会，化解威胁。运用系统分析的方法，将各种因素相互匹配、加以组合，得出可选择的对策，这些对策包括以下几种。

WT 对策：考虑劣势和威胁因素，使这些因素都趋于最小。如成绩不好，以后就必须更努力地学习；某种职业需要丰富的实践经验，就要多参加实习和社会活动。

WO 对策：考虑劣势和机会因素，使劣势趋于最小，机会趋于最大。如专业水平不够高，但某种职业需要复合型人才，就可以加强培养自己的综合素质。

ST 对策：考虑优势和威胁因素，努力使优势趋于最大，威胁趋于最小。如拥有丰富的专业知识和技能，但在同专业学生中不算太突出，就要发现自己的优势，增强竞争力。

SO 对策：考虑优势和机会因素，努力使这些因素都趋于最大。如对某职业兴趣比浓厚，在这个职业领域又有较广泛的人际关系网络，则应抓住机会展示自己的才能。

6.2.2 CASVE 循环模型

（1）认知信息加工理论。认知信息加工理论从认知科学或认知心理学的视角探索生涯问题和决策，再次提醒人们从关注生涯选择结果的适当与否到关注生涯选择的历程，即认知的历程。在认知信息加工理论的金字塔中，CASVE 循环模型处于核心地位。它包含进行良好决策的沟通（Communication）、分析（Analysis）、综合（Synthesis）、评估（Valuing）和执行（Execution）五个阶段。这部分可以比作各种计算机程序，用于将事实和数据存储在计算机文件和内存中。解决生涯问题需占用我们大量的记忆空间，并要求大脑具有很强的信息加工能力。

认知信息加工理论的基本假设包括以下几个方面。

① 生涯选择以我们的思考和感受为基础。

② 进行生涯选择是一种问题解决活动。

③ 作为生涯问题解决者，我们的能力以我们了解什么和如何思考为基础。

④ 生涯决策要求良好的记忆。

⑤ 生涯决策要求有动机。

⑥ 持续进行的生涯发展是我们学习和成长的一部分。

⑦ 我们的生涯在很大程度上取决于我们思考的内容和方式。

⑧ 生涯的质量取决于我们对生涯决策和生涯问题解决了解的程度。

认知信息加工理论从信息加工取向看待生涯问题的解决，它是基于“在生涯问题解决和决策制定过程中大脑如何接收、编码、储存和利用信息与知识”这一理念而形成的理论。该理论把生涯发展与规划的过程视为学习信息加工能力的过程，认为生涯发展就是关于个人如何做出职业生涯决策及在生涯问题解决和生涯决策过程中如何使用信息的。该理论假设：生涯选择源于认知过程和情感过程的交互作用，它是一种相当复杂的问题解决活动。个人解决生涯问题的能力，取决于个人的知识和认知操作的有效性。

（2）CASVE 循环模型的操作程序。在认知信息加工理论看来，职业生涯规划决策是一种问题解决活动，CASVE 循环模型可以在整个职业生涯问题解决和决策制定过程中，为人们提供规范的操作流程和必要的操作指导，运用 CASVE 循环模型进行职业生涯规划决策，通常采用以下操作步骤。

① 沟通：查找差距，意识到个人需要做出一个选择。

沟通，包括内部和外部的信息交流，通过交流使我们意识到职业理想和现实之间存在的巨大差距，这些信息可能通过内部或外部交流途径传达给我们。内部沟通涉及个体自身的身心状态，包括情绪信号，如不满、厌烦、焦虑和失望；还有身体信号，如昏昏欲睡、头痛、胃部疾病等。例如，在毕业找工作的时候，个人可能在情绪上会感受到焦虑、抑郁、受挫等；在躯体上会疲倦、头疼、消化不良等。这些情绪和身体状态都是提醒个人需要进行内部交流沟通的信号。外部沟通涉及外界的一些对个人产生影响的信息，如宿舍同学开始准备简历就是提供了一种外部信息：你也需要开始准备找工作了；又如在求职过程中，父母、老师、朋友给你提供的各种建议。通过内部和外部沟通，个人意识到自己需要解决某些问题，这样的交流对开始生涯选择十分重要。沟通阶段需要回答的最基本的问题是：此刻我正在思考并觉知到的职业选择是什么？

② 分析：收集和准备大量的信息，了解自己和分析自己的各种选择，通过思考、观察和研究，对兴趣、能力、价值观和人格等自我特点及各种环境信息进行分析，从而更好地理解现有状态和理想状态之间的差距。

在分析阶段需要对两方面的知识进行了解。首先是自我特点，包括：兴趣，即我喜欢做什么，在做什么事情的时候我最能投入，做什么事情能让我得到享受；能力，即我擅长做什么，什么事情是我能做得比别人好的，我都掌握了哪些专业知识；价值观，即我看重什么，我这辈子希望达到的目标是什么，我希望工作可以带给我什么；人格，即我是内向的还是外向的，我关注宏观抽象的事物还是具体的细节，我倾向理性思考还是感性体验，我习惯于有条不紊还是随机应变。其次是环境信息，即每个选择处于什么样的环境，会带来什么样的生活，需要付出什么努力。比如对于考研来说，需要付出什么样的努力？花多长时间准备？读研之后的生活是什么样的？研究生毕业之后的求职情况如何？而对于找工作也需要了解每一种职业相关的信息。

在这个阶段，问题解决者需要花时间去思考、观察，研究关于自我、职业、决策及元认知的知识，从而更充分地了解差距，了解自己有效地做出反应的能力。好的生涯决策者不会用冲动行事来减少在沟通阶段的压力或痛苦，因为他们知道这是无效的，甚至可能令问题恶化。他们会弄清楚：要解决这个问题需要了解自己的哪些方面，了解环境的哪些方面，需要做些什么才能解决问题，为什么会有这样的感受，家庭会怎样看待我的选择等。

③ 综合：开始确定 3~5 个选项，先扩大再缩小选择清单。

综合，根据分析阶段得出的信息，先把选择范围扩展开来，然后逐步缩小，最终确定 3~5 个最可能的选项。这一阶段主要是综合和加工上一阶段得到的信息，从而制订消除差距的行动方案。其核心任务是，通过确定自己可以做什么来解决问题。

这是一个扩大并缩小选择清单的过程。首先，尽可能多地找到消除差距的方法，发散性地思考每一种办法，甚至采用“头脑风暴”进行创造性思维，查找各种可能性以发现尽可能多的解决问题的方法。其次，缩减有效方法的数量，通常缩减到 3~5 个选项，因为这是个人最有效的记忆和工作容量数目，这个先扩大后缩减的过程非常重要。

通过分析阶段，对自我的各方面都有了了解，每个方面都分别对应着很多职业，把这些职业都列出来，就会得到一个范围很广的选择列表。选取其中的交集，个人就得出了缩小的职业选择范围。再次，把最可能从事的职业限定到 3~5 个。最后，可以问自己：假如我有这 3~5 个选择，是否可以解决问题，消除现实和理想状态的差距？如果可以，就进入评估阶段选出最适合的选择；如果还是不能解决问题，就需要重新回到分析阶段以了解更多信息。

④ 评估：先确定最有可能的 2~3 个选项，再选择一个职业。

评估，是对于综合阶段得出的 3~5 个职业进行具体的评价，包括评估获得该职业的可能性，以及这个选择对自身及他人的影响，从而进行排序。评估阶段将选择一个职业，找出最优选择，并做出临时选择。在研究了什么选择最适合自己及与自己的生活关系最密切的人之后，选择可行性最大的情况。

第一步是评估每种选择对生涯决策者和他人的影响。每种选择都要从对自己和对他人的代价和益处两方面进行评价，并综合物质上和精神上的因素。比如，对个人而言什么是最好的？对个人生活中的重要他人而言什么是最好的？大体上，对个人所处的环境而言什么是最好的？

第二步是对综合阶段得出的选项进行排序。能够最好地消除差距的选项排在第一位，次好的排在第二位，以此类推。此时，职业规划决策者会选出一个最佳选项，并且做出承诺去实施这一选择。

⑤ 执行：开始执行，实施选择。

执行，是整个 CASVE 循环的最后一部分，前面的步骤只是确定了最适合的职业，还不能带来职业选择的成功，需要在执行阶段将所有想法付诸实践。在这一阶段，需要设计一项计划来实施某一临时的选择，包括培训准备（如正规教育或培训经历）、实践检验（如兼职、志愿工作等）与求职。这是实施选择的阶段，把思考转换为行动。很多人都觉得在执行阶段制订行动计划是令人兴奋和有价值的，因为终于可以开始采取积极行动去解决问题了。

CASVE 循环是一个不断重复的过程，在执行阶段之后，生涯决策者又回到沟通阶段，以确定前一沟通阶段存在的职业问题是否得到了很好的解决，是否能最有效地消除理想与现实间的差距。依据是否需要再决策及是否容易获得信息资源等，个体决定是否重新开始一次 CASVE 循环，直到职业生涯问题被解决为止。

CASVE 循环，无论是对解决个人职业规划问题，还是对解决团体问题都非常有用。用系统的方法思考这五个步骤，能够提供一个有用的工具，使个人在生涯决策中成为一个更高效的人。

6.2.3 生涯平衡单

生涯平衡单是将所有的生涯选择与条件以量化的方式呈现，然后计算结果，从而做出较佳选择的一种决定方式。

（1）生涯平衡单的形成。生涯平衡单是由詹尼斯和曼（Janis & Mann）于 1977 年设计的，他们将重大事件的思考方向集中到四个主题上：

- 自我物质方面的得失
- 他人物质方面的得失
- 自我赞许与否
- 社会赞许与否

在实际应用时，由于认为“自我赞许与否”和“社会赞许与否”仍显得笼统，我国台湾生涯辅导专家金树人将最后的两项改为“自我精神方面的得失”与“他人精神方面的得失”，就是从“自我—他人”以及“物质—精神”所构成的四个维度来考虑。一般来说，人们会在生涯平衡单中考虑这些因素：

- 适合自己的能力
- 适合自己的兴趣
- 符合自己的价值观
- 满足自己的自尊心
- 较高的社会地位
- 带给家人声望
- 符合自己理想的生活形态
- 优厚的经济报酬
- 足够的社会资源
- 适合个人目前的处境
- 择偶以建立家庭
- 未来具有发展性

生涯平衡单是在决策者面临难以取舍的选择时，用量化的方式来协助其做出重大决定的工具。它可以帮助大学生具体地分析每个可能的选择方案，考虑各种方案实施后的利弊得失，最后排定优先顺序，选择最佳方案。

（2）生涯平衡单的操作程序。生涯平衡单作为一种决策工具，通常要按标准的维度和统一的格式进行操作。但在使用中需要注意，由于每个人的情况不同，其对各个选项所赋予的权重通常也会不同。所以，大多数生涯平衡单都附有类似说明：以下各项，根据对你的重要程度，在“重要性权数”栏目下按 1~5 打分，重要程度越高分值越高；

列出你的职业选择方案，对这些选择进行得失分评估，计分范围为 0~10 分，将分数乘以权数，得出各个方案的加权分，协助你进行职业决策。例如，收入比较重要，给收入赋予 4 分的权数，第一职业收入值达到 6 分，则第一职业此项加权分为 24 分；第二职业收入值达到 4 分，则第二职业加权分为 16 分。

使用生涯平衡单进行职业选择，通常应遵循如下操作程序。

①确定所有可能的选择。列出 2~3 个你正在或可能考虑的职业。

②列出考虑因素或条件。从四个方面（自我物质方面的得失、他人物质方面的得失、自我精神方面的得失、他人精神方面的得失）列出你在选择职业生涯时考虑的因素。

③对每个考虑因素设置权重。每个因素的重要性因人、因时、因地不同，根据个人情况，按照重要性和迫切性程度设置权数，加权范围为 1~5。

④根据自己的判断给分。考虑每个职业选择中这些因素的得失程度，分数的范围可以自定，如 0~5 分或 0~10 分，分数越高表示此因素越重要。把平衡单上的原始分乘以权数，分数的差距变大。

⑤计算总分，排出分数顺序。累计各项得分，并算出得失差数，得出每一职业选择的总分，作为决定的参考。

⑥根据总分及顺序做判断。排出职业选择的优先级，做出判断。比较每种方案的综合得分，据此做出生涯决定，此决定就是用生涯平衡单所做出的综合效用最大化的决定。生涯平衡单如表 6-1 所示。

表 6-1 生涯平衡单

职业决策考虑因素	权重	选择一		选择二		选择三	
	–5~+5	加权分（+）	加权分（–）	加权分（+）	加权分（–）	加权分（+）	加权分（–）
自我物质方面的得失 1. 2. 3. ……							
他人物质方面的得失 1. 2. 3. ……							

续表

职业决策考虑因素	权重	选择一		选择二		选择三	
	–5~+5	加权分（+）	加权分（–）	加权分（+）	加权分（–）	加权分（+）	加权分（–）
自我精神方面的得失 1. 2. 3. ……							
他人精神方面的得失 1. 2. 3. ……							
总计							

6.2.4 职业决策阶段论

美国学者蒂德曼在金斯伯格职业生涯阶段理论的基础上，提出了“职业决策阶段”的学说。蒂德曼认为，金斯伯格所说的职业选择作为一种过程，是一种“鉴别”和“综合”的决策过程。这种决策过程，是人在一生的职业生涯中重复进行的一系列步骤，每当人们遇到一定问题，或者具有一种需要、完成一种体验时，这种决策过程就会被激发起来。蒂德曼把职业选择决策过程分为两个阶段，通过七个步骤完成职业决策。

期望与预后阶段

第一步：探索

即考虑与自己的经验和能力有关的职业生涯发展目标。

第二步：成形

在探索的基础上准备进行具体的定向，这时要考虑个人确定职业生涯新方向的价值、目的和能够获得的报偿。

第三步：选择

在生涯目标成形后做出决策，找到和确定自己所期望的具体职业。

第四步：澄清

进一步分析和考虑上述选择，解除可能出现的疑问。

完成和调整阶段

第一步：就职

将职业选择付诸实施，找到一个新职位，即就职或入职。人们在这个时候开始对自己的职业生涯目标和走上的职业岗位寻求认可。

第二步：重新形成

职业生涯选择目标在现实化意义上的再次形成，或者进行现实化的调整。

第三步：综合

个人在职业岗位上被他人看作成功者，达到平衡，这就是职业选择决策的完全实现。

6.3 用职业锚定位职业生涯

6.3.1 职业锚理论

职业生涯发展实际上是一个持续不断的探索过程。在这一过程中，每个人都在根据自己的天资、能力、动机、需要、态度和价值观等慢慢地形成较为明晰的与职业有关的自我概念。随着对自我的深入了解，个人就会越来越明显地形成一个占主要地位的职业定位。

美国著名职业指导专家埃德加·施恩（Edgar H. Schein）首先提出了“职业锚”的概念。职业锚（career anchor）是指当不得不做出选择的时候，个人无论如何都不会放弃的职业中的那种至关重要的东西或价值观。正如“锚”的含义一样，职业锚实际上就是人们选择和发展自己的职业时所围绕的中心。个人对自己的天资和能力、动机、需要及态度和价值观有清楚的了解之后，就会意识到自己的职业锚到底是什么。施恩根据自己在麻省理工学院的研究指出，想要对职业锚提前进行预测是很困难的，这是因为个人的职业锚是在不断发生着变化的，它实际上是一个不断探索的过程所产生的动态结果。有些人也许一直都不知道自己的职业锚是什么，直到他们不得不做出某种重大选择的时候，比如到底是接受公司将自己晋升到总部的决定，还是辞去现职，转而开办和经营自己的公司。正是在这一关口，个人过去所有的工作经历、兴趣、资质等才综合成一个有意义的模式或职业锚。这个模式或职业锚会告诉此人，到底什么东西是最重要的。施恩根据自己对麻省理工学院毕业生的研究，提出了以下五种职业锚。

（1）技术 / 功能型职业锚。具有较强的技术 / 功能型职业锚的人往往不愿意选择那些带有一般管理性质的职业。相反，他们总是倾向于选择那些能够保证自己在既定的技术或功能领域中不断发展的职业。

（2）管理型职业锚。管理型职业锚的人会表现出成为管理人员的强烈动机。他们的职业经历使其相信自己具备提升到那些一般管理性职位所需要的各种能力及相关的价值倾向。承担较高责任的管理职位是这些人的最终目标。当追问他们为什么相信自己具备获得这些职位所必需的技能的时候，许多人回答说，他们认为自己有资格获得管理职位，是由于他们了解自己具备以下三个方面的能力：①分析能力（在信息不完全及不确定的情况下发现问题、分析和解决问题的能力）；②人际沟通能力（在各种层次上影响、监督、领导、操纵及控制他人的能力）；③情感能力（在情感和人际危机面前只会受到激励而不会受其困扰和被削弱的能力，以及在较高的责任压力下不会变得无所作为的能力）。

（3）创造型职业锚。部分麻省理工学院的学生在毕业之后逐渐成为成功的企业家。在施恩看来，这些人都有这样一种需要："建立或创设某种完全属于自己的东西——一件署着他们名字的产品或工艺、一家他们自己的公司或一批反映他们成就的个人财富等。"比如，麻省理工学院的一位毕业生已经成为某大城市的成功的城市住房购买商、维修商和承租商；另一位毕业生则创办了一家成功的咨询公司。

（4）自主与独立型职业锚。麻省理工学院的有些毕业生在选择职业时似乎被一种"自己决定自己命运"的需要驱使着，他们希望摆脱那种因在大企业中工作而依赖别人的境况，因为，当个人在某家大企业工作的时候，其提升、工作调动、薪资等诸多方面都难免受别人的摆布。这些毕业生中有许多人还有着强烈的技术或功能导向。然而，他们不是到某个企业中去追求这种职业导向，而是决定成为一名咨询专家，要么是自己独立工作，要么是作为一个相对较小的企业的合伙人来工作。具有这种职业锚的其他人则成了工商管理方面的教授、自由撰稿人或小型零售公司的所有者等。

（5）安全型职业锚。麻省理工学院还有一少部分毕业生极为重视长期的职业稳定和工作保障，他们似乎比较愿意从事这样一类职业：这些职业应当能够提供有保障的工作、体面的收入及可靠的未来生活。这种可靠的未来生活通常是由良好的退休计划和较高的退休金来保证的。对于那些对地理安全性更感兴趣的人来说，如果追求更为优越的职业，意味着要在他们的生活中注入一种不稳定或保障较差的地域因素的话，他们就会觉得在一个熟悉的环境中选择一种稳定的、有保障的职业对他们来说是更为重要的。对于另一些追求安全型职业锚的人来说，安全意味着所依托的组织的安全性。他们可能优先选择到政府机关工作，因为政府公务员看起来是一种终身性的职业。这些人显然更愿意让他们的雇主来决定自己的职业生涯。

6.3.2 职业锚的特点

（1）职业锚产生于早期职业生涯阶段，以员工习得的工作经验为基础。

人在面临各种各样的实际工作生活情境之前，不可能真正地了解自己的能力、动机和价值观，它们将如何相互作用，以及在多大程度上适应可行的职业选择，只有在新员工工作了若干年，习得工作经验后，才能选定稳定的长期贡献区。因此，新员工的工作经验产生、演变和发展了职业锚。在某种程度上，职业锚是由员工的实际工作经验决定的，而不只取决于个人潜在的才干和动机。

（2）职业锚强调个人能力、动机和价值观三方面的相互作用与整合。

锚是员工的才干、动机、需要、价值观和态度等相互作用和逐步整合的结果，而不是只重视其中的某一方面。在实际工作中，新员工重新审视自我，逐步明确个人的需要与价值观，明确自己的擅长所在及今后发展的重点，并且针对符合个人需要与价值观的工作，自觉地改善、增强和发展自身的才干。经过这种整合，新员工找到自己长期稳定的职业贡献区和成长区，明确职业定位，取得自我满足和报偿。

（3）职业锚不可能提前预测，也不是固定不变的。

职业锚是个人同工作环境相互作用的产物。由于实际工作的偶然性，职业锚是不可能根据各种测试出来的能力、才干或动机、价值观等进行预测的。新员工只有在工作实践中依据自身的才干、动机、需要和价值观，经过多次确认和强化以后，才能找到合理的职业定位。同时，个人的职业锚不是固定不变的。随着员工职业工作的进一步发展，以及个人生物社会生命周期和家庭生命周期的成长、变化，员工在职业生涯的中、后期可能根据情况的变化，重新选定自己的职业锚。因此，个人的职业锚实际上是一个在不断探索的过程中产生的动态结果。

6.3.3　运用职业锚进行生涯发展定位

职业锚作为个人的才干、动机和价值观的模式，在个人的职业生涯与工作生命周期中都发挥着锚定人生的导向作用。

（1）运用职业锚识别个人的职业抱负模式和职业成功标准。

职业锚依循着个人的需要、动机和价值观进行，清楚地反映个人的职业追求与抱负。比如，选定技术型/功能型职业锚的员工，其志向和抱负在于专业技术方面的事业有成。同时，根据职业锚还可以判断员工达到职业成功的标准。对于管理型职业锚的员工来讲，其职业成功在于升迁至更高的职位，获得更大的全面管理机会和更高的管理权利；而对于安全型职业锚的员工来说，求得一个地位稳定和收入较高的工作，有着幽雅的工作环境和轻松的工作节奏，便是其职业成功的标准。

（2）通过职业锚有针对性地选择职业生涯发展通道。

职业锚是个人职业方向和路径选择的结果，密切关系到职业生涯的成功与否。通过职业锚的建立过程，可以有针对性地为职业生涯发展设置合理有效、可行、顺畅的职业通道与职业阶梯。而且，职业锚是经过长期的动态探索而确定的职业贡献区域和职业定位，在职业锚形成后，个人便会相对稳定地长期从事某项职业，这样必然能够增加工作经验；随着个人工作经验的丰富和积累、个人知识的扩张，其职业技能也将不断增强，从而能够明显地提高工作效率和劳动生产率，增加企业的效益。

（3）职业锚可为中后期职业生涯发展奠定基础。

通过工作经验的积累而习得的职业锚，清晰地反映着员工现实的价值观与才干，也反映着职业生涯的潜在需求和动机。员工个人寻找职业锚并锚定于某一职业工作的过程，就是个人真正的自我认知过程，就是认识自己的能力、才干、需要与职业价值观，通过职业工作与完整的自我观念相整合的过程，从而选定自己的职业类型，确定长期稳定的职业贡献区域和路径选择。所以，职业生涯的早期锚定是中后期职业工作的基础上，与中后期的职业生涯发展密切地联系在一起。

6.4 目标设立

6.4.1 目标的重要性

只有当个人在头脑中对自己的职业发展方向有清晰的概念时，其为职业发展所做的一切努力才会有意义和方向。

一份关于人生目标的调查发现，在一批学历、智力和环境条件都差不多的哈佛大学毕业生中，有 27% 的人没有目标，60% 的人目标模糊，10% 的人有清晰但比较短期的目标，只有 3% 的人有清晰且长远的目标。25 年后，哈佛大学在再次对这群学生进行调查时发现，3% 有长远目标的人在 25 年间朝着一个方向不懈努力，大多数成了社会各界的成功人士，其中不乏行业领袖和社会精英；10% 有短期目标的人，不断地实现其短期目标，成为各个领域的专业人士，大多人生活在社会的中上层；60% 目标模糊的人有安稳的生活与工作，但都没有什么特别的成绩，大多数生活在社会的中下层；剩下的 27% 的人，因为生活没有目标，过得很不如意，常常怨天尤人，抱怨这个世界“不肯给他们机会”。

从这个调查中我们不难看出：目标对于个人的职业生涯发展具有重大的指导意义。然而在很多时候，大家都忙忙碌碌，选修各种课程、参加各种活动、准备各样考试，却没有目标。很多大学生在感到迷茫的同时不能停下来，花一点时间看清楚自己的方向，只是盲目地奔跑。

目标，就是个人行动的方向、目的。职业生涯目标是指个人渴望获得的与职业相关的结果。职业生涯目标可以通过很多方式影响个人的行为和表现。

第一，它可以刺激高水平的努力。

第二，它可以给高水平的努力固定方向。

第三，它可以提高朝向目标努力的坚持性。

第四，具体的目标有助于形成实现目标的战略。

第五，目标可以衡量行为结果的有效性，向个体提供积极的反馈。

【延伸阅读】

有关调查结果显示，在多数情况下，职业生涯目标的设定对于个体的职业生涯成功是很有帮助作用的。

个人要获得事业的成功，应当按照人生成功的规律来设定行动的目标。也就是说，一个未来的成功者，必定是一个目标意识很强的人。所谓“目标意识”，就是在头脑中始终有清楚的目的，就像准确控制的导弹一样，一直“咬”着目标不放，直到击中目标为止。当这个目标实现以后，他又会盯住下一个目标，直到取得事业的成功。

制定自己的职业目标并没有想象中的那么难，只要考虑一下你希望在多少年之后达到什么目标，然后一步一步往回推算就可以了。

人生要确立一个什么样的事业目标，这要根据主客观条件和可能性来加以设计。每个人的条件不同，所以目标也不可能完全相同，但确定目标的方法是相同的，下面将其基本要点做一介绍。

（1）符合社会与组织需求。职业生涯目标如同一种“产品”，只有这种“产品”有市场，才有“生产”的必要。故在确定职业生涯目标时，要考虑到内外环境的需要，特别是要考虑到社会与组织的需要。有需求，才有位置。

（2）适合自身特点。不同的人有不同的特点，将目标建立在个人优势的基础上，就能左右逢源，处于主动有利的地位。我们要选择与自身长处相符或相近的目标。人之才能，各不相同。目标选择不能偏离自身长处，否则便是自己跟自己过不去，自己为自己设置前进道路上的障碍。有的人选择目标违背以上原则，单凭自己的爱好（爱好并不等于特长），或者盲目追逐世俗的热点，就容易误入歧途。

（3）高低恰到好处。职业生涯目标是高一些好呢，还是低一些好？总体来看还是高一点好。高尔基说过：“我常常重复这一句话，个人追求的目标越高，其才能就发展得越快，对社会就越有益。我确信这也是一个真理。这个真理是由我的全部生活经验，即是我观察、阅读、比较和深思熟虑过后确定下来的。”

大学生的职业生涯目标，应追求符合实际的远大目标，在与实际相符合的范围内，自我确定的目标越高，其发展前途也越大。“志存高远”就是说，当前的行动要立足于现实的大地上，心中要有符合实际的、崇高而远大的抱负，如此，则前途无量。

远大的目标能起到激励作用，能促进学习，改进工作方法，为达到目标而发奋工作。所定目标如果限于自己能力范围之内，只求工作轻松省力，回避新的激励，就可能使人陷于畏缩不前、消极保守的状态。

无论做什么工作，定目标都要瞄准“大目标”，要出第一流的成果、当第一流的专家、当出色的领导者。既然选择从事一种事业，不干则已，干就要干得出色。

当然，目标也不宜过高。如果目标过高，则可能使人悬在幻想的高空，在现实生活中反而一事无成，目标就失去了意义。盲目地过分提高目标中的“勉强度”，也会因好高骛远而导致失败。

值得注意的一点是，目标不是理想，不是希望，而是理想与希望的具体化。理想是对未来事物的想象或希望，是一种崇高的精神境界；而目标是实际的，是具体的。目标与理想的关系是：目标指向理想，二者虽有联系，但不能相互替代。

奋斗目标有高有低，专业面有宽有窄。在目标选择中是宽一点好，还是窄一点好呢？

（4）幅度不宜过宽。专业面越窄，所需的力量相对就越少。也就是说，用相同的力量对不同的工作对象，专业面越窄的，其作用越大，成功的机会也就越多。所以，职业生涯目标的专业面不要过宽，最好是选一个窄一点的方向，把全部身心力量投放进去，则较易取得成功。

例如，某人想成为一名管理专家。此目标定得太宽，因为管理包括许多领域，个人的精力有限，要想成为各方面的管理专家，有点不太现实。如果是想成为一名企业战略管理或品牌管理的专家，经过若干年的努力，就有可能实现。

（5）长短配合恰当。职业生涯目标是长期的好呢，还是短期的好？回答是应该长短配合恰当。长期目标为人生指明了方向，可鼓舞斗志，防止短期不当行为；短期目标是实现长期目标的保证，没有短期目标，也就不会有长期目标。特别是在职业生涯发展过程中，通过短期目标的达成，能体验到达成目标的成就感和乐趣，鼓舞自己为了取得更大的成就而向更高的目标前进。但是，只有短期目标看不到远大的理想，也会影响奋斗的激励作用，还会使事业发展摇摆不定，甚至偏离方向。

（6）同一时期目标不宜多。就事业目标而言，同一时期目标不宜多，而应集中为一个。目标是追求的对象，你见过同时追逐五只兔子的猎手吗？所谓“一只手抓不起两条鱼”，也是这个道理。有的大学生年轻气盛，自认为高人一等，同时设立几个目标。但那样的话，就有可能一个目标也实现不了。并非不能设立多个目标，而是要分开设置。具体地说，就是一个时期一个目标，拉开时间距离，在实现一个目标后，再着手去实现另一个目标。

（7）目标要明确具体。目标就像射击的靶子一样，清清楚楚地摆在那里。干什么、干到什么程度，要有明确具体的要求。比如，从事某一职业、到哪年，学习哪些知识、达到什么程度，都要明确具体地确定下来。

目标明确不仅指业务发展目标明确，与之相应的其他目标也要明确具体。如学习进修目标、思想目标、经济收益目标、身体锻炼目标等，也要有明确的要求。同时要做到互相配合、协同作用，以促进个人的身心、生活和事业的全面发展。

无论是什么目标都应有“度”的要求。所谓“度”，一是时间，二是高度和深度。只有这几个方面完全结合，才能成为明确的目标。

（8）职业生涯目标要与生活目标结合考虑。人生除了事业目标，还有财富、婚姻、健康等问题。这些问题都直接影响着人生事业的发展和生活的质量。所以，财富、婚姻、健康也是人生的重要组成部分，在制定职业生涯目标时应加以考虑。人生立志创一番事业，物质基础是必要的，没有一定的物质基础，事业也难以得到发展。所以，在制定人生事业目标时，适当地对个人收入问题加以设计是非常必要的。其设计的方法是：根据需求和实际能力，把渴望得到的金钱数量用数字表示出来。心中只有笼统的金钱概念，希望有“很多钱”，希望“多多益善”，这些抽象的金钱概念有可能正是造成贫穷的重要原因。因为，人的潜意识只会按照具体明确的目标去行事。

婚姻也是一件人生大事，处理得好，有助于事业的发展，一生幸福；处理不好，不但影响事业的发展，而且可能终生痛苦。

人人都希望健康、长寿，事业发展也离不开健康。但是，人在年轻时对健康一般不太注意，因为年轻人有的是精力和朝气，他们认为健康不必费神；人到年老力衰之时，则哀叹“早知今日，当初有加强身体锻炼就好了”。等到你发出哀叹时，失去的东西就太多了，付出的代价也太大了。最后需要注意，你的职业生涯目标一旦确定，就不用在意别人的闲言碎语，也不用看别人的脸色行事。要明白计划好你的人生、设计好你的发展，是你的义务、你的责任、你的权利。伟人与凡夫俗子的最大区别就是，前者懂得事先设计自己的一生；后者则不懂得或不愿意规划自己的以后。有了接受高等教育的机会，在此期间做好职业生涯设计，正是夯实个人事业基础的最佳时机。

资料来源：石建勋.职业生涯规划与管理[M].北京：清华大学出版社，2009.

6.4.2 设立目标的指导原则

SMART 原则是目标管理的重要原则，它强调目标必须是具体的（Specific）、可以衡量的（Measurable）、可以达到的（Attainable）、该目标必须和其他目标具有相关性（Relevant）、有明确的截止期限（Time-based）。我们可以借鉴这些原则来设立自己的职业发展目标。

（1）具体、明确。不要用含糊笼统的语言，比如，不要说“我的目标是更好地利用时间”，应该说“我一天只能花不超过一小时的时间看电视”，或“我每周要花两小时的时间上网查找有关服装设计师这一职业的资料”。

（2）可量化的。这样才有一个可以衡量成功或者失败的标准，从而可以准确地评价个人是否达到了自己的目标。比如，“加强社会实践”，应改为“在这个月内，参加一个学生社团（摄影协会），并访谈两位摄影师”。

（3）可以达到但有挑战性。也就是说，就自身的能力和特点而言，实现这个目标是现实的、可能的，但又有一定难度。比如说，如果你目前只是一个大四的学生且没有相关的工作经验，却计划在两年之内成为大公司的中层经理，这个目标也许就不那么可行；但如果你计划在十年之内做到技术员的位置，这个目标又过于缺乏挑战性，可能不太有激情去实现了。

（4）目标有意义、有价值，并且有奖惩措施。实现这个目标能带给你成就感、愉快感；反之，则可能使你有所损失。比如，如果你没有按计划在一个月内完成对两位工程师的访谈，就不能在“十一”长假时外出旅游，而要利用七天的假期完成访谈的任务。

（5）有明确的时间限制。不能将目标统统定为“在大学毕业前完成”，而要有计划、分步骤地在限定的时间内完成。以周、月或学期为单位设立目标，会比将事情都堆到在大四毕业前完成要有效得多。

（6）可控性。在 SMART 的几条标准之外，还有一条原则对于目标设立来说是非常重要的，那就是可控性。

可控性主要是指个人对影响到目标实现的因素具有相当的控制能力。比如，“我的目标是在 ABC 公司获得一份工作”，这种表述方式就违反了可控性的原则。因为你能否获得这份工作并不仅取决于你自己。但如果你将目标换成“在下周三之前向 ABC 公司申请一个职位”，就是可行的，因为你能控制相关的因素。目标的可控性原则表明：你必须为自己的目标负责，而不能指望他人来实现一切。当确实需要他人的帮助时，可以表达需求，争取合作，但同时期望不能过高，必须做好被拒绝的准备。确切地说，个人能够控制的只有自己，因此目标也必须完全地“属于”个人。

采用上述原则设立目标的好处是：它使所制定的目标与计划有实现的可能，并且可以帮助个人在一段时间之后回顾总结自己所取得的进步与不足，明确自己该干什么及干得怎么样。

6.4.3 如何对个人的职业目标按时间进行分解

与职业生涯的规划相对应，个人职业目标按时间可以分为人生目标、长期目标、中期目标和短期目标。

（1）人生目标。指整个人生的发展目标，时间长达 40 年左右。一般来说，短期目标服从于中期目标，中期目标服从于长期目标，长期目标又服从于人生目标。实施目标通常是从具体的、短期的目标开始的。

（2）长期目标。时间为五年以上的目标，它通常比较粗略、不具体，可能随着内外部形势的变化而变化，在设计时以画轮廓为主，其主要特征有：

- 目标有可能实现，具有挑战性
- 对现实充满渴望
- 非常符合自己的价值观，为自己的选择感到自豪
- 目标是认真选择的，和社会发展需求相结合
- 没有明确规定实现时间，在一定时间范围内实现即可
- 立志改造环境

（3）中期目标。一般为 3~5 年，它相对长期目标要具体一些，如参加一些旨在提高技术水平的培训并获得等级证书等。其特征主要有：

- 通常与长期目标保持一致
- 是结合自己的志愿和企业的环境及要求来制定的目标
- 用明确的语言来定量说明
- 对目标实现的可能性做出评估
- 有比较明确的实现时间，且可做适当的调整
- 基本符合自己的价值观，充满信心，愿意公布于众

（4）短期目标。通常是指时间在 1~2 年内的目标，是中期目标和长期目标的具体

化、现实化和可操作化呈现，是最清楚的目标。其主要特征有：

- 目标具备可操作性
- 明确规定具体的完成时间
- 对现实目标有把握
- 服从于中期目标
- 目标需要适应环境
- 目标要切合实际

6.4.4 行动计划示例

仅有目标和计划还不行，最重要的是落实到行动。当我们把自己的中长期目标分解为一个个小的短期目标时，就有了具体的行动计划和步骤。这样做有助于个人对自己的职业生涯发展进行管理。

举例来说，如果你现在刚上大三，行政管理专业，希望在五年以后成为一名世界500强企业的人力资源专业人士。那么，将这个目标从远至近倒推回来：四年内要获得一家世界500强企业的工作机会，大学毕业时应当获得一家公司人力资源部门的初级职位，大三暑假开始应当争取进入一家公司的人力资源部门实习。按照这个节奏，大三的春季学期就应当开始投递简历，寻求实习机会。因此，在大三的秋季学期，你就应当写好自己的简历，列出有可能向你提供相关信息的资源并开始关注感兴趣的实习单位，同时要阅读一些人力资源相关专业的书籍。

再比如，假设你的目标是在秋季学期结束前完成初步的职业生涯规划，那么你的小目标可以是以下内容。

（1）买几本职业生涯规划指导的书籍，从下周一开始阅读，至少每两周读完一本。

（2）11月完成就业指导中心提供的职业兴趣和性格测评，并就测评结果与就业指导老师面谈一次，以更好地了解自我。

（3）12月参加学校组织的就业指导讲座和企业的校园宣讲会，了解一些基本的关于工作世界的信息。

（4）在网上搜索自己感兴趣的行业或企业的信息，了解企业对你的意向职业的一般要求是什么。

（5）有针对性地补充目前所欠缺的专业知识。同样可以是阅读专业书籍的方式，每周看1~2个章节。

（6）寻找1~2个生涯人物进行访谈。

6.5 职业发展路径选择

所谓职业发展路径，是指在个人确定了自己的人生目标和职业理想后，为了实现人生目标和职业理想所选择的发展道路。人生目标和职业理想是一种终极的生存和工作状态，它可能需要我们通过一生的努力才能实现。在这个过程中，我们必须首先选择一个最初的切入点，这个切入点应该具体到某一个行业的某一类职业，然后以此为起点设计自己的发展路径。

在确定了以某一行业的某一类职业为切入点后，接下来的发展道路还有很多。比如，进入 IT 行业，一开始可能在某个公司的某个部门熟悉业务，但在工作一段时间后，一般都会面临是做纯技术类工作，还是做销售或管理类工作的选择。只是这种选择可能是主动的，也可能是被动的。不同的路径就有不同的实施方案。通常来说，基本的职业发展路径有以下几种。

（1）专业技术型发展路径。指工程、生产、财会、法律等职能性专业方向，需要有一定的专门技术性知识和能力，其相应的职业成就包括技术职称的晋升、技术性成果的认可，以及业内知名度的提高等。

（2）行政管理型路径。把管理这个职业本身视为自己的目标，需要有良好的个人综合素质、人际关系技巧和领导才能，相应的职业成就包括行政职位的晋升、管理权限的扩大等。

（3）市场销售型路径。将营销物质产品或精神产品作为自己的职业，需要有敏锐的市场嗅觉和反应能力、出众的表达能力。相应的职业成就包括销售业绩的不断提高，以及随之而来的财富增长以开创完全属于自己的事业为目标，需要有充足的资本及条件、敏锐的市场大局观。

（4）自我创业型路径。过硬的心理素质和综合能力，相应的职业成就包括打造自己的品牌并成功地立足于市场，在经济收入上有丰厚的回报。

【本章小结】

职业决策是个人根据职业期望和兴趣等条件，经过一系列认知活动以后，进行的目标选择，并为实现目标制订行动方案和选择发展路径。职业决策不单单是一种结果，而是一个复杂的认知过程。个人的职业选择恰当与否，关系到其职业意愿、兴趣能否得到满足，关系到其才能能否得到发挥，关系到其在岗位上的工作状况，也关系到其一生的生活道路。

职业决策受内外部环境的影响，可能遇到一些苦难，决策过程也是一个不断调适个人与职业的过程。因此，要注重培养个人的决策能力。

职业决策要运用科学的方法，如SWOT决策模型、CASVE循环模型、生涯平衡单、职业决策阶段论等。

人们在选择和发展自己的职业时所围绕的中心就是职业锚。个人对自己的天资和能力、动机、需要及态度和价值观有清楚的了解之后，就会意识到自己的职业锚到底是什么。职业锚可以帮助我们更准确地确定职业价值观，定位职业生涯。

职业生涯发展应有明确的目标。只有当个人对自己的职业发展方向有清晰的概念时，其为职业发展所做的一切努力才会有意义和方向。根据职业生涯发展目标，选择相应的职业发展路径，同时要为实现目标制订行动计划。

【思考习题】

1. 什么是职业决策？影响职业决策的因素有哪些？
2. 职业决策的方法和工具有哪些？请选择一种简要介绍。
3. 什么是职业锚？在个人职业生涯发展过程中，职业锚如何发挥作用？
4. 简述目标设立的指导原则。
5. 常见的职业发展路径有哪些？结合自身情况，谈谈自己更适合哪种职业发展路径。

【案例分析】

【案例 6-1】小李与小荆

1. 两难的选择

小李是某大学金融专业品学兼优的优秀毕业生。父母都是普通的农民，没有可以利用的人脉资源。在毕业求职时，她选择了中国农业银行总行和一家外国独资企业作为自己的求职目标单位，积极地投递了自荐信和履历表。小李通过笔试、面试，一路过关斩将，最后在一周之内收到了这两家单位的签约邀请。取谁舍谁？小李没有立刻决断而是广泛征求父母、老师和同学的意见。她得到的建设性意见基本分为两个方面。一方面认为去外资企业工作利大于弊。其根据是，外资企业利于个人的发展，工资待遇高，流动比较容易，出国留学比较方便；不利的是，如果工作不努力的话，容易被“炒鱿鱼”。另一方面认为去中国农业银行工作利大于弊。其根据是，女生适合从事比较稳定的工作，国有银行工作风险不大，劳动强度不高，待遇虽然没有外企高，但是内部福利不少；不利的是工作合同年限较长，不方便出国留学和适时的流动。小李综合各方面意见，分析自己的性格特点、两家单位用人的标准和自己将来的发展趋向，在两家用人单位的最后答复期限内，选择了中国农业银行总行，婉言谢绝了外国独资企业的邀请。

2. 举棋不定独守“闺房”

小荆是某大学汉语言文学专业的毕业生，家庭条件优越，从小备受父母呵护。小荆生活了20多年，基本上没有自己拿过什么大主意，全是依赖别人替他安排各种事宜。他大学四年博览群书，是位学识渊博的学生，同学送他绰号“博士”。但是“金无足赤，人无完人”，小荆有一个致命的弱点，就是“耳软心活”，自己没有主心骨。小荆毕业那年，对于自己的工作没有认真思考过，所以当开始进行择业活动时，小荆对于工作去向并没有自己的目标和主见，基本上都是听从家长和同学的指导意见。所以在择业过程中，只要是招聘自己所学专业的单位，小荆都积极地前去应试。每次和单位接触之后，就和同学讨论，请同学提出意见。由于同学对就业岗位的认识有异，小荆拿不定主意听谁的好了，然后就给家里打电话征求父母的意见。这样决策的结果，或是由于周期过长，延误了用人单位指定的答复期限，没有被录用；或是由于众人评述用人单位好与不好的理由让小荆觉得都有一定道理，迟迟不能下定决心给用人单位回信，时间在这种无效的消耗中流失。当同学绝大多数奔赴新的工作岗位时，我们的“博士”回到家中，成了“毕业即失业”的大学生。

资料来源：全国高等学校学生信息咨询与就业指导中心. 放飞的故事：大学生就业案例分析[M]. 北京：高等教育出版社，2003.

讨论题

1. 小李能够成功决策、顺利就业的原因是什么？
2. 小荆错失就业良机的根源是什么？

【案例 6-2】把眼光从小圈子中解放出去

雷切尔生于加利福尼亚州的戴维斯，父母都是经济学家。雷切尔在青少年时期就立志成为专业芭蕾舞演员，她在18岁时遇到了职业生涯的第一个十字路口。纽约市声名远播的美国芭蕾舞剧院邀请她前去表演，担任指导的是米凯亚·巴瑞辛尼科夫。她应该继续在加利福尼亚州念大学，还是到遥远的纽约成为一名职业舞者呢？家里有些人很担心：“纽约太可怕了，你在那里会遇到不幸的。”

雷切尔选择了跳舞、巴瑞辛尼科夫和美国芭蕾舞剧院。

雷切尔作为芭蕾舞演员的早期职业生涯一切顺利，直到24岁那年踝关节严重受伤。在得知身体机能最多只能恢复到95%，而且将长期忍受痛楚时，雷切尔意识到自己需要退出芭蕾舞演员的生涯，寻找新的东西了。可是该选什么呢？她已经24岁了，大部分传统的顶级高校都不愿意录取她。不过，比大多数学校更开放的布朗大学向她提供了哲学系的奖学金。这一次，也不是所有家人都认为这是个好主意。

毕业时，雷切尔发现自己还是想为振兴艺术做些事情。她想，也许可以去当律师。可是一个做律师的朋友给了她一些好建议："如果你真心想要改变艺术家和艺术事业，那就从商业上帮助他们。你可以为艺术组织工作，让它们良好地运作起来，也让艺术家们能专心创作。"

于是雷切尔就报考了商学院，并获得了哥伦比亚大学的艺术管理硕士学位。在之后的10年里，在华盛顿特区和新英格兰地区，雷切尔展开了作为艺术行政人员的职业生涯的早期阶段。为了偿还贷款，她帮助市长将艺术带入社区，开办了一家小型芭蕾舞公司，在一家面向有色人种儿童的古典音乐学校里教书，还在波士顿芭蕾舞团（Boston Ballet）工作。在这一过程中，雷切尔吸取了许多教训，例如，她有时不得不通知供应商款项会稍晚一些到位，因为公司根本就没钱。"类似这样的经历让你能认清自己"，令她最心痛的一件事发生在董事会成员与员工之间，他们因为人力资源问题发生了激烈的争吵，"董事会做得不对。我失去了信仰，又不得不硬着头皮继续下去"。

在将近20年前，雷切尔以职业芭蕾舞演员的身份首次在美国芭蕾舞剧院登场；20年后，当美国芭蕾舞剧院找她作为他们的执行董事候选人时，雷切尔的职业生涯转了一个圈又回到了原点。美国芭蕾舞剧院的职位分量重、名气大，但是要求高。他们的预算高达4 500万美元，员工数量约700名，而且正面临着一系列严峻的挑战。雷切尔在候选人当中是一匹"黑马"。她是最年轻的候选人，而且美国芭蕾舞剧院从来没有为最高层的职位招收过女性或前任舞者。最终，她赢得了这个职位，并且在接下来的11年半时间里巩固和建设美国芭蕾舞剧院。为了完善自己的管理技巧，她报名参加了斯坦福大学商学院关于非营利性领导力的奖学金计划。"我认为自己能够适应美国芭蕾舞剧院工作的关键在于，我在工会谈判时有足够坚定的立场和商业头脑，而在处理艺术家和艺术方面的事务时又足够温和。"她最自豪的时刻之一就是，支持米丝·科普兰（Misty Copeland）成为美国芭蕾舞剧院75年来第一位非裔美籍的首席芭蕾舞演员。

雷切尔的旅程还在继续。在过去的一年里，她出版了一本自己的书，并接下了另一个重大职位——洛杉矶音乐中心的总裁兼首席执行官。雷切尔精通的领域是商业和艺术的交集，这一点与众不同。她定期指导年轻的艺术家，常常传授一些基本的生存技能。“在过去，像茱莉亚音乐学院这样的顶级院校的毕业生都能在某个管弦乐队里谋得一份不错的工作，而且相当稳定。从前那个世界的结构强而有力，能提供保障和明确的道路。如果你进来了，就不会被挤出去。”而如今，就算是从茱莉亚音乐学院毕业的尖子生也得拼命努力才能找到工作，但同时他们可选择的路更多了。没有创业精神的艺术家可能感到很痛苦，因为现在有一种现象：艺术家并非因为作品不佳，而是因为自我营销不够而遭遇失败，雷切尔对此感到痛心。她总是问那些有抱负的艺术家：“你们做的东西为什么与众不同？又为什么能被这个世界关注？”她鼓励年轻艺术家向传统的可持续艺术职业生涯发起挑战。“花20万~30万美元换来5大艺术院校的学位能带来多大的价值呢？只有少数真正的幸运儿当上了明星，那样才能有较高的投资回报率。”但是雷切尔认为，还有一种路径是，“在你想要从事的领域找一个项目或一个专业的老师，它们很可能并不属于那些有名气的一线院校，真正的价值来自特定的老师和项目。”

雷切尔认为，“演员兼服务生”的双重身份并不是最好的职场路径。她觉得这并不是一种行动力强的职业组合，而是“失败的或不专心的演员”。她建议年轻艺术家多参与一些与艺术相关的业务，让自己与艺术保持更多的联系。她特别喜欢教师或伴奏这样的工作，因为艺术家能在赚取体面、稳定报酬的同时，依然与自己的热情紧密相连。雷切尔越来越强烈地建议艺术家培养营销技能，并开辟自己的电子商务渠道。支出管理对于有抱负的艺术家来说也是一项关键技能。你真的需要住在纽约、伦敦或洛杉矶，才能发展自己的技艺吗？底特律的视觉艺术家现在不是风头正劲吗？那里的平均房价还不到20 000美元。

对于那些不仅有志于成为艺术家，而且想做艺术管理方面顶尖领导者的人，雷切尔给出了这样的建议：“清点你的财务状况。财务是大部分艺术组织的阿喀琉斯之踵。充分理解资产负债表、预算和成本控制，想清楚如何产生收益，而不是守株待兔。你的头等任务是为组织赚钱或筹集资金，所以人际交往并不是什么蠢事，而是必须做的事情。你并不一定得叨扰别人或乞讨，而是要寻找用互惠互利和资源置换的方式来建立人际关系的机会。”雷切尔还说：“你可以多找几名导师，把眼光从目前的组织和派别的狭小圈子中解放出去，看看更大的世界。我们能从其他领域学到什么呢？不要过河拆桥，要友善待人。我就是过了将近15年，才回到美国芭蕾舞剧院得到一份好工作的。最后，不要在艺术家们还没开始尝试时就泼冷水。他们都是大孩子，市场会让他们自己领悟的。”

资料来源：布赖恩·费瑟斯通豪.远见[M].苏健，译.北京：北京联合出版公司，2017.

讨论题

1. 从雷切尔的经历中，你得到了什么启示？
2. 评价雷切尔职业生涯的每一个职业决策对她职业生涯成功的影响。

【本章实训】

通过填写表 6-2，选择一种职业决策方法，尝试确定自己的职业生涯发展目标。

表 6-2 个人职业生涯规划

<table>
<tr><td>姓名</td><td></td><td>性别</td><td></td></tr>
<tr><td>年龄</td><td></td><td>学历</td><td></td></tr>
<tr><td>所学专业</td><td></td><td>职业类型</td><td></td></tr>
<tr><td>目前所在部门</td><td></td><td>目前任职岗位</td><td></td></tr>
<tr><td colspan="4">人生目标
（1）岗位目标
（2）技术等级目标
（3）收入目标
（4）社会影响目标
（5）重大成果目标
（6）其他目标

人生观简要文字说明：
实现人生目标的战略要点：</td></tr>
<tr><td colspan="4">长期目标
（1）岗位目标
（2）技术等级目标
（3）收入目标
（4）社会影响目标
（5）重大成果目标
（6）其他目标

人生观简要文字说明：
实现人生目标的战略要点：</td></tr>
</table>

续表

中期目标 （1）岗位目标 （2）技术等级目标 （3）收入目录 实现中期目标的战略要点：
短期目标 （1）岗位目标 （2）技术等级目标 （3）收入目标 短期的计划细节： （1）短期内完成的主要任务 （2）有利条件 （3）主要障碍及其对策 （4）可能出现的意外和应急措施 年度目标及年度计划的细节通常另行安排，以保持生涯计划的相对稳定性
职业生涯规划人（签字）： 制定个人的职业生涯规划日期：　　　年　月　日

第 7 章 求职行动

学习目标

了解用人单位的招聘流程，知晓其发布招聘信息的途径

能够对自我进行准确定位，通过合适的途径，寻找与自身相匹配的工作平台和职位，警惕招聘陷阱

掌握如何用一份好的简历和自荐信推销自己

掌握面试前所需要做的准备及求职礼仪

关键术语

就业；工作平台；简历；面试；求职礼仪

引导案例

三位大学生的面试表现

张同学的求职意向首选是国际四大会计师事务所，经过层层筛选，他如愿进入普华永道和安永华明的最后一轮面试，也就是去见事务所的合伙人。能在数千大军中杀到见合伙人已实属不易。然而，在见合伙人的时候，他特别紧张。在见普华永道的合伙人时，他叫错了合伙人的名字，并且临走时把包忘在了合伙人的办公室里；在见安永华明的合伙人时，由于是英文面试，他重复一个英文单词数遍，唯恐

对方听不清楚，直至那位合伙人亲自打断并说明他已经明白了张同学的意思，他才明白该适可而止。结果是，两家国际一流的会计师事务所都在最后面试时将他拒之门外。

李同学在中信集团总部面试时，面试官问他对中信了解多少。他想了半分钟，然后说："我接到面试时还没来得及查看中信的资料，所以不太了解。"面试官对他说："我们招人自然希望他能了解中信，你还是回去再多了解了解吧。"

赵同学在人民银行面试时，面试官问他为什么想来人民银行。赵同学心里想："还不是因为人民银行的权力大。"但又碍于不方便直白地说这样的话，他一时没了主意，在语无伦次中和人民银行说了再见。

资料来源：李癒. 求职面试案例解析[J]. 职业技术教育，2003（20）：12-13.

7.1 寻找就业机会

7.1.1 了解用人单位的招聘流程

有了开启职业生涯的充足准备，接下来的关键一步就是获取就业信息，寻找就业机会。寻找就业机会是最具挑战性的工作之一。知己知彼，百战不殆，用人单位的招聘流程是重要的就业信息。作为求职者，要了解用人单位的招聘程序和过程，并把自己的求职活动调整到与用人单位的招聘活动较为一致的步调，有的放矢地准备材料和进行时间规划，才能够提高求职的效率，增加成功的概率。用人单位的招聘流程通常包括以下几个步骤。

（1）确定需求和招聘计划。用人单位根据自身的建设和发展状况，确定当年需要招聘毕业生的岗位、人数和条件等，同时根据要求制订详尽的招聘计划。

（2）发布需求信息。用人单位在确定了需求信息后会及时向外发布，其发布的主要渠道有：

① 政府教育主管部门所属高校毕业生就业指导中心；

② 高校毕业生就业工作部门；

③ 在自己的网站上发布信息，供学生上网浏览；

④ 通过参加各种招聘会发布信息；

⑤ 通过电视、报纸、广播等媒体发布需求信息。

（3）举办校园宣讲会。为了在毕业生中进行广泛宣传，一些用人单位（主要是企业单位）还会到学校举办校园宣讲会，介绍单位的建设、发展情况、人才需求情况及发展机遇、用人制度和企业文化等，并回答毕业生关心的各种问题。校园宣讲会是毕业生全面了解招聘单位的好机会。

（4）收集应聘信息。用人单位想要招聘到优秀的大学毕业生，就需要广泛收集应聘信息。收集学生信息的主要渠道如下：

① 从政府教育主管部门所属高校毕业生就业指导中心及高校就业工作部门获取学生信息；

② 通过供需洽谈会和毕业生就业市场收集学生信息；

③ 在高校就业网站上收集学生信息；

④ 通过学生的自荐获取学生信息；

⑤ 有的学生通过招聘网站刊登自己的“求职广告”，这也是用人单位获取学生信息的渠道之一。

（5）分析应聘材料。对收集到的应聘学生信息进行分析处理，初步选出符合自己条件的学生，以进行下一轮筛选。一般而言，用人单位注重的学生资料包括性别、专业、生源地、知识水平、能力及综合素质。

（6）组织笔试、面试。一些用人单位以笔试的形式了解毕业生。对于笔试的时间、地点等内容，用人单位会提前通知。有的用人单位会组织几次面试，每次面试参加人员及考核的侧重点各不相同。

（7）签订协议。用人单位经过各项考核后，决定录用毕业生，这时必须签订就业协议书确定双方意向。就业协议书签订后具有法律效力，任何一方如想违约，都必须遵照协议书上的约定承担违约责任。有些用人单位还会同时与毕业生签订劳动合同，明确双方的责权利。

7.1.2　准确定位

随着互联网招聘平台如雨后春笋般地涌现，获取就业信息比过去更便捷，并且信息数量更多。但这并不意味着如今找工作比过去更容易。空缺的岗位、招聘的需求到处都有，但重要的是要找到“你的”工作，而不是“一份”工作。想在大量的纷繁信息中找到符合自身条件和职业生涯发展目标的就业信息，这也是一门“技术活”。

如果请朋友推荐一份工作，他或她的脑海中可能在瞬间会冒出很多工作，但无法判断究竟哪个更适合你。因为朋友只知道你对工作有需求，但并不清楚你对工作内容和目标的具体需求。因此，你必须明确地表达“我想要找一份 ×× 样的工作”。只有目标明确，才能有切实的行动。

当个人对自身能力和自己的期待不够了解时，往往会忽略自己的竞争力，在广阔的平台上盲目地投简历。他们把所有可能的招聘信息都当作机会来看待，结果常常难以在简历和面试中准确而有力地表达自我，求职结果不理想，久而久之失去对自己找到一份好工作的信心；或者，即使最终找到了一份工作，也不一定是自己想要的。因此，在对自我和工作世界具有充分认知的基础上，尽可能清晰地描述想要的工作，才能从找“一份”工作转变为找“你的”工作。

求职对大多数人来说是一个漫长而艰苦的过程，我们有时会羡慕别人的好运气，但这只是表面现象。一个做好充分准备、有明确目标的人，在任何时候都更容易抓住机遇，所以对他们来说，处处都有好运气。

7.1.3 寻找就业机会的途径

寻找就业机会需要积极主动，要自己去找机会、抓机会，切忌等别人提供机会。很多大学生常常希望学校能够提供实习和就业的机会，尽管这是一个发现就业机会的途径，但仅依赖于此是很难实现就业目标的。每个人在寻找就业机会时都应该主动出击，毕竟我们才是自己职业生涯规划的主人。

我们的世界正在以惊人的速度发展，科技的变革持续地改变着我们获取信息的方式。互联网时代，网络是信息传播最快捷的媒介之一，一些传统的寻找就业机会的途径，如报纸广告、线下的人才中介等由于信息传递、更迭效率的低下已逐渐被弃用，过去关于工作内容和方式的许多认知将逐渐消失，取而代之的是更广阔的空间和更丰富的选择，以及更有意义的事业。从用人单位的一般招聘流程来看，学校的学生就业指导中心、现场招聘会仍是大学生寻找就业机会的主要途径。此外，社会网络也是一个不可忽视的有效途径。当然，利用生产实习、社会实践、毕业实习等机会收集就业信息，或通过寄自荐信、打电话、登门拜访等方式寻求工作机会也是很好的选择，但往往需要更多的勇气和更充足的准备。

（1）互联网 + 招聘。互联网 + 招聘使劳动力市场更加开放，更便于用人单位与求职者之间的互动。网络媒体，如综合类的搜索网站和门户网站；专业服务类的人才招聘网站和各地区高校就业信息网；网上学生社区，如名校 BBS 等，都为大学生就业提供了大量的信息来源。当然，每个网站各有千秋，表 7-1 列举了几个知名的招聘网站，求职者可以根据自己的实际情况选取符合个人定位的网站，更集中、快速地获取适合自己的信息。但同时要提醒求职者的是，网络上的信息鱼龙混杂，招聘网站只是一个提供信息的平台，对于信息的准确性和可靠性还需要求职者慎重鉴别，以免落入招聘陷阱。

表 7-1　知名招聘网站比较

名　称	定　位	特　点	缺　点
智联招聘	传统网络招聘渠道	网站管理规范，职位种类多且集中于传统行业	新兴职业和高端职位较少，简历搜索不精确
51Job	传统网络招聘渠道	传统行业职位居多，语言媒体类较集中，如制片人、教师、翻译等	新兴职业和高端职位较少
拉勾网	互联网行业招聘渠道	专注于互联网行业或互联网相关职位的信息发布，技术、运营类职位数量及质量在同行业排名领先	首页搜索功能不够智能
猎聘网	中高端人才招聘渠道	市场、运营类职位为主，中高端职位集中	技术型职位较少
领英	高端人才招聘渠道	高端职位和高端人才集中	偏社交功能，招聘属性弱
Boss 直聘	新兴互联网招聘渠道	销售、客服类中低端职位较多	知名企业或高端职位较少

资料来源：http://www.sohu.com/a/279464265_263537.

（2）学校的学生就业指导中心。普通高校通常设立学生就业指导中心，以为毕业生提供专门的就业指导及咨询服务。用人单位通常会与学校的学生就业指导中心联系，要求学校帮助发布招聘信息或推荐人才。学生就业指导中心每年对不同专业的就业趋势进行分析，以及对用人单位招聘启事等信息进行收集，并发布到就业网上，供求职学生查看。因此，充分利用学校提供的有利资源，或许能够事半功倍。

（3）现场招聘会。现场招聘会分为校园招聘会和人才市场招聘会。一般来讲，校园招聘，尤其是校园宣讲会，通常是知名大中型企业招聘应届毕业生的主要途径，更是大多数应届毕业生的求职首选。即使招聘职位与自己的专业相差甚远或并不在自己的学校举行，也建议去现场感受一下招聘的气氛，多争取一次面试机会，就会多一些遇到自己理想职业的希望。

（4）社会网络。通俗地讲，利用社会网络寻找就业机会就是经熟人介绍。熟人介绍的工作有一定的安全保障，并且由于熟人比较了解你的个性、兴趣等，这样获得的工作机会符合自己期望的概率也会相对较高。这种求职方式也适用于职业生涯中后期，尤其是在 40 岁以后，打算通过跳槽来实现更高的职业目标时，熟人的推荐比盲投简历求职要有效得多。

因此，大学生在校期间就可以通过加入一些团队、积极参加社会活动来建立自己的社会网络。当然，建立社会网络不能带有太强的功利心，不能单纯地把它当作找工作的工具。任何关系的维护都是双向的，大家的信息、资源共享并传递，才能从泛泛之交发展为互相支持、互相帮助的亲密伙伴。

【延伸阅读】

求职途径成功率排行榜

1. 利用互联网来看公司网站、中介网站，或者把自己的简历贴在网站上等人来看。（1%）

2. 随意地挑选报纸、电话簿上的公司，寄出自己的简历。（7%）

3. 关注自己行业内发行的专业杂志、新闻简报上的招聘广告，并且前去应聘。（7%）

4. 关注登载在本地报纸上的招工广告，并且前去应聘。（5%~24%，取决于工资要求）

5. 通过私人的就业中介。（5%~24%，取决于工资要求）

6. 参加招聘会，和雇主直接见面，当面由雇主挑选。（8%）

7. 参加超级社团，做一个立体简历。（40%）

8. 通过当地政府人力资源部就业辅助中心寻求机会。（14%）

9. 向朋友、旧同事、老乡、亲戚打听，经他们介绍。（33%）

10. 不管对方有没有空缺，有没有登广告，直接找那些自己感兴趣的企业，亲自登门拜访。（47%）

11. 翻开电话簿，找到自己认为可以的企业，打电话去看他们是否在招人、自己是否符合要求。（69%）

资料来源：https://blog.csdn.net/baobeiSimple/article/details/1506334.

7.1.4 选择一个好的工作平台

很多大学生在选择就业机会时倾向于进入大型国企、国家机关或事业单位，以拥有一份稳定的工作。然而，稳定很有可能成为阻碍职业生涯发展的一大障碍。世界的变化日新月异，经济发展步入新常态，大部分按部就班的工作已经很难实现更好生活的梦想了，而我们也进入了一个选择比努力更重要的时代。我们在选择一个职业、一份工作的同时，也要选择一个好的工作平台。

那么，什么是工作平台？所谓工作平台，不是你找到的某一份工作或一个职位，而是在这份工作或这个职位背后的组织所能够提供的基础环境。组织规模多大？效益如何？待遇如何？发展前景怎么样？同一类型的工作或职位，在不同的平台上，起点和最后的结果差距巨大！对于即将毕业的大学生而言，人生的第一份工作非常重要，在跨出去第一步之前一定要想清楚。

一个好的平台可以帮助个人开拓视野。那么，到底什么样的平台才算是好的呢？在你没有工作经验的时候，首先要看组织文化与个人的价值观是否相符；其次要看平台有没有发展机会；最后要考虑领导对这个职位的期待与自己的人生规划是否相吻合。对于前两者不够满意的不建议考虑，因为不具备长久发展的条件和动力；如果前两者满足而对最后一点不够满意，就要权衡是调整自己的人生规划还是果断放弃。

判断平台的好坏要观察面试你的同事、领导，他们的水平在很大程度上决定了你成长的速度和高度。个人认知的层次，一是取决于所站的位置、拥有的资源；二是取决于身边人的认知层次。领导的格局小，那么其下属的视野也会受到局限，努力很可能得不到肯定。一个好的平台，一定能够让个人见识到更大的世面，带给你更优秀的同事、领导和客户，个人做事的格局也会提升许多。

另外，要看组织内部的制度。成熟的平台有较完善的管理体系和完整的工作方法，可以帮助初入职场的新人建立好的工作习惯和工作思维。不要对影视剧里的情节信以为真，不按套路出牌、不循章做事的风格并不符合现代企业风险管理的要求。规范化的做事方法可以体现个人的职业精神。

了解以下内容可以帮助我们判断平台的优劣。

（1）组织的发展历史、发展方向及未来潜力。

（2）组织的产品和服务模式。

（3）与行业的主要竞争者相比，组织的优势是什么。

（4）组织文化、组织结构、管理风格和工作氛围。

（5）组织的培训和员工发展计划。

（6）知识或技术的使用情况。

【延伸阅读】

网上曾有一篇热帖“我在部委这十年”，讲述了作者在国家某部委的十年职业生涯，不到30岁被提拔为副处级干部，34岁任正处，看起来非常励志且充满正能量。但同样有身处政府重要部门，优秀和努力程度都有过之而无不及的同龄人，却由于机构职数的有限，迟迟没有上升的职位和空间。当成长跟能力无关时，就是重新审视工作平台的时候了。

如果你在职场非常努力，但仍没法做到优秀、不能得到提拔，不妨回头看看，是不是这个平台本身就不适合自己，或者这个平台本身就没有多少发展机会。你的能力与天赋能决定你能达到的上限，但你所处的平台决定了你的起点。然而有时候，平台与平台之间的巨大差距，可以抹掉你的天赋，甚至你所有的努力。

你需要的，不仅是一个适合自己的平台，而且在不同的人生阶段、不同的条件下，你需要的平台是不一样的。比如，在刚毕业的时候，你需要的可能是一个能尽情发挥自己才能的地方。人际关系要和谐，名字听着要能吓唬住人，向上发展的机会要多一点，即使工资低一点、加班多一点、不那么稳定也无所谓。到了三十岁，当你面对生活的重重压力，你对平台的要求又变了，你需要的是一个工资高一点、职位提升快一点的平台。有些人为此宁愿放弃原本稳定的工作，跳出现有的平台。中年以后，你需要的是一个工作稳定、能照顾家庭、收入不低的平台，最好是一些知名企业。到了快退休的时候，你需要的是一个退休有保障、医疗有保障、工作不太累的平台……这只是大体的分类。具体到每个人，不同的家庭背景、面临的经济压力，甚至情侣间的情感状况，都会影响个人选择什么样的平台，以及在不同的平台里过得怎么样。

甲之蜜糖，乙之砒霜。人的职业生涯非常宝贵，不要把时间浪费在不合适的地方，莫名其妙地去经历那么多所谓的磨难、挫折。尽管我们反复提倡年轻人不要怕吃苦，但怕的是无原则的吃苦；我们也不怕磨炼，但怕的是没有成长的磨炼。尤其是，有些磨难挫折是你换个思路、换个单位就能避免的。就算在吃苦磨炼后你成功了，那也一点都不励志，因为这是在走弯路。

弄不懂自己有什么、还需要什么的人，很难选对自己要走的路。对年轻人而言，一个平台上最值得关注的东西就三样：前途、钱途、潜途。分别对应事业发展、物质基础和个人成长三个维度。

换句话说，就是看这个地方有没有发展前景（如初创期的滴滴，虽然赔钱，但这种商业模式大家都认可）；给的钱够不够多（如有一段时间的华为，不管别的怎样，工资高是不争的事实）；在那里能不能得到锻炼、长本事（如当年“四大”的员工，基本都炼成了“真金”）。在面对不同的平台，不知道该如何抉择的时候，就先拿这三样去套，一般不会有错。

要对不同的平台做出精准判断，可以主要依赖以下信息来源。

▶社会公认度

比如，即使你完全不了解BAT，但通过网上评价，大概也知道这三家公司是中国最大的互联网公司，待遇都不错，进了这样的平台，至少也可以“镀镀金”等。

▶内部人士的消息

可以向在该平台工作的朋友打听，比较全面、真实地知悉相关情况。不过，如果找不到这样的人也不要紧，有些问题可以在面试的时候直接问HR，因为他就是这个平台的代表。

▶第三方机构

网上有很多第三方机构会对你将要选择的平台做出客观评价，比如一些找工作的App。假如这个平台已经上市，你还可以通过公开披露信息，了解它的财务状况、经营状况。

▶利用去该平台面试的机会，抓紧时间观察分析

夸张一点讲，从停车场里的车，特别是豪车数量对比员工人数，可以了解一家公司的平均薪酬水平；从卫生间有没有厕纸、厕纸是几层的，可以知道一家公司的后勤保障水平……

除上面的方法外，还可以通过各种方式进这些平台的内部网站、论坛、内部群等，只有在这样的地方，才更有可能了解一个平台最真实的情况。

总之，这世界到处都是真相，就看你有没有一颗“柯南的心”。

资料来源：https://mp.weixin.qq.com/s/_hHGBaIKVkYt8LFNeOGPUA.

7.1.5 警惕就业陷阱

每年的毕业季都有数百万高校毕业生步入社会。对于涉世不深的大学生来讲，就业路上难免遇到各种各样的“陷阱”。一些不法分子面对数量庞大的“求职大军”，处心积虑地挖“坑”，利用大学毕业生求职心切的心理进行诈骗。因此，大学生在选择就业机会时要提高警惕，注意识别和防范就业陷阱。

（1）辨别就业信息的真伪。通常学校的就业指导中心发布的就业信息和参加校园宣讲会、招聘会的用人单位是经过学校核实的，属于安全的就业信息。但在网上搜索到的信息还需要慎重对待，可以通过天眼查、企查查等软件查询该公司是否存在，经多种渠道了解公司背景，查看其业务是否合法，单位是否拥有合法的营业执照和经营许可证，是否有对公司的形象和实力进行虚假宣传等，以确保就业信息的真实、可靠，避免上当受骗。

（2）拒绝以敛财为目的的“工作机会”。有些不法分子或非法职业中介利用伪造

的执照、合同进行虚假招聘，在以各类保证金、培训费、上岗费、体检费等名目骗取求职者钱财后就音讯全无。毕业生找工作要尤其警惕这类陷阱，正规单位不会收取尚未入职员工的任何费用，因为《劳动合同法》第九条明确规定，用人单位招用劳动者，不得要求劳动者提供担保或以其他名义向劳动者收取财物。

（3）警惕落入传销组织。传销组织会打着“创业、就业”的幌子，以“招聘”“介绍工作”为名，诱骗求职者加入传销活动，尤其以亲戚朋友介绍、诱骗为主。大学毕业生一方面自身防范意识薄弱，容易轻信他人，对于亲朋好友更是没有防备心理；另一方面就业压力过大，渴望成功与财富的心理被非法传销组织利用，因此落入圈套。因此，大学生应该提高警惕，对于非法传销要有所防范，不要卷入传销活动。如果被传销组织所骗，要想尽办法逃离并及时报警。

在出门参加面试前一定要给家人、老师或朋友留下要去的招聘单位的详细地址和联系电话，以防万一。正规的单位一般都有固定的办公场所，若招聘单位面试地点选择酒店等临时租借来的场所，要高度注意，谨防上当受骗。在接到面试通知时，要问清对方的办公地址和固定联系电话，若招聘单位只有手机作为单一的联系方式，也要高度警惕，谨防上当受骗。

（4）用人单位设置的陷阱。面对严峻的就业形势，刚刚走出校园、踏上社会的大学毕业生们，就招聘广告、签订劳动合同、洽谈就业岗位和工资福利待遇等，往往感到力不从心、眼花缭乱，而某些用人单位趁机在这些环节设置陷阱，侵害大学毕业生的权益。建议毕业生了解《劳动合同法》的基本内容，以在求职时有备无患。在与用人单位签订就业意向的书面文件时，要注意区分劳动合同与其他协议的区别，与用人单位签订的就业协议书、实习协议不能代替劳动合同。要仔细阅读劳动合同的内容，与用人单位加强沟通，明确试用期条款、薪酬待遇标准及发放办法、社会保险条款等内容。一旦遇到权益被侵害的情况，要及时用法律的武器保护自身的权益。

总之，大学毕业生找工作要有一个良好的心态，不能急功近利，要提高警惕、小心陷阱。

7.2 学会推销自己

7.2.1 树立自我推销意识

随着国内外经济增速趋缓，大学生在就业市场中面临的竞争愈发激烈。在复杂严峻的就业环境中，大学生必须学会运用方法和技巧来推销自己，充分展示自己的竞争力，才能从众多的候选者中脱颖而出。

推销原本是营销学中的概念。从广义上讲，推销是由信息发出者运用一定的方法与技巧，使信息接收者接受发出者的建议、观点、愿望、形象等的活动总称。站在营销的角度上，如果把自己作为推销对象或是商品，把在校学习看作从原材料到劳动力商品的转变，那么大学生走出校园、走向职场的过程和商品营销过程如出一辙。大学生在入校之前属于原材料，水平和"身价"都差不多；但是在毕业后，由于所学专业不同、个人努力程度不同，大学生无论是在个人修养还是专业技术方面都会存在很大的差异，在就业市场中的"身价"差别也就更大。一切商品都必然要接受市场的检验。大学生作为劳动力商品，是否能满足市场的需求，是否受企业的欢迎，往往因个人情况不同而有着很大的差别。在校期间所有的文化知识、专业知识储备和实践经验，都将成为个人在求职中获得成功的砝码。

《汉书・东方朔传》记载，汉武帝即位之初，广征天下贤良之才。东方朔上书："凡臣朔固已诵四十四万言。又常服子路之言。臣朔年二十二，长九尺三寸，目若悬珠，齿若编贝，勇若孟贲，捷若庆忌，廉若鲍叔，信若尾生。若此，可以为天子大臣矣。"汉武帝看到这封文辞不逊的自荐信，顿觉眼前一亮，印象深刻，认为东方朔颇有才华且气度不凡，遂"令待诏公车"，即在公车署等待皇帝任命。东方朔就这样用三千片竹简成功地将自己推销给了汉武帝，并最终得到了认可和重用。

世界著名的励志演讲人乔・吉拉德在《怎样销售你自己》一书中写道，无论你从事哪个领域，你都必须首先成功地推销自己，让别人注意到你所能做的贡献有多大，才能将工作转化为成功的舞台。

7.2.2　用简历推销自己

在生活中，我们经常会在各类媒体上看到一些商品的宣传广告。通过这些广告，我们对某一商品有了最直接的了解。好的广告会让我们对商品、品牌等都有深刻、生动的印象，即使当时不会购买，一旦有需要也会优先考虑广告中的商品。简历就是一种类似的个人广告，用来展示个人的工作技能及它们对于未来用人单位的价值，是帮助你获得工作机会的"敲门砖"。好的简历会在用人单位做招聘决策时起到积极的作用。因此，无论用何种方式求职，简历都是推销自己的最基础的工具。

当你打开某个招聘网站的时候，诸如"×× 外资企业诚聘 ××""×× 大型国企急聘 ××"的信息可能充满整个页面乃至整个网站，看上去似乎有无穷的机会在等待着你。但是，在大量投递简历后，你得到的回应往往寥寥无几。分析其原因，一方面，可能是招聘单位设定了诸多条件，并且用计算机筛选关键词的方法从众多千篇一律的简历中完成海选，你的简历中如果不包含设定的招聘条件中的关键词，就容易被筛除；另一方面，你的简历可能过于平淡，没有突出个人的特色与优势，完全不能打动招聘者。

在招聘会上，我们经常会看到一些厚如书册、包装精美华丽的简历。但是，许多学生精心制作的简历却未必能得到用人单位的认可。简历的质量并不取决于格式的繁复和装印的精美，一份好的简历要能够让用人单位在最短的时间内获得求职者最多的有用信息。因此，简历的篇幅通常不宜过长，1 页最佳，最多不超过 2 页。重点在于把握目标职位的特点，在有限的篇幅内尽可能强化自身优势，突出自身才能与该职位的匹配度，展现竞争力和胜任力。大多数企业的招聘专员看一份简历的时间在 1 分钟左右，最多不超过 3 分钟。有企业的人力资源经理表示："我每天用半小时浏览 50 份或更多的简历，如果前 10 秒钟未能发现任何成果表述，那么这份简历就成为历史了。"美国劳工部对雇主的一项调查统计显示，雇主们公布一个招聘职位，通常会收到 200 份左右的简历，有的大公司每年会收到超过 10 万份简历，平均每 245 份简历中会有 1 份获得面试机会，在所有简历中约有 85%~95% 的最终结局都是被扔进了垃圾桶，而雇主阅读一份简历的平均时间仅约 15 秒。因此，如何在这短短的时间内抓住他们的眼球，是需要每位求职者重点关注的问题。综上，简历要达到的最佳效果就是让用人单位在最短的时间内获得关于你的最多信息。

【延伸阅读】

职场人士话简历

陈沁（亚信集团股份有限公司招聘经理）：我们首先会看专业是否对口，这决定了学生对行业知识的了解程度；其次看其经历是否跟职位相符。结合亚信的选才标准，我们会看这个人与职位相关的工作经历、项目经历、教育背景、取得的成绩等。因为这些都可以反映一个学生的能力。如果他经常参加社团活动，说明他还是很外向的；如果他在同行业公司实习过，那他的经验就会和职位比较接近。我喜欢主题明确的简历。两页以内就可以了，主次分明、简明扼要就好。针对性要强，不要罗列过多，重点不明确。

丛玮（研华中国有限公司人力资源部主管）：我不赞成简历做得很漂亮。一个招聘会结束，企业收到的简历少则几百份，多则几千份。人事部门负责筛选，不可能腾出更多的人手，我们还有其他日常工作。几个人筛选几千份简历，工作量是很大的，有的学生把简历做成一个非常精美的册子，多达六七页，光成本就要几块钱。我觉得这没有必要，也没有太大的益处。简历一定要简单、突出，重点是以前所做的工作和取得的成绩。

解海燕（北京美大星巴克咖啡有限公司人力资源部经理）：我们挑选简历最重要的标准就是与岗位要求的契合度。除一些特殊的岗位对于学历、专业有要求外，一般岗位对学历、专业没有太多的限制，主要是根据申请人的条件与岗位的契合度，以及我们的需要来综合考察、选择人才。至于其他方面，如有无照片、简历的制作形式等都没有特别的标准。星巴克力图营造的是一个包容的环境，因此，在简历样式上非常尊重求职者的个性，对大学生的审美取向也是尊重的。另外，在星巴克公司网站上有在线职位申请表，求职者可以选择填写。

时健（中国对外人才开发咨询公司人事经理）：其实，现在的简历大都做得很漂亮，很精致。除诸如简历模板之类的工具外，现在的许多大学的就业指导中心也会对学生的简历书写给予一定的指导。新颖别致应该是一个很好的标准，一些手写的简历就更能被注意到，当然，这也要看筛选简历的人的个人好恶了！人力资源工作者认真地对待每一份简历是我们的职业道德，但也不排除个别因素的影响。

刘莹（北京博越世纪科技有限公司人力资源总监）：我看简历并不是从头到尾看下来的。我首先会看社会实践方面的描述，如果他不表述自己的社会实践经历的话，我会看他如何描述自己掌握的技能，是否能够做到清晰明了。

况杰（普汇创展管理咨询高级合伙人、爱尔兰欧洲管理学院国际市场研究中心主任、人力资源专家）：很多人没有好好地梳理自己的优点，其实，任何人都有别人不能替代的地方。一些不太出众的人也一定有优点，尽管他们的学习成绩不出色，但他们可能具备乐于助人、耐久力强、工作踏实等特点，这些在适当的岗位上就能成为无法缺少的优点。你把这个优点及具体的例证放到简历里，并且真正发挥于工作中，就会受到人事经理的关注。

资料来源：http://www.docin.com/p-635687019.html.

（1）简历的基本要求。求职简历作为介绍个人情况和展示基本知识技能、工作经历与成就的书面材料，外观要简洁、干净，内容要层次分明、简明扼要。认真阅读招聘广告，在浏览招聘职位的工作描述之后，清楚什么样的职位需要什么样的条件，要特别注意其中提及的重要资格要求，这些将是你的简历中要包括的关键词。一般来说，简历的内容包括：求职意向、个人基本信息、教育背景、工作或实践经历、自我评价，以及其他需要说明的内容。

① 求职意向。求职意向要放在简历顶部最显眼的位置，目标明确、单一，最多不要超过两个，并且职位类型不能跨专业或差异太大。比如，可以申请人力资源管理部

门的招聘专员或培训专员，但不能同时申请人力资源部门和营销部门的职位。术业有专攻，意向不明确会无法凸显自己的优势。

② 个人基本信息。招聘单位如无明确要求，个人的基本信息包含真实的姓名、出生年月、性别、籍贯、联系方式等即可，如果是申请国企、政府部门或事业单位，还需要写明政治面貌。

③ 教育背景。为了控制简历的篇幅、突出重点，一般的毕业生求职简历，教育背景从高中写起；已经有工作经历的求职者，教育背景从高等院校写起。教育背景信息首先应包含院校、学院和专业名称，以及该阶段教育经历的起止时间。其次要列举与目标职位相关的主修课程，这部分信息是用人单位在筛选简历时，判定求职者是否具备职位相关专业知识的主要依据。另外，如在校期间曾担任学生干部，一定要在简历中突出这个亮点，因为担任学生干部可以间接地体现你具有一定的组织能力、领导能力和团队合作精神。

④ 工作或实践经历。工作或实践经历是用人单位最注重的内容，很多学生在校期间不注重实习或社会实践的积累，敷衍了事，在撰写简历时就会乏善可陈。目前高等院校都会要求学生参与一定的社会实践，大学生一定要认真对待，因为每次实践经历都有可能成为个人简历中的一个亮点。要特别注意的是，工作经历也不是越多越好，而是要突出与目标职位的匹配。比如，你在大学期间曾参加某项产品的促销活动，还有做家教的实践经验，那么，如果你想找一份营销方面的工作，就可以重点描述自己参加产品促销活动的经历和主要成就，做家教的经历可略写甚至不写；但如果你想获得培训机构讲师的职位，则应重点介绍自己做家教的经历和主要成就，这样你的简历与职位的匹配度就会更高，获得笔试、面试的机会也会增加。此外，还要学习招聘广告中的措辞，尽可能地用岗位职责中的术语来描述自己的工作或实践经历，以更好地将个人经历与职位的要求进行匹配。

⑤ 自我评价。用简短的语言充分表达个人在性格、学习能力和职业素养等方面的优点。这一部分不是所有美好词汇的堆砌，而是要有技巧地进一步给出用人单位选择你的理由。

⑥ 其他需要说明的内容。简要列举曾获得的奖励、技能证书或从业资格证书等，同样要突出与目标职位的匹配。

另外，如果有突出的特长也可以写明，因为有些特长如果恰好符合组织文娱活动的需要，也会提高求职成功的概率。需要强调的是，这里的特长不是指简单的兴趣爱好，是要在一定程度上有取得成绩的才有必要列出，至于像喜欢旅行、看电影这类与为组织创造价值关系不大的爱好就没有必要占据简历的篇幅了。

（2）简历撰写的原则。

① 内容真实可信。简历内容首先要真实可信。用人单位招聘选拔人才都非常慎重，绝大多数单位将诚信视为第一重要的品质。因此，一定要按照实际情况撰写简历，做到真实而客观，任何虚假的内容都不可取，尤其不要虚构自己并未做过的工作或社会实践经历。因为用人单位如想获知你的真实情况并不困难，一旦单位去做背景调查或通过面谈发现你在弄虚作假，就会比你没有从事过该项工作更加糟糕，在这种情况下，即使才华再出众也不会被录用。

② 内容简明扼要、突出重点。用人单位，尤其是大企业每天会收到很多份简历，工作人员没有足够的时间和耐心对每份简历都仔细研读，泛泛而谈的长篇大论往往会在第一时间就让人失去兴趣。因此，在简历中说明与目标职位相匹配的内容即可，不必面面俱到地对每一项内容都详细列举。同时，用数据来表述工作能力和工作成果会更直观有效。比如，描述进行产品市场推广的工作经历，如果能写明提高了多少销售额或市场占有率，则会更有说服力。

③ 内容要有针对性。很多大学生在求职时都是一份简历走天下，给每个招聘单位都发同样的一份简历，然而这并不利于获得进一步被考察的机会，这样的简历往往就是泥牛入海了。在撰写简历时，我们应该根据不同的用人单位、不同的职位来“量体裁衣”，在充分了解每个用人单位的基本情况及每个职位的具体要求的前提下，结合自身经历来调整简历内容的重点。适当地表达对招聘单位的关注和兴趣，以及对目标职位需求情况的了解，可以显示诚意和做事的周全性。

④ 措辞简洁、切忌空洞华丽。有些学生的求职简历言辞过于华丽，形容词、修饰语过多。“我希望有这样一个人生，它在经历了无数场风雨后成为一道最壮丽的彩虹……请用您的目光告诉我海的方向……”这样的简历一般不会打动招聘者，反而令人啼笑皆非。建议简历中不要出现“我”“本人”等代词，多用动宾结构的句子，简洁直白，还要避免一些看似美好但实则模糊、空洞的词汇，如能干、坚定、创新、机智、勤勉、博学、游刃有余、卓越等。简历要体现的是你能够胜任工作职位的能力和素养，华丽的辞藻反而是画蛇添足。

⑤ 格式整齐、文字严谨。简历作为求职者的一面镜子，一定要注意不能出现格式不工整、有错别字之类的低级错误。有很多人力资源部经理表示，在招聘时最不能容忍的事情就是看到求职简历里有错别字。很多人习惯了“不拘小节”，并且将这种习惯带到了撰写简历的过程中。虽然招聘工作人员在浏览简历时一目十行，但一旦发现简历中的格式或文字错误，求职者的形象就会大打折扣，让人觉得“连自己求职都不用心，那工作也不会很用心”，很可能就因此错失了面试机会。所以，在简历发出之前，一定要仔细检查，保证在文字、排版和格式上没有错误，切忌粗心大意。

【延伸阅读】

求职简历中常见的错误与缺陷

1. 简历缺乏针对性

用一份标准模板做出来的简历适用于多种行业、多个职位的求职。精明的HR稍稍瞄上一眼就能明白，此人拥有“一份简历求遍天下职”的“雄心壮志”。没有针对性，自然入不得HR的法眼了。

2. 简历职业路径混乱

工作一年换两三家公司，五年内进过六七个不同的行业，职业经历没有连贯性，频繁跳槽，职业生涯空白期一目了然，尽显于HR眼底。职业生涯太乱，企业不敢用。

3. 电话沟通一问三不知

或许是网络投简历太轻松了，投出的简历多得连自己应聘什么职位都不知道。HR打电话过去询问，求职者丝毫不在状态，对自己投过的职位压根没印象，更谈不上对企业基本信息的了解。

4. 简历信息表达不到位

在描述工作经历时，只罗列工作内容，注重表达曾做过什么，很少有人能从过往工作经历中体现出自己的价值。有的人在工作内容一栏里，甚至只有六七个字。干过是一回事，干得怎么样又是另一回事。例如，做销售的人如果不用数字说话，那么企业要如何了解你的能力？

5. 应聘职位与经历不匹配

如果职业目标不确定，将会导致求职的低效。企业想找能创造价值的人才，而不是任其慢慢学习适应的实习生。

6. 简历未表达真实价值

花了数百字之多来描述自己曾经的学习背景和工作经历，甚至是参加过的特殊培训，文笔流畅、颇富感情、感受真实，但就是让人看不懂在这些经历的背后其积累了多少宝贵经验和技能。当下的求职，要会表达更要能总结，一个好的产品要想被市场接受，首先得亮出它的价值与特色。

7. 简历上的照片不合适

简历配上一张照片可以加深HR对你的印象，根据统计，有将近三成的人配了照片。而在配过照片的人群中，有近1/3的照片很不合适。有的用大头贴，有的是真人秀，还有的是自拍狂，家里的窗帘、书桌、灯饰分别做背景统统发来当附件。HR坦言，一份简历配上好的照片能加分，而一张不适时宜的大头贴会使你直接被淘汰。

8. 简历信息明显错乱

简历中有明显的信息错乱，工作经历重复填写，重要信息漏填，语句不通，错字连连，出现断句错误，表达混乱，甚至滥用省略号、破折号等情况。如有人这样写自我评价："我是一个非常感性的人，挺适合贵公司的职业规划师一职，不知您对我的感觉如何？"如此"含蓄"的表达方式，让HR哭笑不得。

9. 简历多岗多投

同一个人发来N份同样的简历，从邮件标题中得知，原来此人既想做前台接待，又想当咨询顾问，还想当助理。针对同一企业的不同职位投简历，本想表现"我啥都能干，务必给个机会吧"，殊不知反被HR贴上了"恐怖分子"的标签。

10. 简历隐瞒基本信息

简历不写真实姓名，用"李先生""张小姐"等字样代替，工作背景描述中以"A公司""某公司""B经理""某主管"来替换，隐瞒其真实信息。这一方面给HR的背景调查带来了阻碍，另一方面也说明其严重缺乏诚意。

资料来源：李兴洲，等.职业生涯规划[M]. 北京：北京师范大学出版社，2015.

7.2.3 求职信

求职信是求职者和用人单位之间的沟通桥梁，是简历的"开场白"。通过书面的表达，求职者向用人单位展示才干、能力、资格，以自己的某些特长、优势、技能等吸引用人单位，从而得到就业机会。因此，求职信的自我表现力非常明显，带有相当的公关要素与公关特色。

鉴于当今社会的"快招聘"节奏，企业招聘工作人员阅读简历的时间都非常有限，求职信的意义就显得不那么重要了。但我们仍有必要认真地去写一封求职信，以显示自己的诚意和对用人单位的尊重。即便是招聘的工作人员无暇阅读，但依旧可以作为面试时自我介绍的素材。

书写求职信的基本原则是，在列举自己的优点和工作态度时要有自信，要像一位职业人士与另一位职业人士对话一样，你所提供的材料都是经过深思熟虑、精心准备的。内容要简明扼要，突出简历中那些与职位需求相吻合的经验和成就。同样，要专门为每个职位写求职信。最后，仔细检查求职信和简历的布局，使之表述清晰，确保没有文字错误并准确打印。下面提供一个求职信的模板，但信件和简历都应该是个性化的，因此仅作为内容结构和格式上的参考。

姓名

联系信息

尊敬的×××（招聘联系人头衔，不知道头衔的写“老师”）：

第一段表述你为什么要写这封信，你要应聘的职位名称或具体工作，以及你是如何获得招聘信息的。

第二段解释你为什么对该组织及职位感兴趣。如果你有相关的经验或专业训练，一定要写出来，并且强调你有哪些适合这个职位的优势。突出你与该职位的匹配度，并且说明你有哪些技能或经历可以确保你做得比别人好，能够为公司做出哪些贡献。内容不要和简历一模一样，可以是简历里某一条信息的升华或详解。

第三段表达你希望有面试机会的愿望。强调自己方便的联系时间，表示如果用人单位对你的情况感兴趣，你愿意提供更多的信息和个人材料。

用表达希望对方做出回应的话做结束语，如“期待您的回复”“盼复”等。

此致

敬礼

（打印上你的名字）

（你的亲笔签名）

用电子邮件发送简历。从发送简历的那一刻起，你与用人单位的“对话”就已经开始了。

当今社会，即时通信软件已成为现代人沟通交流的最主要手段之一。人们更乐于用短语音、表情符号或简短的非正式语言交换信息，电子邮件对于年轻的大学生来说可能并不常用。一封商务的电子邮件和纸质的公务信函一样正式，要遵守信函写作的礼仪。毋庸置疑，发送求职简历的电子邮件就是一封商务信函，邮件不仅将你的简历信息传递给用人单位，从邮件的书写细节也能传递个人的一些特质。这里关于书写邮件提以下几点建议。

①邮件的标题写明“个人全名—某职位求职”，让阅读邮件的工作人员一目了然，

用最短的时间判断邮件的主题和内容。

②邮件内容简洁扼要，只要说明发邮件是为了应聘哪个职位或是为了提供某些材料即可，详情请见附件。

③最后要有礼貌地表达期待用人单位的回复，并写上自己的联系方式。

④附件的名称也可以编辑为“个人全名—某职位求职”，如有多个附件，建议给附件编号，并添加到一个压缩包里，便于工作人员下载保存。发送之前检查邮件是否完整上传。

总之，无论是用电子邮件发简历还是其他资料，切记不可只添加了附件，然后以空白的邮件正文发出去。这会让看邮件的人觉得不被尊重。

7.3　面试

7.3.1　面试前的准备

在发出简历后，最期待的就是接到通知面试的邮件或电话。所以，既要经常查阅邮件，又要随时做好用人单位打来电话的准备，以免错过重要机会。实际上，面试从你接到用人单位来电的那一刻就已经开始了。在接到电话时首先说：“您好！”当对方通知你面试时，不要过于激动，可以带着微笑说：“好的，谢谢！”对方完全可以感受到你的热情和对面试机会的重视。然后认真听对方讲面试的时间、地点、方式及要求，边听边记，准确记下给你打电话的人的名字、电话号码和地址。如果没有听清楚，可以说“不好意思，我想和您确认一下，是……”。最后，再次表示感谢，挂机前要说：“再见！”这种电话礼仪礼貌，不仅在接听用人单位电话时十分必要，更建议大家养成习惯，在任何时候都保持优雅的言谈，礼貌待人，这能够使你更容易获得认可和尊重。

收到面试通知，并不意味着已经一只脚踏入了用人单位。在后续的考察中，应该更加仔细、有针对性地准备。有些用人单位会对符合条件的求职者在面试前进行笔试。笔试主要是对专业知识和个人性格的考察。在答题时一定要客观、真实，切记不可功利心太重而刻意隐瞒自己的真实选择，因为你可能不确定每个选项背后的结果意味着什么，也不利于用人单位判断你是否真正符合职位的要求。或许你的变通能成功获得这份工作，但很可能因为不适合你的性格而导致你在工作过程中非常痛苦和煎熬，这样的工作体验也不利于个人的职业生涯发展。

在面试时用人单位通常会让你做一个简单的自我介绍。有些人会有疑问，不是有了个人简历吗，为什么还要做自我介绍？很显然，面试官是想通过你简短的自我介绍来了解从简历中无法获取的信息，比如表达能力、思维逻辑、自信程度等。因此，首先，面试前要花些时间好好准备一下这个开场白，一定会比你在紧张状态下临场发挥的效果要好。其次，做足该用人单位的功课。尽可能地查找更多与该单位乃至该行业有关的资料，了解用人单位的主营业务及其运作模式、行业里的先进经验等，以便在面试时展示你对该单位、该工作的兴趣和热情。此外，专业知识的准备也不能少。由于面试官都已在职场经受了千锤百炼，他们的实践能力更强，因此在准备专业知识时不需要纠结于死记硬背的概念，而是要尽量复习一些成体系的知识点，在面试时能够娓娓道来，这样会显得你做事条理清晰、思维缜密。最后，在面试的前一天尽可能吃好睡好，千万不要因为第二天的面试而熬夜“补课”。没有好的精神状态，在面试时大脑的运转效率可能大打折扣。

7.3.2 面试中的表现

面试最重要的一点就是自信。如果自己都不认为自己会给组织创造价值，那么面试官为什么要相信你呢？所以，在面试时，介绍自己在学校取得的成绩已经不是特别重要了，最重要的是要让面试官看到，如果你在这个职位上工作，你可以为组织创造哪些价值。

（1）面试官的提问。不用担心在面试过程中的紧张，这很正常，而且适当的紧张能够使大脑保持清醒、精力更集中，帮助你有更好的表现。只要你具有合适的资格，并且对这个职位感兴趣，面试官就会录用你。许多面试官会以一些“小谈话”作为面试的开始来帮助你放松。看起来好像与工作无关，但这也是评估的一部分。所以，要利用这开始的几分钟表现自己积极的态度。

接下来，面试官向你提问，以此来决定你是否合适。要对面试官可能提出的问题有所了解，这样你就可以提前准备答案。下面列举一些面试官经常会问到的典型问题，想一想面试官为什么会提出这个问题，以及什么是用人单位真正想知道的。

① 介绍一下你自己。

不要认为面试官已经看了你的简历，这个问题就是多余的了。这是一个推销自己的绝好机会！介绍的内容要与个人简历一致，但绝不是把简历背一遍那么简单。一定要提前准备好这个开场白，建议你的回答要包括以下内容：你所受教育的情况；你的专业知识；与求职目标有关的技能；与求职目标有关的成就和资历；你所具备的与应聘职位相关的人格特点、长处等。注意回答时要语言简练、语句连贯，回答以两分钟左右为宜，切忌啰唆冗长。

② 谈谈你对自己的职业生涯有什么打算或你的职业目标。

越来越多的面试官重视在面试时考察求职者是否有职业生涯规划的意识。一方面，可以了解你对自己的职业生涯是否有切实的规划，是否是一个目标明确、有努力方向的人；另一方面，通过分析你的规划与应聘的职位是否相关，并由此看出求职的动机，甚至未来在工作中的努力程度和对组织的忠诚度。

③ 你为什么会对我们公司 / 单位 / 这个职位感兴趣？

面试官提出这个问题的目的是进一步了解你申请职位的动机。他们希望你的决定是经过深思熟虑的，是建立在对公司、职位和对自身兴趣及能力充分了解的基础上的，并非一时冲动或盲目做出的选择。

④ 你认为自己能够胜任这份工作吗？

这个问题也可能这样表述：你能为我们公司或单位做出什么样的贡献？此时，你必须表现出对目标职位、公司业务的了解及对自身长处的自信，你所具备的专业知识或技能正是公司所需要的，个人的品质正是公司所看重的，这一切都会给公司创造价值。这里要强调你能做出的贡献而不是你能从这份工作中得到的利益，因此不要只说“我希望从这份工作中学到……”。

⑤ 请举例说明你在……方面的能力。

面试官往往不会直接提出让你描述你的某种能力，而是会以这样的形式来问：“当你跟合作伙伴意见不一致时是怎么处理的”“你有与一个特别难打交道的人一起完成某项任务的经历吗？请描述一下”“你在压力特别大的时候是如何平衡生活与学习的”“你怎样处理与你的道德标准或商业规范相背的请求”，等等。这样的提问，都是希望你能通过具体的例子来证明自己在某一方面的能力，如沟通能力、领导能力、创新精神、团队合作、人际交往能力、问题解决能力、灵活性等。很显然，这种能力是面试官非常看重的，在组织里客观存在或迫切需要的。因此，首先要结合自己的实际宣称自己具有某项品质，如我很擅长与人沟通。如果偏巧是一位沉默寡言的求职者遇到了考察沟通能力的问题，那么一定不要勉强地说自己善于交流，要诚实而取长补短地说“我虽然不善言辞，但我善于倾听”。

回答这类问题还有一个重点，就是要有具体实际的、令人信服的例子。可以预先准备一些这样的事例备用，因为在面试的紧张状态下，大多数人都无法在短短的几秒内精准地回想起和问题相关的“往事”。在讲述时，不要过于啰唆，尤其是在事件情景部分，但也要有必要的细节。按照“事件发生的情景—我的对策—取得的良好效果”的方式讲述，突出自己的应对能力及取得的良好的效果。

⑥ 你最大的优点是什么？

不要只谈论你的优点或能力，还要把它们与目标职位和组织需要联系起来。除了列举具有的某项能力或长处，还要尽可能提供简略的例证，向对方证明你是一个出色的人选。如果你的学习能力、适应能力很强，你就可以说："在 ×× 公司实习期间，我大概用了一个星期的时间就了解的 ×× 业务的运作模式和基本流程，可以独立负责工作……"

⑦ 你有什么缺点？

除了通过此问题来了解求职者的短板，提出这个问题更深层次的目的是考察求职者在面对危机或尴尬局面时的反应和处理能力。对这个问题的回答可能多数人都会避重就轻，说一些对工作不会造成太大影响的缺点，如做事讲求效率而导致性格急躁，或者因为追求细节而影响行动速度等。更好的回答是"我不太擅长……但我已经意识到这个问题，并采取了……措施来改善"。

人无完人，千万不要说自己什么缺点也没有，那样会显得不诚实且不真实。此外，切忌说自己不擅长职位所要求的某一项重要能力。

⑧ 你在 ×× 方面没什么工作经验。

无论是大学毕业生还是准备跳槽的职场人士，这都是一个客观存在的问题。对大学生来说，实习期间可能大多是做一些琐碎的事务性工作，对专业性的关键工作接触较少；而对于准备跳槽的职场人士，发现新机会是有益的，毫无变化的跳槽则是无意义的，如果新的目标职位和原来的工作内容完全一样，那么你的成长空间仍然没有得到有效拓展。当今社会，越来越多的工作需要综合多方面的技能或经验，每个求职的人都会有某方面的经验短板。因此，在思考如何回答这类问题时，我们首先要客观承认这的确是目前自身存在的一个客观局限；其次要强调自己的胜任力，如掌握的专业知识和技术可以弥补经验的不足，毕竟理论是实践的指导，或曾在学校里担任过学生干部或做过一些学生工作，锻炼了组织能力、协调能力等；最后，要清楚工作经验带给我们的是什么？是工作思维，而非单纯的业务操作经历。工作思维是可以触类旁通的，如目标导向、分析问题的角度和方法、思考与总结的习惯等，想想曾经做过的工作中有哪些规律和方法是相通的，借用到目标职位中是否可行？厘清了这些，你在面对这类问题时就不会再感到手足无措了。

⑨ 你对加班有什么看法？

对于很多职场白领，"996""247"的工作制仿佛成了常态。用人单位都喜欢勤奋的员工，但是加班并不一定总是可以和勤奋画等号。因此，求职者在回答这个问题时要表达：首先，自己是一个勤奋的人，并不畏惧承担工作任务和责任；其次，高效地完成工作，尽量不拖延到下班以后才完成是一种能力，你对自己的工作效率还是比较自信的；最后，如果工作需要，领导安排的话，加班当然是义不容辞的。同时可以列举自己能够加班的有利条件，如目前单身、未成家，可以抽出较多的时间用来工作。在这里要提醒大家，加班未尝不可，但不要当作一种做秀或消磨时间的工具，不能带给你学习和成长的加班都是无意义的损耗。

⑩ 情景假设题。

这是一类以现实或假设情景为基础的问题，比如，让你将梳子推销给旅游区寺庙中的和尚，你将如何去做？如果你发现一位和你非常要好的同事犯了一个严重的错误，而这件事只有你们两人知道，你会怎么办？这类题回答的基本原则是让面试官知道你是怎样思考和解决问题的。下面的五个步骤可以帮助你处理类似问题：

a. 专心倾听问题；

b. 提出一些要澄清的问题以正确判断面试官想知道什么；

c. 说明你需要收集哪些必要的信息作为决策的依据；

d. 论述你分析信息从而做出决策的过程；

e. 最后，基于你获得的信息、可利用的选择和对开放立场的理解，解释自己将会给出怎样的决定或建议。

这类问题没有"正确"的答案——只有"你的"答案。面试官通常利用这些类型的问题来判断你是否适合目标岗位。

最后，你可以通过分析问题，发现更多关于目标岗位的细节。面试官把重点放在什么技能、知识、个人特性和态度上，洞察这些更有助于设计符合雇主对这个职位要求的答案。

（2）求职者的提问。在面试官的提问全部结束后，出于礼貌，他们通常会问你有没有需要了解的信息。你可以提前准备一些问题，作为对面试组织或目标职位已掌握信息的补充，同时向面试官传递一个信息：你为这次面试做了很多准备工作。问题应当与职位有关，并能表现出个人的热情和知识。通过提出机智的、经过慎重考虑的问题，向雇主表现出个人对公司的态度很认真，需要获得更多的信息来了解职业及行业。在之前的交谈中已经得到答案的问题就不宜再重复了，否则会给别人留下你没有在听的印象。以下问题可供参考：

① 公司对这个职位的工作人员有什么样的工作期望？

② 这个职位在公司的职业发展路径是什么？

③ 公司都有哪些培训机会？公司注重培养员工哪方面的能力？

④ 这份工作最大的挑战是什么？

⑤ 目前公司的主要战略目标是什么？

⑥ 公司最大的竞争力是什么？

关于酬薪的话题，不适合在第一轮面试时提及，应当留到你有足够把握获得该职位时再谈。如果对方主动提起而自己又没有把握，就表明愿意遵照公司的薪酬制度。

7.3.3 面试后的总结

从每一次面试中学习和总结经验，哪里表现不错，哪里还需要改进，哪个问题回答得不好，等等。可以通过问自己以下问题进行回顾与总结：

① 是否以最好的方式呈现了自己的特点、工作经历和胜任力？

② 用人单位对我的哪个特点或工作经历感兴趣？

③ 有没有抓住推销自己的机会，展示自己可以为公司做贡献、创造价值？

④ 是否太紧张、过分被动或主动？

⑤ 有没有通过面试获得更多的信息来了解职业及行业？

⑥ 这个工作是不是符合我的期待？

⑦ 下一次面试可以在哪些方面改进？

面试后一个星期左右，如果没有收到通知，可以写一封邮件或打一个电话，询问进展，注意语气和态度要谦虚和礼貌，这样可以体现你做事的主动性，不仅关注结果，还重视事件的发展过程。

7.3.4 求职礼仪

在求职时，仅靠专业知识和热情是不够的，掌握一些礼仪惯例和技巧是必要的。谦谦君子总会给人留下美好的印象，知书达礼之人总会有更多的机遇，这些都是获得成功的第一步。所以，作为求职者，要在求职过程中注重求职礼仪，注意自己的行为举止，表现出自己良好的专业素养和道德修养。具体应注意以下几个方面。

（1）遵时守约。应当至少提前 10 分钟到达面试地点。面试的时间、地点、联系人电话应牢记，并记录在手机上或便签上随身携带。在天气不好或路途比较远时，应当预留更多的时间应对突发状况。有条件的应聘者最好能提前熟悉一下路线，并观察该公司员工的着装风格。如果预计无法避免迟到，应当提前 15 分钟打电话通知联系人并致歉。

（2）着装得体。尽量按照该公司目标岗位的标准着装，保持最佳的职业化仪容仪表。如果不是应聘时尚行业创意、设计或时尚编辑等类型职位，建议在面试时不要穿着太随意，也不建议尝试非主流的装扮。很多公司对员工的着装都是有要求的，甚至整个行业都会对从业人员的形象、着装有着严格的规范，如金融、航空、物业服务等行业。在任何时候，无花纹的深色西服套装加衬衫配黑皮鞋总是最安全的。正装能让人显得有精神且挺拔。如果觉得黑西服配白衬衫过于呆板，可以选择藏青色、深蓝色的西服，搭配浅蓝色衬衫、棕色皮鞋。女士如果穿裙子，长度在膝盖的位置是最修饰身材的，太短显得轻佻，太长显得矮胖。西服裙不可以配小腿以上的长靴。

在到达面试地点之后，如果有可能，先去卫生间整理仪容仪表，同时调整心态和表情，尽量不要仓促上阵。

（3）有礼有节。

① 进入面试考场前关闭手机或调成静音，以免手机铃声或震动的声音破坏了考场氛围。

② 如果考场的门关着，应当先敲门，在得到允许后再进去，开关门动作要轻、要稳。

③ 进入考场要自信、从容、稳重，良好的仪容仪表和仪态决定了考官对你的第一印象。绝对不可以嚼着口香糖、手插在口袋里走入考场。

④ 目光从落到面试官身上的那一刻就要微笑致意并问好。

⑤ 如果对方没有请你坐下，不要慌忙落座；在对方请你坐下时，应当说“谢谢”。

⑥ 坐下后保持舒适但不懒散的坐姿，不要把任何东西放在膝盖上或手里，因为这样会限制自然的身体动作。把你的笔记本、公文包和笔放在椅子附近的地方，需要的时候随时可拿到。

⑦ 回答问题语言简洁，不要用啰唆而没有价值的话浪费彼此的时间。避免像“嗯”“啊”“那个”“你知道”等这样的口头语，尽量使用专业的语言来表达。条理要清晰，最好能列出一、二、三。

⑧ 回答问题时要有目光交流。缺乏眼神的接触会显得你不够自信或让面试官认为你不够坦率。

⑨ 如果在落座之前搬动过椅子，那么面谈结束后应当将椅子放回原处。自己用过的一次性水杯也请随手扔进垃圾桶，尽量少给他人增加工作量。

⑩ 面试官示意面谈结束时，应微笑，起立，道谢并说“再见”。

（4）诚信至上。要诚实，不要说谎。没有获得的证书、没有做过的项目，绝对不要谎称做过。谎言一旦被揭穿，你会失去所有人的信任。不要伪装自己的能力、素质个性、价值观、好恶。例如，一个内向的、不喜欢和别人打交道的人如果伪装自己的性格得到了一个客户服务的工作，那么结果很可能是客户不满意，自己也很痛苦，白白浪费了很多时间和精力。

（5）情绪稳定。在面试过程中秉持谦虚的态度，不要狂妄自负，也不要过于冰冷，双方应保持互相尊重的和谐氛围。稳定的情绪是情商高的一种表现，过于情绪化的表现对求职成功有害无益。在面试结束后，即使应聘不成功，也要礼貌地离开。因为这些人有可能成为你未来的客户或合作伙伴。如果你自始至终都有礼有节，那么无论应聘成功与否，你都会在他们心里留下良好的印象。

如果你总是受挫，也一定不要怨天尤人，而是要总结经验，看看问题是出在职业方向、知识技能上，还是出在求职技巧上。找到问题所在，努力学习提高，就一定会有收获。

【本章小结】

本章首先介绍了用人单位的招聘流程，从招聘流程中可以知道用人单位发布招聘信息的途径及招聘活动的内容。

大学生可以通过互联网、学校的学生就业指导中心、现场招聘会、社会网络等途径获取工作信息，与自身条件和职业生涯发展目标相匹配，寻找就业机会。判断一个就业机会的好坏要看这个工作平台是否有利于个人的成长，并且要警惕招聘陷阱。

在选定目标后，用简历和求职信对自己进行推销。一份好的简历要简明扼要，突出重点，能够体现个人与职位的匹配。在面试时则要着重表达自己能够如何为组织创造价值。

在求职过程中还要注重礼仪，表现出良好的专业素养和道德修养。

【思考习题】

1. 寻求工作机会的途径有哪些？你更愿意尝试哪几种？
2. 如何避免招聘陷阱？
3. 一份好的简历都包括哪些内容？该注意哪些事项？
4. 在面试时都应该注意哪些礼仪方面的问题？

【案例分析】

盲目求职的A先生

A先生在一家知名企业工作，被派驻到了海外，因为家庭的原因他希望回居住地发展。于是，他开始投递简历、进行面试。他海量地往多家公司投递简历，以至于他自己都不记得向多少家公司投递过简历。有一天，他接到了一位HR的电话通知，希望他能去公司面试。他信心满满地穿了一身职业装，第二天按时前往。面试开始了，HR很礼貌地和他沟通，请他讲述一下他的工作经历，在过程中也询问了一些情况。A先生的工作经历与他所应聘的岗位虽然有一定的联系，但也有很多不同之处。于是HR向A先生询问其对所应聘职位的职责和要求是否清楚。但A先生竟然不记得自己应聘的到底是什么职位，更说不清该岗位具体负责什么和该岗位的要求是什么。不仅如此，在HR提示了A先生之后，他依然对该岗位所要求的产品方面的知识一无所知。在这样的情况下，HR对A先生感到非常失望，一个工作多年的职场人，在重新找工作的时候竟然如此盲目。HR告知A先生在面试前需要对行业知识进行初步了解，A先生竟然自负地说："我面试了多少家公司了，用不着你来教我怎样面试！"之后愤然起身离去。

资料来源：http://arts.51job.com/arts/05/407889.html.

讨论题

1. A 先生的面试表现如何？面试失败的原因有哪些？
2. 面试前应做哪些准备工作？
3. 如果在面试中遇到了自己无法解答的问题，你会怎么做？

【本章实训】

1. 每位同学选定一个理想职位，准备一份简历和介绍信，向老师和同学们推销自己。

2. 由 3~5 位同学做面试官，选几位同学做一场模拟面试。

第 8 章 职场攻略

学习目标

掌握并能够运用时间管理的方法
了解压力的来源，掌握缓解压力的技巧
学习如何管理个人情绪
掌握人际沟通的方法与技巧
掌握职场基本礼仪

关键术语

时间管理；压力管理；情绪管理；沟通；职场礼仪

引导案例

A在学校里是非常优秀的学生，从中学顺利地考上名牌大学，在大学由于成绩优异，成为系里保送的研究生。无论是做学问还是在学校组织的活动中，A都能得心应手、应付自如。在学校生活和学习中，A充分享受着这种展示才能、张扬个性所带来的快乐，而且学校这个舞台提供给他的一切在不断地塑造他作为学生的气质，这种气质在无形中深深地印在他身上。在硕士研究生毕业后，A放弃了继续读博或留校任教的机会，一心想从政“干大事”的他，不愿意在象牙塔里待一辈子，选择了去国家机关工作，成为一名国家公务员。然而，社会这个“大熔炉”很快就粉碎了A的宏伟抱负和理想之梦，他觉得总是在干一些琐碎而简单、重复的工作，当他抓住有限的机会施展才华的时候，又不被领导和周围同事认可，甚至认为他过于冒进和狂傲。在工作中，A依然保持大学的习惯，喜欢对同事的工作给予指导，喜欢指出同事在工作中的缺点，但这反而使他和同事关系更疏远，因为同事认为他爱逞能、书生气十足。A觉得自己在单位是一个无足轻重的角色，以前在学校春风得意的样子一去不复返了，时常感到失望、沮丧，后悔当初的选择。

资料来源：张莉娟. 职业适应：成长中的“格式化”[J]. 心理与健康，2006（3）：12.

大学毕业生初入职场，会发现职场的规则比校园生活更多、更复杂，悠闲的校园生活被紧张的职场打拼所代替，可能一时间会感觉“水土不服”，迷茫甚至畏惧。职场的确和校园有很大区别，完成从学生到职场人士的角色转变，这是人人都要经历的过程。想要在职场中游刃有余，少走弯路，就必须有一身过硬的功夫。当然这里所说的过硬的功夫，不是专业技能，也不是工作能力，而是在职场中的生存技巧。本章将介绍一些职场攻略，帮助职场新人快速适应职场，从职场“菜鸟”变身职场“达人”。

8.1 时间管理

8.1.1 时间管理的内容

在工作时，很多时候我们会受外界干扰，随时可能放下手中的工作去做其他事情，导致工作效率大打折扣。还有很多人看似忙碌了一天，却在临近下班的时候发现，明天要上交的报告还没有写完，只能晚上留下来加班。工作总是千头万绪，时间却如白驹过隙，每天的法定工作时间只有 8 小时，如果我们想尽量在 8 小时内高效率地完成工作，那首先就需要学会管理我们的时间。

什么是时间管理呢？时间管理是指通过事先规划和运用一定的技巧、方法与工具实现对时间的灵活、有效运用，从而实现个人或组织的既定目标。其目的在于决定什么事该做，什么事不该做；什么事先做，什么事可以缓一缓再做。因此，工作中的时间管理不是简单地画一张时刻表，而是要在对工作任务的重要性、紧急程度充分评估的基础上，对完成任务的时间进行合理分配，提高时间的使用效率，减少浪费，从而提高工作效率。概括地讲，时间管理主要包括四个方面的内容。

（1）专注于重要的事。尽管每个人的工作职责不尽相同，但重要的职责总是排在岗位描述的前几项。工作目标能否实现的决定性因素就是你是否出色地完成了那些重要的事。那些能够影响整个部门乃至全局工作的人，往往是高效的时间管理者。他们专注于处理重要的事情，当出现重要且紧急的事情时，会首先处理，但大部分时间和精力放在重要但不紧急的事情上，未雨绸缪，防患于未然。

（2）优化工作流程。工作流程越简化，越不容易出错。取消没有必要的工作环节，如不能取消，就考虑简化或合并工作内容。然后，要按照合理的逻辑重新安排工作顺序和步骤，使业务操作更有条理，工作效率更高。

（3）合理安排工作时间。应该做好每天、每周、每月及每年的工作计划，列出每一时间单位内应该完成的工作，排出优先次序，突出重点并确认完成时间，并适当安排“不被干扰”的时间。高效管理者常常需要整块的时间去思考一些重要决策或完成重要的任务，在进行这些任务的过程中，不能被外界打断，否则重新进入深度思考与完全工作状态往往需要更长的时间。高效管理者集中时间不受干扰地处理一些重大事项而把其他事情都推到一边，可能给本部门甚至整个公司带来一些意想不到的麻烦，但如果能有足够必要的时间，不受任何人、任何事干扰地思考，或者从事对整个部门至关重要的工作，那么这些可能的麻烦将是微不足道的。

（4）合理授权。任何一位高效管理者都不可能独自完成本部门的所有工作，也不可能独自对所有的事情做出科学决策，因此将一些事情指派或授权给别人，让其他人对工作进行分担，是提高时间使用效率的有效方式之一。列出工作中所有可以授权的事项，并授权于适当的人来决策和执行，会提高整个组织的效率。高效管理者的授权必须充分，同时必须重视监督和检验，保证被授权者的行为符合组织的整体利益。在授权过程中，管理者应避免出现把别人当成自己提高效率多做事的资源或障碍、干扰者的倾向，否则可能出现控制他人的欲望，倾向于让被授权者按照要求做事，或者让“他们”不要妨碍“我们”做事，从而使授权行为适得其反。在授权中必须克服“办事拖延”的陋习，推行“限时办事制”。办事拖延是浪费时间的重要原因之一，在实际工作中，工作任务的完成时间往往都会超出预期。因此，严格规定每一件事情的完成期限，并要求被授权者在限定时间内报告处理结果会更为有效。

【延伸阅读】

时间管理十一大金律

金律一：要和你的价值观相吻合

一定要确立个人的价值观，假如价值观不明确，你就很难知道什么对你最重要，当价值观不明确时，时间分配很难做好。时间管理的重点不在于管理时间，而在于如何分配时间。你永远没有足够的时间做每件事，但你永远有时间做对你来说最重要的事。

金律二：设立明确的目标

个人成长的目标是成功，时间管理的目的是在最短时间内实现更多的目标。你可以将一个年度的目标细化成几个重点目标，找出一个核心目标，并依次排列重要性，然后依照目标设定一些详细的计划，之后的关键就是依照计划执行。

金律三：改变你的想法

美国心理学之父威廉·詹姆斯对时间行为学的研究发现，有两种对待时间的态度，一种是“这项工作必须完成，但它实在是很讨厌，所以我能拖便尽量拖”；另一种是“这不是件令人愉快的工作，但它必须完成，所以我得马上动手，好让自己能早些摆脱它”。当有了动机之后，迅速踏出第一步是很重要的。不要想立刻推翻自己的所有习惯，但需要强迫自己现在就去做你所拖延的某件事。然后，从明天开始，每天都从你的清单中选出最不想做的事情来优先处理。

金律四：遵循“二八定律”

生活中肯定会有一些突发的和迫不及待需要解决的问题，如果你发现自己天天都在处理这些事情，那表示你的时间管理并不理想。成功者花最多时间在做最重要的事，而不是最紧急的事情上，即80%的时间做最重要的事，20%的时间做其他事。然而一般人都在用大量的时间做紧急但不重要的事。

金律五：安排“不被干扰”时间

每天至少要有半小时到一小时的“不被干扰”时间。假如你能有一小时完全不受任何人干扰，把自己关在自己的空间里面思考或者工作，这一小时的工作效率会非常高，甚至有时候这一小时做的工作比一整天做的还要多。

金律六：严格规定完成期限

帕金森在其所著的《帕金森法则》中写道：“你有多少时间完成工作，工作就会自动变成需要那么多时间。”也就是说，如果你有一整天的时间可以做某项工作，你就会花一天的时间去做它；而如果你只有一小时的时间可以做这项工作，你就会更迅速有效地在一小时内做完它。

金律七：做好时间日志

你花了多少时间在做哪些事情，把它详细地记录下来，早上出门（包括洗漱、换衣、早餐等）花了多少时间，搭车花了多少时间，出去拜访客户花了多少时间……把每天时间的花费情况记录下来，你会清晰地发现哪些时间用得恰到好处，哪些时间被浪费了。和记账一样，只有在找到浪费时间的根源时，你才有办法改变。

金律八：理解时间大于金钱

用你的金钱去换取别人的成功经验，一定要抓住一切机会向顶尖人士学习。仔细选择你接触的对象，因为这会节省很多时间。假设与一个成功者在一起，他花了40年时间成功，你跟10个这样的人交往，不是就相当于浓缩了400年的经验吗？

金律九：学会列清单

把自己要做的每一件事情都写下来，一方面，这样做能让你随时明确自己手头上的任务，不要轻信自己可以用脑子把每件事情都记住；另一方面，当你看到自己长长的清单时，会产生紧迫感。

金律十：同类的事情最好一次做完

假如你在做纸上作业，那段时间就只做纸上作业：假如你是在思考，就用一段时间只进行思考；要打电话的话，最好把电话累积到某一时间一次性打完。当重复做一件事情时，你会熟能生巧，效率会更高。

金律十一：做最有效率的事情

你必须思考一下要做好一份工作，到底哪几件事情对你是最有效率的，并将它们罗列出来，围绕着绩效的靶心（如晋升）将时间分配好。

资料来源：中国传动网. 时间管理的十一条金律[J]. 党政论坛（干部文摘），2008（2）：56-56.

8.1.2 提高时间管理能力的方法

有人说“计划没有变化快”，因而往往疏于制订计划，但是变化应当是一种预计中的变化。

（1）计划管理法。它一般不会脱离计划太远，若计划得当，我们是可以从整体上把控变化的节奏的。计划常分为日计划、周计划、月计划、季度计划、年度计划。由于计划要具体化和落地化，这就要求时间管理的重点落在待办单、日计划、周计划、月计划上。按照计划的层级性，一般是每年年末做出下一年度的工作计划，每季季末做出下季度的工作计划，每月月末做出下个月的工作计划，每周周末做出下周的工作计划。

其中的待办单是将你每日要做的一些工作事先列出一份清单，排出优先次序，确认完成时间，以突出工作重点。要避免遗忘也要避免半途而废，尽可能做到今日事今日毕。待办单主要包括非日常工作、特殊事项、行动计划中的工作、昨日未完成的事项等主要内容。在制作待办单时要特别注意的是，每天在固定时间（最好是早晨开始工作之前）制作待办单，完成一项工作就划掉一项。同时，待办单中要为应付紧急情况留出时间，持之以恒，这样才有效果，不然待办事项越积越多，最后导致工作的时间管理进入恶性循环，可能严重影响工作进程和力度。

（2）时间管理的“四象限”法。著名管理学家科维提出了一个时间管理的理论，把工作按照重要和紧急两个维度进行了划分，基本上可以分为四个“象限”：重要且紧急、重要不紧急、紧急不重要、不重要不紧急，其中一个重要观点是把主要的精力和时间集中地放在处理那些重要但不紧急的工作上，这样可以做到未雨绸缪，防患于未然。在人们的日常工作中，很多时候往往有机会很好地去计划和完成一件事，但没有及时去做，随着时间的推移，造成工作质量的下降。因此，只有把工作中的事件合理分类，有次序地执行，才能保证自己的时间不浪费在毫无意义的琐事上，从而有效地开展工作。时间管理的“四象限”法如图 8-1 所示。

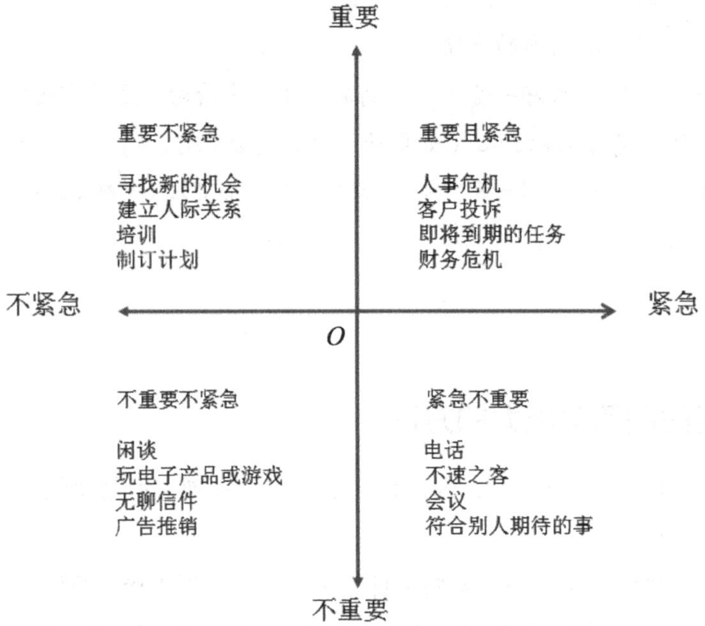

图 8-1　时间管理的“四象限”法

四个象限的划分有利于我们对时间进行深刻的认识及有效的管理。在这个模型中，需要遵循一定的原则来安排事务。

重要且紧急——马上做

首先要有准确的判断能力，确定是既紧急且重要的事情，必须亲自完成、不能拖延、不能授权的事，然后优先处理。但如果你总是有紧急且重要的事情要做，说明你在时间管理上存在问题，要设法减少它。很多重要的事情都是因为一拖再拖或事前准备不足而变得迫在眉睫。许多此类型的事情，都是由于缺乏有效的计划，导致本属于“重要不紧急”的事情转移到“重要且紧急”。此类型的工作太多，会令人感到压力大、筋疲力尽，忙于危机处理和收拾残局，而且由于时间有限，往往不能做得很好。

重要不紧急——计划做

此类型的事情很重要，而且会有充足的时间去准备，有充足的时间去做好。可见，投资此类型的回报才是最大的。时间管理理论强调尽可能地把时间花在处理此类型的事情上，这样才能减少“重要且紧急”的工作量。荒废这个领域将使“重要且紧急”日益扩大，个人可能陷入更大的压力，在危机中疲于应付。反之，多投入一些时间在这个领域，能够有效地缩小“重要且紧急”的范围，不再手忙脚乱、临时抱佛脚。在“重要不紧急”的工作上多投入时间，能够更好地平衡工作与生活，未雨绸缪，并建立良好的人际关系。

紧急不重要——授权做

具有假象的“紧急不重要”工作因为它的紧急性往往使人们难以脱身。例如，打麻将的时候三缺一，只要一参与进来就很难脱身，而且要耗费很长的时间才能打出结果。有些人花很多时间在这里面打转，自以为在处理“重要且紧急”的工作，其实不过是在满足别人的期望与标准。因此要学会授权，将能分配出去的事尽量授权给他人干，这样可以节约时间做最重要的工作。避免因短视近利而轻视目标与计划。

不重要不紧急——减少做

这种类型的事情是没有意义的，但是很难缠或难以抗拒，因此，必须想方设法走出去，丢掉那些与目标无关、无效益的事。现实中的许多人往往在“重要且紧急”与“重要不紧急”之间来回奔走，忙得焦头烂额，不得不到“不重要不紧急”的工作中去疗养一下再出发。这个范围的活动倒不见得都没意义，因为真正有创造意义的休闲活动也是很必要的。然而像无节制地玩手机、通宵上网玩游戏等这样的活动，不但不是为了休养生息，反而是对生命的浪费。

总之，高效的时间管理的核心原则是：先轻重，后缓急，要事第一。也就是说，在考虑做事的先后顺序时，应先考虑事情的“轻与重”，再考虑事情的“缓与急”。

（3）GTD 法。GTD 是 Getting Things Done（完成每一件事）的缩写，它来自戴维·艾伦的一本畅销书《尽管去做：无压工作的艺术》。

GTD 法可分为收集、整理、组织、回顾与行动五个步骤。“收集”是你将自己能够想到的所有未尽事宜（stuff）全部罗列出来，记录下来放入 inbox。这个 inbox 可以指放置具体实物的文件夹或篮子，也可以是用来记录各种事项的纸张或掌上电脑。“整理”是将 stuff 放入 inbox 后，定期或不定期地整理和清空 inbox，清空已经完成的工作，对于尚未完成的工作可以根据实际情况进行处理，也可以推入下一步的计划和行动。“组织”是GTD法最为核心的步骤，主要分成对文档管理系统等参考资料的组织及对下一步行动的组织，下一步行动的组织则一般可分为：下一步行动清单、等待清单和未来/某天清单。GTD法对下一步清单的处理与一般的to-do list最大的不同在于，它做了进一步的细化，如按照地点（电脑旁、办公室、电话旁、家里、超市）分别记录只有在这些地方才可以执行的行动，而当你到这些地点后也就能够一目了然地知道应该做哪些工作。“回顾”是GTD法的一个重要步骤，一般需要对每周清单进行回顾、检查和更新，还有可能对未来一周的工作进行计划。“执行”是按照每份清单采取行动，即根据所处的环境、时间的多少、精力情况及重要性来选择清单的事项来行动。

（4）时间abc分类法。这种时间管理法是将自己的工作按轻重缓急分为三种：a（紧急且重要）、b（次要）、c（一般）。根据各项工作的优先级来统筹安排，粗略估计各项工作时间和占用百分比。同时在实际工作中记录耗用时间，对比计划时间安排和耗用时间，分析时间的运用效率，逐步调整自己的时间，进一步有效地开展工作。

不管是运用哪种时间管理的方法，都必须考虑工作过程的不确定性，要为意外事件留有一定的时间。第一是要为每项工作的计划留有多余的空间。第二是要努力让自己在不留余地又饱受干扰的情况下，完成预计的工作。实践证明，工作效率高的人通常比效率低的人在时间管理方面更为有效和精确。第三是另准备一套应变计划。在仔细分析将要做的事情后，将事情分解为若干个单元，找到迅速完成工作的必要步骤，满怀信心地在规定的时间内完成工作。

【延伸阅读】

用“5秒法则”治愈拖延症

“5秒法则”，就是在需求出现的时候，屏蔽自己的感受，将你的需求和行动进行直接关联。这个步骤被称为“夺回对自己的控制权”。

有学者指出，克服拖延症最好的方法之一就是制造一个所谓的发起仪式。当你开始拖延的时候，通过这个仪式，停止拖延的行为、重新夺回对自己的控制权。而“5秒法则”，就是一个完美的“发起仪式”，它会刺激大脑的前额皮质，即大脑中负责行动和注意力的部分，以促使个体做出行动。

其实，需求和行动之间的关系本来就很简单，你发现了有什么需求，就应该直接去做。但我们往往会因为某些感受和心情，把需求和行动之间的关系弄得复杂，如我累了、我困了、我没心情了，或者我想玩一会儿了。而“5秒法则”就是通过屏蔽自己的心情和感受，把中间的复杂过程简单化。

“5秒法则”的使用很简单。每当对目标或承诺有了行动的本能，或是觉得自己对该做的事情存有迟疑，你就可以使用“5秒法则”了。

请从倒数开始：5、4、3、2、1。倒数能帮你专注于目标或承诺，并使你从忧虑、过度思考和恐惧的感受中逃离。一旦数到1，就立刻去行动，就是这么简单。再强调一次这个概念，无论何时，每当你知道这是一件应该做的事，但又被不确定感、恐惧感或被窘迫所控制的时候，你就可以倒数5、4、3、2、1来找回控制权。倒数能让心静下来，然后在数到1时，就立刻行动。

倒数和动手做事都属于行动。通常过度思考会让你停下脚步，而通过教会自己开始行动，你就能创造非凡的改变。与此同时，倒数还有以下几种作用：让你走出忧虑的思绪；把注意力集中在你应该做的事情上；提醒你该去行动；打破犹豫不决、过度思考，改变拖延的习惯。

如果你觉得从1数到5也能产生作用的话，我用特伦特的例子来告诉你：那是行不通的。如果我由1到5顺着数，我就很想再数6，于是我的行动就延迟了。我得从5数到1，因为数完1，我想说的下个词就是：“发射！”那就是发起行动的语言。

这就是大脑工作的方式——思索的时间越长，你的行动欲就越低。为了欺骗自己待在原地不要动，我们的大脑实在是诡计多端。一旦有行动的冲动冒出来，你的大脑就会将其消灭并合理化自己的行为。所以你必须快速行动，这样你就能在身陷思维陷阱之前摆脱借口。

我能用“5秒法则”来做什么？

这几年来，我已经听到成千上万个故事，在故事里，人们都用法则来改善生活、改善人际关系、提升幸福感和工作效率。我可以把所有案例分成这三个类别。

1. 改变行为。

你可以用“5秒法则”来强迫自己养成新习惯，改掉坏习惯，掌握自我管理和自我控制的技巧，这样你就能更有成效。

2. 增强每日勇气

你可以利用这条法则来寻找勇气。也许你需要做一些新的、看起来很可怕的或不确定的事情，这条法则能让你停止自我怀疑，增强自信，推动你勇于在工作中分享自己的想法，志愿争取各种项目来拓展自己的能力、创造价值，或者成为一个更好的领导者。

3. 控制思想

你可以用“5秒法则”来停止负面想法和无休止的担忧，这些消极想法会带来很大压力。你也可以改掉焦虑的习惯，战胜恐惧。当能控制自己的思想时，你就能思考那些给你带来快乐的事情，而不是把注意力放在消极的事情上。在我看来，这是让“5秒法则”效用最大化的方式。

在每次的5秒窗口期，你都有能力改变“默认”的思维设置与习惯。这些小小的决策将会给你的身份、感受和活法带来巨大的改变。

资料来源：梅尔·罗宾斯著.5秒法则[M].长沙：湖南文艺出版社，2018.

8.2 压力管理

有时在职业调研和决策过程中遇到的最大障碍是自己制造的，你必须学会小心地避开其中一个随时可能爆炸并毁掉你一切努力的地雷：压力。

压力的最大的来源之一就是变化，甚至当你面对一个正面的、计划好的变化，如寻找一份新工作时也会产生压力。有两位学者在 1960 年对变化和压力的关系进行了研究，并发展出一种称为“社会性调整度量系统”的理论，它列出相对于重大生活变化的压力指数的变化值。这个度量系统包括了 43 种压力很大的生活事件，如配偶的死亡、离婚或进监狱。这个“社会性调整度量系统”也包含了几个有关工作和找工作的事件，如被解雇、变换到完全不同的工作环境中、工作职责的变化等。

8.2.1 工作压力的来源

要想缓解压力，首先必须找到压力的根源，然后才能对症下药。不同的文化、国家、职业、时期，工作压力的来源有所差别，国内学者胡春光在国内外工作压力来源研究成果的基础上，特别结合了国内具体行业压力来源的研究成果，经过调查研究，总结出我国目前组织内员工工作压力的来源一般有以下三个方面：社会环境因素、组织因素、个人因素。

（1）社会环境因素。我国正处于变革发展的时代，可以说每天都在发生着变化。从某种意义上讲，变化是压力的诱因，它迫使你努力地去适应“变化”。社会环境因素的变化是员工压力的来源之一，它包括经济、文化思想和技术的变化。竞争越来越激烈，经济形势也处于变化之中，人们为自己的经济和生存保障而备感压力；价值又随观念不断变化，新思想、新观念不断涌现，如果员工的思想不能与当代社会相适应，会诱发压力感；技术的高速发展是诱发压力的第三种社会因素，技术更新会使员工的技术和经验在很短的时间内变得落后。IT 行业就是典型的例子，员工必须不断学习新的技术，否则就会面临被淘汰的危险。社会环境因素是不可控的，对它们的了解有助于分析员工的压力，但是一般来说，它们是无法改变的，所以压力管理策略不直接涉及这方面的内容。

（2）组织因素。组织内部的因素直接造成员工的压力，所以分析造成压力的组织因素是制定压力管理策略的基础。压力来源中的组织因素主要有以下几个方面。

① 组织方面的因素。

a. 组织结构。组织结构所界定的是组织层次分化的水平、组织规章制度的效力、决策在哪里进行等。如果不能正确制订计划，没有分清人际关系，没有授权，直线职权和信息系统混淆不清，只有职权没有职责，违反统一指挥与程序，那么这些因素就会成为影响员工工作绩效的压力源。

b. 组织变革。为了适应竞争要求，组织有时被迫进行重组和并购，这些变化迫使管理者、员工改变以往的工作方式，并不断学习以适应变化。尽管员工具备适应性，但人类能承受的变化是存在极限的，假如企业的技术、策略、组织结构、运作方式、核心价值观等方面的变化长期处于甚至超越这些极限，就很可能使员工难以承受。

c. 组织生命周期。任何组织都会经历初创、成长、成熟直至衰退这四个阶段所组成的生命周期。这个过程难免会给员工带来许多问题和压力。尤其在初创和衰退这两个阶段，更是压力重重。初创阶段，组织的各方面都缺乏规范，不确定性很强；而衰退阶段一般伴随着生产规模的缩小、员工解聘等危机，充满不安全感和动荡感。

② 工作本身的问题。

a. 工作环境。在我国，许多组织的工作环境条件较差，其中过多的噪声、极端的温度、光线太暗或太亮、辐射和空气污染、卫生状况不好等因素都会给员工造成压力。工作的危险和风险也会给员工造成压力。各种不同的职业群体处于不同的人身危险中。警察、消防人员、矿工和军人的工作性质，决定了他们不得不面对明显的人身危险和潜在的伤害行为。其他工作也存在一些风险，如工人在工作中接触的化学物质、机器等。工作场所存在的一些暴力事件也对员工的安全造成了威胁。

b. 工作负荷过重。随着国内外市场竞争的不断加剧，许多组织尽量精简人员，加大工作量，以降低成本提高竞争力，工作负荷过重已成为普遍存在的问题。员工必须在限定的时间内完成如此多的工作任务，不切实际的时间期限压力导致员工延长时间工作，他们肩负的生产需求和责任不断增加，由其他人或机器控制的工作速率变得更快，工作的难度加大，可利用资源缺乏或分配不均，加上工作需求中的高峰和低谷现象的影响，所有这些都会造成员工的工作负荷过重，不得不经常加班工作。

c. 工作缺乏意义，缺乏变化和挑战。如果员工无法感觉到工作的挑战或刺激，或者不相信自己的贡献是有价值的，员工就可能变得冷漠、厌倦、士气低落，以及缺乏自我价值，会造成很大的压力。造成这种情况的原因是多方面的：工作负荷不足，长期工作量负荷不足，人们会因为没有事情可做而感到无聊、松懈和懒散，从而有厌倦感；没有发挥能力的机会，组织可能没有为员工提供施展他们技能和能力的机会，处于这种状况的人不仅会感觉没有成就，没有办法去表现自己的才智，而且会觉得自己受到冷遇，毫无发展前途；工作简单，促进工业自动化的新技术也导致了工作的简单化，而重复的、简单的、短期循环的工作容易让人厌倦。此外，被动的、低技能需求的、缺乏多样性的，以及低决策参与的工作，也会给人造成压力。

③ 管理方面的问题。

a. 领导作风不当。管理者的领导作风对员工心理有显著的影响，如果领导作风不当，会给员工造成压力。我国"官本位"的思想比较严重，有些管理者的人格、性格特征、行为存在偏差，如每天都发脾气、经常小题大做、不懂得尊重员工、不兑现承诺、独裁等，会导致组织内人际关系的恶化，给员工造成很大的压力。虽然每个管理者的领导风格可以有所不同，但是在强调以人为本和民主平等的当代社会，这种不尊重员工的领导作风，会严重影响员工的情绪和积极性，进而可能影响组织的业绩。

b. 强化方式不当。激励和惩罚是强化的两种形式。有的管理者不注意运用积极强化，而是过多采用惩罚的方式。惩罚在管理中有一定的效果，但也有一些负面的影响。惩罚可能导致一些不符合预期的情绪反应。例如，因为多休息一会儿而遭到责备的员工可能对管理者和组织产生愤怒的反应。惩罚也会压制员工的创造力和适应能力，会使员工采用回避或逃避的方式躲避惩罚；惩罚还会产生对管理的条件性恐惧，也就是说，员工形成了一种对以惩罚为主要强化方式的管理者的普遍恐惧。所以，过多的惩罚会加大员工的压力，影响员工的绩效。

c. 沟通不力。信息沟通是正式组织的三要素之一，也是管理的一项重要职能。组织中没有效率的沟通会造成许多问题，如因为信息不对称而产生误会，造成冲突，这些会给员工带来较大的压力。中国文化强调含蓄及对领导的服从，这样的思想有时会给沟通带来一定的障碍。

④ 人际关系因素。员工之间良好的人际关系被视为影响个人和组织健康的一个重要因素。良好的人际关系为员工提供了一个很好的工作氛围，也可以帮助员工达到个人目标。支持性的人际关系对于员工克服压力是非常重要的；相反，缺乏支持性的人际关系，或者与同事、伙伴和上级的关系非常差，是产生工作压力的根源之一。造成人际关系紧张的原因可能是个别人由于不知道从别人的角度考虑问题，只按照自己的观点和方式来做事；工作中不懂得互相妥协的重要性，固执己见；把别人都看成竞争对手，而不是合作伙伴；对别人吹毛求疵，不能宽容；对同事冷漠疏远，不能真诚相

待等；或者是组织中的竞争氛围过于激烈，每个人的工作安全感都很低，有限的发展机会引发激烈的竞争。总之，不良的人际关系会使员工对他人产生低信任和低兴趣感，不能互相支持、配合，加大工作完成难度，在有矛盾时容易发生冲突、争吵，甚至造成暴力伤害，严重影响工作任务的完成，还会使员工感到烦恼、痛苦、压抑，形成一定的压力。

⑤ 角色冲突与角色模糊。在工作场景中，角色是指其他人期望个人完成的一系列工作任务和行为。当一个员工面对与工作任务相反的需求或矛盾的目标时，他会感到困惑，这时就可能出现角色冲突。个人如果必须完成被认为不属于自己工作角色要求与规定的任务时，就会导致与角色冲突相联系的压力。例如，要求很高的需求、可能不现实的生产目标、产品质量超过现有标准的需求，或者要满足生产需求但缺乏适当的安全标准等，这些问题都可能引起角色冲突。角色冲突会导致缺勤、不满、血压升高等。麦尔斯把角色冲突定义为四种类型。

a. 人与角色的冲突。个人可能采取与工作规则中完全不同的方法完成任务。

b. 内部传递的冲突。当实际情况与管理者传递的内容相互矛盾时，这种冲突就可能发生。例如，员工被委派去做一项工作，但是没有完成这一任务所需的资源。

c. 互相传递的冲突。当员工被要求以某种方式从事某项工作，而这种方式可能使某个人对结果感到满意，而另一个人不满意的时候，互相传递的冲突就会发生。

d. 角色负荷过重。当员工被分配的工作量超过其有效能力时，他就会体验到与角色负荷过重相联系的压力。

角色冲突是工作中一个不容忽视的潜在问题。当工作需要个人与组织外部的人进行接触，或组织内部的个人职能出现交叉重叠，或者部门权限责任范围分界不清时，角色冲突就会发生。如经理既要服从上级的要求，又不得不考虑下属的实际情况，当两者相互矛盾时，角色冲突就形成了。

角色模糊与个人的工作角色或需要完成的任务缺乏清晰度有关。当员工不能理解，或不能认识工作的期待、需求或者角色的范围时，就会出现角色模糊的情况。缺乏培训或缺乏信息也会导致角色模糊。研究表明，工作中的角色模糊容易导致紧张感和疲惫感，使人产生尽快离开工作的意图，产生高度的焦虑、生理和心理的损伤和缺勤等后果。导致角色模糊的情景范围非常宽广，例如，个人被提拔到一个新的职位上，其职位身份发生变化，有了一个新的领导，工作结构或制度出现变化，这些都会导致角色模糊。

当员工感觉工作中缺乏管理人员或督导的支持时，角色冲突和角色模糊的情景就可能加剧，重大的人员裁减会产生同样的影响。当工作与家庭或社会环境之间产生冲突后，员工可能感到无法实现他人对自己工作角色的期待，也会加大角色的压力。

（3）个人因素。除了组织因素的压力来源，个人自身存在的问题也是压力的直接来源。这些因素主要包括生活因素和个人问题。

① 生活因素。如果员工在生活方面有很多烦恼，就会加大工作压力。因此，个人因素会影响员工的压力水平。

a. 工作与家庭要求的冲突。家庭通常需要员工付出一定的时间精力，而这往往与工作相互矛盾，从而造成冲突。

b. 家庭问题。和睦美满的家庭会成为员工的有力后盾；相反，家庭的紧张关系或家庭的困难、不幸会给员工造成很大的压力。

c. 经济问题。经济是员工及其家庭安全的基本保障，若员工有经济困难，自然就容易产生焦虑。

d. 生活条件。住房、居住条件、交通堵塞、污染等都会给员工情绪造成影响，加大压力。

e. 健康状况。健康的身体无疑对抵御压力有利，而身体的不健康则是直接造成压力的原因。

② 个人问题。员工的某些个人问题是压力的重要来源。

a. 面对困难缺乏自信。作为工作的一部分，我们经常不得不以某种不愿意的方式与他人相处，这种情况可能成为工作生活中的重要压力之一。它意味着员工可能处于一个非常困难的情景中，例如，不得不传达一个下属不喜欢的决定；不得不为了获得一个有价值的商业机会而与一个发怒的顾客相处；面对不合理的工作需求或期限要求等。如果员工缺乏自信，没有能力处理困难情景，就会感觉愤怒、焦虑、挫败和压力重重。

b. 不擅长时间管理。有些员工不懂得有效地管理时间，工作没有计划性，做事不分主次，精力分散，不懂得在重要的事情上优先使用时间，也不懂得把部分事情委托给他人。这就导致他们无法完成别人可以完成的任务，进而造成很大的压力。

c. 问题解决能力不强。在组织中，员工总是会遇到许多问题和困难，如果员工的问题解决能力不强，不能有效地解决这些问题，就会造成很大的压力。

d. 不善于处理人际关系。如果员工不懂得处理人际关系的原则，不善于处理与领导、同事的关系，就会给自己造成压力。

e. 工作生活方式不科学。有的员工的工作和生活方式有问题，他们为自己安排或接受过多的任务；即使劳累过度也不休息；工作第一，不会享受生活；不懂得及时缓解自己的压力等。这些都会加大压力。

f. 工作中的挫败感。有些人会觉得自己怀才不遇、期待与现实有落差，导致在职场上屡屡有挫败感，这也是员工压力的重要来源。每个人都对自己在组织中的事业发展有一定的要求，但是由于个人及组织环境的原因，可能无法实现，此时就会产生压力。另外，个人不切实际的期望也会造成压力。因为组织中发展机会毕竟是有限的，如果期望过高，与自己的能力不符，失败的可能性就大，容易造成压力。

8.2.2　个人压力管理策略

有些压力是正面的，与高的激励、高能量、敏锐的感知相联系。负面的压力则会以许多形式降低工作的效率。压力会导致某些心理症状，如焦虑、挫折、冷漠、自尊下降、侵犯性和绝望感。因此，要积极寻求方法去应对这些压力，防止它们消磨侵蚀个人的自尊和动力。

当你准备面试或进入一个新的工作岗位时，必须用积极的自我肯定去应对可能产生的压力。改善整体状态和合理地管理压力对于把握职业发展的节奏至关重要。我们可以运用一些小策略来管理压力。

- 拿出时间善待自己：为自己做点有意义的事，关注个人的需要和快乐。
- 锻炼是缓解压力最好的方法之一：开始或保持一个现实可行的锻炼计划，参加一些从中能得到快乐的运动和活动。
- 与朋友和家庭成员进行社交活动：关系网可以为求职提供许多机会。
- 不断提示自己的长处：一些人发现在求职陷入迷茫的时候，通过列举自己的长处进行自我肯定，能够起到鼓舞士气、振奋精神的作用。
- 开怀大笑：健康的欢笑是保持乐观向上、面对人生起伏的最好方法。
- 专注于实现目标：提示自己为什么要找工作，想象当你找到一份自己真正喜欢的工作时的感觉。一切艰苦的努力最终都会得到补偿。

如果这些日常的小方法不能够帮你缓解压力，那么一定要寻求专业的心理咨询帮助，避免形成严重的心理问题。

8.3　情绪管理

情绪表达是人的本能，也是身心健康的重要标志，个人的情绪是否稳定反映了其自控力和意志力。情绪无时无刻不伴随着我们，任何时候，个人都不应该做自己情绪的奴隶，不应该使一切行动都受制于自己的情绪，而应该反过来主动地控制情绪。无论生活多糟糕，无论在职场多无助，个人都应该努力去支配自己的周围环境，把自己从黑暗中拯救出来。

8.3.1 认知情绪管理

我们先通过一个小故事来认知什么是情绪管理。

爱地巴跑圈

在古老的西藏，有一个叫爱地巴的人，在每次生气和人起争执的时候，他就以很快的速度跑回家去，绕着自己的房子和土地跑三圈，然后坐在田边喘气。爱地巴工作非常勤劳努力，他的房子越来越大，土地也越来越宽广。但不管房地有多大，只要与人争论而生气的时候他就会绕着房子和土地跑三圈。“爱地巴为什么每次生气都绕着房子和土地跑三圈呢？”所有认识他的人，心里都感到疑惑，但是不管怎么问他，爱地巴都不愿意明说。

直到有一天，爱地巴年纪已经很大了，但他又生气了，拄着拐杖艰难地绕着土地和房子转，等他好不容易走完三圈，太阳已经下山了，爱地巴独自坐在田边喘气。他的孙子在身边恳求他：“阿公！您已经这么大年纪了，这附近地区也没有其他人的土地比您的更多，您不能再像从前，一生气就绕着土地跑圈了。还有，您可不可以告诉我您一生气就要绕着土地跑三圈的秘密？”

爱地巴终于说出隐藏在心里多年的秘密，他说：“年轻的时候，我一和人吵架、争论、生气，就绕着房地跑三圈，边跑边想自己的房子这么小，土地这么少，哪有时间去和人生气呢？一想到这里，气就消了，把所有的时间都用来努力工作。”孙子问道：“阿公！您年老了，又变成了最富有的人，为什么还要绕着房子和土地跑呢？”爱地巴笑着说：“我现在还是会生气，生气时绕着房子和土地跑三圈，边跑边想自己的房子这么大，土地这么多，又何必和人计较呢？一想到这里，气就消了。”

资料来源：张凤伟.懂心理学你赚大了[M].广州：广东经济出版社，2011.

从爱地巴跑圈的故事中我们可以学到以下几个道理。

（1）要承认自己的情绪。每个人在情绪世界都有他的优点和弱点，长处和短处；为此，个人一定要认识自己在情绪世界中的弱点和短处，不能回避，也不能选择视而不见。

（2）要控制自己的欲望。人的情绪化行为大都是因为自己的欲望、需要得不到满足而产生的。比如，言语没有得到期望中的关注，在工作中想和对手竞争一个职位，在家庭中没有得到爱人的关心等。

（3）要学会正确认识、对待生活中存在的各种矛盾。人在一生中会有很多矛盾的心理，生活中也会遇到很多的矛盾和困境，这些都是不可避免的，如果认识不到这一点，就很容易陷入自己设置的困境而无法自拔。

（4）适当地表达情绪。个人处于困境、逆境时容易产生不良情绪，而且当这种不良情绪不能得到释放、长期压抑时，就容易产生情绪化行为，但是争吵并不是表达情绪和解决问题的好方法，当你觉得马上就要爆发的时候，可以给自己三分钟，冷静过后再继续表达想法。

（5）让自己变得更强大。让内心变得强大起来是管理情绪的方式之一，就像爱地巴，他内心的强大表现在了对“跑圈”这件事的认识上面。

拿破仑有句名言：“成功者与失败者的最大不同在于，前者是情绪的主人，后者是情绪的奴隶。”在职场中，最重要的原则就是管理自己的情绪，洞悉人心，调整自己的心理，张扬好情绪、收敛坏情绪，从而赢得他人的认可和尊重。每个正常的职场人肯定都不愿意与他人发生冲突，都希望自己能跟同事、客户保持良好的人际关系，职场的成功往往来源于个人对情绪的良好管理，尤其是对失败情绪的管理。可是有一些人总是很难控制自己的情绪，为了小事情也会跟别人发生激烈的冲突，之后自己都会感到非常后悔。所以，千万不要让情绪成为“脱缰的野马”。

8.3.2　如何管理情绪

在日常生活中，很多人经常采用忍耐、逃避和爆发的方式进行情绪管理，虽然这些方式可以在一定程度上缓解不良情绪的负面作用，但是无法根治情绪问题，甚至会造成严重的后果。管理好自己的情绪有助于建立良好的人际关系，以健康的身心状态投入学习、工作和生活中。

（1）调整认知。情绪是以人的认知为基础的，不良情绪往往产生于不正确的认知，改变了不正确的认知，情绪问题就可能得到缓解。认知不当在于看问题不全面。发生了一次不愉快的事，不代表总是会发生；一件事做不好，并不证明其他事情也做不好。

经研究发现，很多大学生的情绪困扰来自认知偏差，所以，树立正确的认知观点是大学生保持情绪健康的关键。在校期间，大学生要多读书，积极参加各种校园文化活动及社会实践活动，用丰富的经历和见识改善片面或极端的想法，消除不良情绪。

（2）合理宣泄。情绪问题有时就像奔腾的江水，如果打开闸门，让江水顺流而下，情绪问题可能自然就得到缓解了。例如，有的公司设置了“情绪宣泄室”，在宣泄室内放置了各种充气玩具，用来帮助进入宣泄室的人宣泄心中的愤怒等情绪。在没有这种条件时，大学生可以参考以下方法，简便又可行：找朋友聚一聚，一壶清茶，一杯咖啡，把抑郁的情绪倾诉出来；和朋友去唱歌，这是一种排解紧张和激动情绪的有效方法；可以养花弄草，通过清静雅致的态度平息心头怒气等。

（3）发展情绪智力。情绪智力就是情商，指个体监控自己和他人的情绪和情感，并识别、利用这些信息指导自己思想和行为的能力。下面是丹尼尔·戈尔曼的情商理论模型，可以帮助我们很好地去发展情商。

自我意识：了解自己当前的感受，根据当前感受做出恰当的选择；对自我能力有客观的评价，抱有根基牢固的自信心。

自我调节能力：控制好自己的情绪，使情绪不致于干扰手头工作，反而能促进工作的完成；有责任感，为实现目标可以把个人愿望搁置一旁；能够从低落情绪中振作起来。

成就驱动力：善于运用自己内心深处的倾向或愿望推动并引导自我实现目标，采取主动，努力进步。强烈的成就驱动力也有助于我们面对挫折仍锲而不舍。

同理心：能察觉他人的感受，能够从他人的角度看问题，能够与各种各样的人建立和谐的人际关系，和睦共处。

社交能力：能很好地处理在人际关系中涉及的情感问题，能准确认清社交形势和人际网络关系；在与人打交道时左右逢源；为公司和团队运用自己的社交技能开展说服、领导、谈判、处理纠纷等事务。

（4）情绪调节的具体方法建议。由于情绪产生的原因不同，调节的方法也多种多样。美国哲学家威廉·詹姆斯曾经说：“我不是因为快乐而唱歌，而是唱歌使我们快乐。”下面简单介绍不良情绪的几种调节方法。

①如果你经常担心、忧虑，可以保持忙碌，不再让自己有忧郁的时间和空间，也可以安排多一些户外运动，如爬山等。

②如果觉得愤怒生气，你可以深呼吸，然后区分轻重缓急，换位思考，原谅对方、善待自己。

③如果觉得压力大，你可以暂停一下，让自己有放松、喝水的机会，然后想想愉快的事情，也可以求助别人。

【延伸阅读】

1. 不要为小事而难过

我们通常能够面对生活或职场中出现的危机，但常常被一些小事搞得垂头丧气，整天心情不愉快，精神郁闷紧张。

有这样一个例子：在科罗拉多州的山坡上，躺着一棵大树的残躯。据自然学家讲，它已有很多年的历史。它初发芽的时候，哥伦布才刚在美洲登陆；第一批移民来到美国的时候，它才长了一半高。在它漫长的生命里，曾经被闪电击中14次；多年来，经受了无数狂风暴雨的侵袭，它都能战胜它们。但在最后，一队甲虫攻击了这棵树，那些甲虫从根部开始往里面咬，渐渐损伤了树的元气。它们力度很小但持续不断的攻击，使它倒在了地上。这个森林里的“巨人”，岁月不曾使它枯萎，闪电不曾将它击倒，狂风暴雨也未能伤害它，但因为一些随手一捏就可以捏死的小甲虫而倒下。

我们在职场中或生活中的经历就像森林中的那棵身经百战的大树。我们曾经历了生命中无数的狂风暴雨和闪电的打击，但都撑过来了。可是我们的心会被忧虑的小甲虫咬噬。人活在世界上只有短短的几十年，却浪费了很多时间去为一些一年之内就会忘记的小事而耿耿于怀。因此，在未来的职场中，要记住：我们的生命太短促了，不要让自己因为一些应该丢开和忘记的小事而烦恼，不要成为情绪的奴隶。

2. 把握生活节奏，做自己的主人

在职场中，快节奏的工作让我们每时每刻都处在神经紧张中，压力给我们的工作带来了种种不良影响，严重的甚至会导致精神疾病。工作狂和完美主义者不等于最佳工作者。工作不是生活的唯一目的，如果你想成为不为工作所苦的人，就要学会放松自己的心情。一个职场中的高效能人士应该善于把握工作与生活的平衡，处理好工作压力与享受生活之间的矛盾。

在休闲时间里培养更多的兴趣爱好有很多好处。工作之余的兴趣爱好有助于你在工作中有所创新。当你追求休闲生活时，你的精神会从跟工作有关的问题中解脱出来，从而得到休息。你会因此关注工作以外的事情，会变得富有创造力，能给企业提供一些有创造性的新点子。对于一个高效能的职场人士来说，人生的成功并不局限于办公室。要做一个能够平衡工作与生活的职场人士，就意味着工作在为你服务，而不是你在为工作服务，你在工作为你服务的过程中享受着快乐与愉悦。

3. 和成功者在一起，汲取正能量

你所遇到的人，决定你的命运。良好的环境和心态可以促进人的成功，恶劣的环境和心态可能阻碍人的成功。我们要在自己的周围营造成功的氛围，积极接触那些能够为我们带来正能量的人士，即发现有益的同伴，这样我们的工作就会越来越好。

一位职员曾向他的老板抱怨道：“老板，我真的很苦恼，因为我实在无法激发自己的能力，工作也没有动力。”他的老板告诉他：“原因只有一个，你没有和成功者在一起。”如果你与成功者在一起学习，他们都非常热情，非常有行动力，你和他们在一起，不行动都不行。一个人要成功，就必须做到以下几点：第一，他必须为成功者工作；第二，当他开始成功的时候，一定要和更成功的人合作；第三，当他越来越成功时，要找成功者来为他工作。只要能按照这三个步骤按部就班地去工作，你一定会获得成功。然而在职场中很多人没有取得成功，是因为他们连为成功者工作的态度都没有，他们总是按照自己的想法和模式去工作。事实上，在成功之前，自己的那一套想法是没有多大效果的。

4. 保持一颗平常心，从别人的成功中看到“风景”

要想在学习、工作或在职场人生中控制自己的情绪，就要有一颗平常心。所谓平常心，就是既能不甘人后、压倒一切，又能虚怀若谷、大度包容，面对各种纷争，以从容平淡的心态去面对生活与职场。

在现实中，很多人并不是被自己的能力所打败，而是败给了自己无法掌控的情绪。在现实工作中，在激烈的竞争形势与强烈的成功欲望的双重压力下，职场人士往往出现焦虑、欢喜、急躁、慌乱、失落、颓废等困扰工作的情绪。这些情绪一旦发作，常常会让人丧失对自身的定位，变得无所适从，从而大大地影响了个人能力的发挥，使工作效率大打折扣。

不管是在学校还是职场，我们都要懂得学会欣赏别人，欣赏自己，要把比自己优秀的同学或同事当成自己前进的动力。学会赞美别人，把别人的成就看作自己努力的目标，将别人的成功当成一道美丽的风景来欣赏，摆脱职场中嫉妒情绪的困扰。

一位哲学家说过：“过去是一张透支的支票，明天是一张未到期的期票，只有今天才是现金，是最值得珍惜的。”忧虑未来就是对今天精力的浪费。保持平常心能让你正确地看待错过的东西，更积极有效地工作和生活。

在职场或生活中，我们每个人都有情绪，但人们大都对情绪缺乏必要的了解和关注。消极情绪若不适时疏导，轻则败坏情致，重则使人走向崩溃；而积极情绪会激发人们工作的热情和潜力——各种情绪不同程度地影响着员工的工作和生活。只有了解情绪，才能管理并控制情绪，才能发挥其积极作用。情绪管理要求我们辨认情绪、分析情绪和管理情绪。工作并快乐着，就是情绪管理的目标。

资料来源：刘明耀，曹金凤，陈强，等. 职业生涯规划与就业指导案例分析[M]. 北京：电子工业出版社，2015.

8.4 职场沟通

有人的地方就有人际交往，就需要沟通。沟通涉及工作与生活的各个层面，与生涯发展息息相关，包括人际关系、家庭关系、个人与社会关系、团体关系，甚至国与国之间的关系。有效的沟通关系到个人生活与内心的平衡，关系到个人的社会认同与职业生涯发展，关系到组织的绩效。

8.4.1 沟通是人的需要

沟通一般指人与人之间信息传递与交流的过程，人人需要沟通，事事需要沟通。沟通包括语言沟通和非语言沟通，语言沟通主要包括口头和书面语言沟通，非语言沟通主要包括声音、语气、肢体动作等方面的沟通。最有效的沟通方式是语言沟通和非语言沟通的结合。

（1）沟通是人的心理的天然需要。亚里士多德说，人类是天生社会性动物。人的需要分为物质需要和精神需要，而精神需要大多来自与他人的互动。在现实生活中，人们大都渴望获得他人的好感，这是人的一种基本需求。获得别人的认同、赞许，从而得到内心的平衡，产生成功的满足感也是现代人心理渴望的具体表现，而这些离不开人际交往和沟通。人际关系的好坏直接影响着个人的心理健康，影响着个人对社会的适应程度。与人进行良好的沟通、拥有良好的人际关系可以消除孤独感、疏离感及无助感。

（2）我们正处于一个合作的时代，合作已成为人类生存的基本手段。因为科学知识向纵深方向发展，人们不再可能成为百科全书式的人物；社会越向前发展，分工越来越精细，个人不可能自给自足、独立于世，做任何工作基本上都要与他人发生联系和互动。如果我们不具备良好的沟通能力，不能与人很好地进行交流与合作，将很难在社会上生存，更不用说取得发展。

（3）人与人之间存在差异，所以需要通过沟通加以协调。世界上没有完全相同的两片树叶，同样，每个人都是独一无二的。每个人的出身背景不同、所受的教育不同、人生的经历不同等，决定了每个人都会拥有自己不同的思想情感、性格气质、思维方式。每个人看待问题的角度不同、追求的利益不同，那么他们对待同一事物的感受、立场也会不同，这就需要通过沟通来协调。

8.4.2 职场沟通指南

职场沟通强调效率，沟通的目的是在最短的时间内解决沟通的问题，而不是进行一些内容冗长、重点不突出、流于形式、浪费时间的对话。想要做到有效的职场沟通，就要注意以下几点。

（1）不能带着情绪去沟通。如果自己的情绪没有摆正，沟通就不是为了解决问题，反而可能引起冲突。带着平稳的情绪可以使沟通顺利地进行下去，从而达到解决问题的目的。

（2）提前确定好沟通的内容。在沟通之前要想清楚沟通的内容，这一点是有效沟通的核心。有了明确的问题或话题，沟通过程才能围绕这些特定内容进行，不会跑题去聊一些无用的事情，最终得到解决问题的方法；如果没有明确的沟通内容，沟通就可能只是没有结果的闲聊。

（3）用对方能听懂的词汇进行沟通。这一点在技术部门与业务或行政部门沟通时尤为重要。过于专业的术语外行不容易领会，对方可能完全不知道你想表达什么、说明什么。只有听懂了，沟通才能进行下去。

（4）有效沟通要学会倾听。如果一直在说自己的想法，别人没有机会说出他的想法，整个所谓沟通的过程都是一个人在自话自说，这就不是一个有效的沟通。另外，如果你总是打断别人的话，几次之后别人也不想说了，沟通就会陷入僵局。因此，善于倾听也是有效沟通的一个要素，你可以先听完别人的发言，然后说："我赞同你的这个观点，但有一个地方我想补充一下。"

（5）沟通的目的是解决问题。要始终牢记，同事间的沟通不是辩论赛，是为了解决某个问题，或是为了让工作更有效地开展。所以，我们不能将对方放在对立面上，而是要用自己的语言或观点让对方心悦诚服。当整场沟通变成一场争辩的时候，就是将合作的关系变成了对立，那么最后的结果很可能就是不欢而散。最好的方式应该是整合大家的意见，求同存异，取得最佳的解决方案。

8.4.3 沟通的主要障碍与克服技巧

由于人与人之间普遍存在差异，因此在沟通中遇到障碍是在所难免的。

（1）沟通的主要障碍。沟通的障碍主要来源于以下几个方面。

① 角色差异。人们站在不同的位置上，追求的目标不同，利益点不同，对同一事物的看法也不同。有研究表明，员工经常会误解上级的想法，而上级对下级的角色、经验和问题的理解也总是有限的。例如，可能主管关心的是部门的整体目标能不能实现，因为他的利益是和整个部门的效益挂钩的；而员工可能关心更多的是完成了自己的本职工作能拿到多少钱，相对于主管来说，整个部门的目标是否完成并不是他最关心的。

② 认知的差异。人们对于同一事件的看法可能迥然不同，这往往是由认知的不同造成的。在认知过程中，不同的人收集、加工信息的动机和能力都不同，认知结果也会因人而异。

③ 信息发送者没有准确完整地表达。有些人可能由于表达能力不佳、知识经验的局限或是对信息的过滤，导致不能及时、清晰、完整地表达自己的观点或影响信息的

传递，容易造成误解。

④ 信息接收者没有全面准确地接收信息。我们在与他人沟通时，不仅要听他说了什么，还要注意他是怎么说的，是在什么场合说的。沟通不仅包括语言沟通，也包括肢体、表情等非语言沟通。所以，“察言观色”非常重要。

（2）克服沟通障碍。要实现有效沟通，就必须消除上述沟通障碍。我们可以从两个方面来改善沟通的效果。

① 在作为信息发送者时，我们主要考虑的是在合适的时间，利用合适的渠道与方式，清晰而完整地表达自己的意图。

a. 明确沟通的目的。发送者必须弄清楚，做这个沟通的真正目的是什么，动机是什么，需要对方理解什么。确定了沟通的目的，沟通的内容就容易规划了。

b. 系统思考，充分准备。在进行沟通之前，发送者必须对其想要传递的信息有系统、详尽的准备，并据此选择适宜的沟通方式、场所及最佳的信息传递时间。

c. 沟通要因人制宜。发送者必须充分考虑接收者的心理特征、知识背景等状况，依此调整自己的沟通方式、措辞或是服饰仪态等。此外，发送者必须使用接收者能够理解的语言，语言要清晰，不可含糊其辞。

d. 前后言行一致。发送者必须以自己的行动支持自己的想法和说法，更有效的沟通是“行”重于“言”。

② 在作为信息接收者时，我们需要注意的是，全面准确地理解信息发送者传过来的信息，不仅要从字面上理解信息，还要理解一些潜在的、隐含的信息。

a. 积极倾听。积极倾听要求接收者能站在说话者的立场上，运用对方的思维架构去理解信息。亨利·福特曾指出：任何成功的秘诀，就是以他人的观点来衡量问题。积极倾听有四项原则：专心、移情、客观、完整。

b. 积极给予反馈。有效沟通的定义为，“存在于两人之间的信息已经被传送且被接收及译成其想被了解的意思”。假如接收者不反馈，发送者如何测试信息传送的正确性？反馈对沟通非常重要，因为这是确定信息接收者是否听到发送者所传递的信息的唯一途径。反馈可以给发送者提供线索，让他了解信息接收者是否同意他的意见，是否得到需要或是想要的信息。

c. 注意非语言信息。通过关注对方的非语言提示，从而全面理解对方的思想、情感。

d. 调整心态。人的情绪对沟通过程有着巨大影响。过于兴奋、失望等情绪一方面易造成对信息的误解，另一方面易造成过激的反应。信息接收者在接收信息时，要调整自己的心态，明确自己的角色定位，客观评价他人。例如，我们在愤怒时总是难以听取他人的劝告，这时应该冷静下来，仔细想想别人说的对不对。

8.5 职场礼仪

职场礼仪，是指人们在职业场所中应当遵循的一系列礼仪规范。学会这些礼仪规范，将提高个人的职业形象。良好的职业形象也是一种竞争力。因此，每个职场人都需要学习职场礼仪，树立塑造并维护个人职业形象的意识。

8.5.1 职场着装

职场着装要符合公司的企业文化和行业特点，每个人都要根据自己的身份及行业，选择适合自己的服装，才能让自己更加得体地出现在大家面前。

很多职场新人不知道该如何选择西服。随着大众审美的变迁，纯黑色配纯白色衬衫会显得过于庄重和沉闷。男士在选择西服时可以选择深蓝色、深咖色等，上装外套要合身，袖子比衬衫短 1 厘米左右；西裤的长短可以通过人在自然站立的时候来判断，最适合的长度，是恰巧盖住袜子，不要让袜子露出来，但也不能过长，不要让西裤在脚腕处有褶皱，那样会让人显得不精神。衬衫可以避开纯白色，黑色和灰色都是不错的选择，或者带一些条纹、格纹或简单的花纹都可以，但切忌过于花哨，花纹太多反而显得有些浮夸。总之，低调中多些点缀，稳重中多点俏皮。另外，发型要干净利索，切记衬衫要塞进裤子里，领带不能过于艳丽，穿西服不能配白袜子，皮鞋干净发亮。记住以上几点，在职场的仪容仪表就不会出错。

职业女性的着装仪表要结合自己的个性、兴趣、体态特征、职位、企业文化、办公环境等因素。女性的穿着打扮通常更灵活有弹性，如果公司没有指定的工作装，只要不是运动装、街头风格的休闲装或过短的裙子，其他都可以穿，只是要学会搭配衣服、鞋子、发型、首饰、化妆，使之完美和谐。最终的效果是，别人夸你整体漂亮而不是说你的衣服好看或鞋子漂亮。如果不愿意为着装伤脑筋，就选择一些质地好的套装，以黑色、深蓝色、咖啡色或米色最为安全，服装要少而精，重质量轻数量，讲究做工和面料，最重要的是要合身。搭配自己喜欢的衬衫、鞋子和其他饰品，其中鞋子的颜色必须深于服装颜色，如果比服装颜色浅，那么必须和其他装饰品颜色相配。手提包要和衣服的风格相符，并且不要塞得满满的。

另外，化妆可以让女性更具魅力，但不宜浓妆艳抹。过度打扮会让人觉得做作，过于简单会让人感到不够精致，总之有一个原则：每天的打扮必须迎合你当天要会见的人们，符合他们的身份和职业，让自己不显寒酸掉价。

8.5.2 办公室礼仪

办公室是商务人员处理日常工作的重要场所。在这里你会与同事朝夕相处，还经常会在这里接待客户。因此，创造一个有利于事业成功的办公室环境是非常重要的。通常应当注意以下几个方面。

（1）保持办公室环境干净、整洁，物品摆放井然有序。从办公桌的状态可以看出工作人员的工作状态。任何时候桌面都井然有序的人，一般来说工作也会做得干净利索、一丝不苟。为了更有效地完成工作，办公桌上应当只摆放手头正在处理的工作的有关资料。如果工作人员暂时离开座位，应将文件覆盖起来，保密的资料应当随时收存。在每天下班前应做好第二天的准备工作。下班时，桌面上除了台式计算机以外的其他工作物品或资料都应该收起来放进抽屉里或文件柜中，椅子要归位。

（2）在办公室里不要使用不雅、戏谑的绰号或昵称。虽然有时使用"宝贝儿""小子""丫头"等称呼会使双方显得亲近，但是在工作场所使用此类称呼会在别人心目中降低此人的身份，有损对方的专业形象。

（3）保持良好的仪态风范。不要匆匆忙忙地走路，也不要慌慌张张地做事。正确的走路姿态应当是安静的、稳重的，不要一边走路一边大声说笑，以免干扰别人办公。人的心理与行为有互动作用，心里慌乱则会手忙脚乱；反过来如果能够保持动作的稳重有序，内心的慌乱也容易慢慢平息下来。微笑要恰到好处、落落大方。在站立时要收腹挺胸，给人以精神饱满的感觉。坐姿须稳重，背要直，不要跷腿叉脚、歪肩斜背，或者瘫坐于椅子或沙发上，不要坐或倚靠在桌子、工作台或设备上，手不要放在衣袋里。

（4）控制自己的声音。一个人如果说话声音坚定而洪亮，那么在别人看来此人是充满自信的。但洪亮不是大喊大叫，要注意自己的分贝。

（5）遵守各项规章制度，不迟到、早退。不迟到、早退不仅仅是为了免于处罚而遵守制度，更是一种职业精神的体现。

（6）敲门的礼节。办公室关着门时如果有人敲门，门内的人根据敲门的位置和声音就可以判断来人的情况——是自信的还是自卑的，是情绪急躁的还是情绪稳定的等。因此掌握敲门的礼节很重要，敲门时用力适中，节奏稳定，不急不慢。如果门口装有门铃，应当按门铃而不是敲门。通常门铃只按一次即可。如果无人应答，应当间隔 10 秒钟以后再按。另外，开关门时注意不要用力过猛，以免引起他人不悦。

（7）在递接物品时尽量用双手以示尊重，不能用双手时，应用右手。递接物品时不可以尖端对人。递给别人笔、剪刀等物品时应当自己握住尖端，把安全的一端递给他人。

（8）不要霸占公用复印机、打印机，要爱护这些设备，并且充分考虑其他人的需要。如果对这些设备不熟悉，则应先阅读使用说明书；如果同事不忙，也可向他们请教。千万不能随意乱用，或者在卡纸时粗暴对待设备。在设备使用的高峰时段不要长时间占用设备，在使用完毕后应当调整至常规状态。

（9）尊重他人。在与人交谈时使用礼貌用语。如果有重要客人来办公室拜访，应当站起来打招呼以示尊重。注意尊重他人的空间和隐私，不要随意进入他人的办公室且不顾对方是否忙碌而一味闲聊。尤其注意不要对别人评头品足，不要在无意中传播是非或未经证实的小道消息。工作时间如果有事要外出，应当事先和领导或同事交代清楚自己的去向及需要同事帮忙代办的工作。

（10）如果在办公室用餐，不要带会散发很浓烈气味的食物到办公室来。用餐的时候不要发出很大的响声。在用餐完毕之后，立即打扫桌面和地面，一次性餐具要立刻扔到垃圾房，不要长时间摆在办公室内。在用餐时如有客户来访，一定要立刻收起餐具。用餐完毕后，要去洗手间漱口或刷牙，并整理仪容仪表。

（11）使用卫生间的礼仪。卫生间马桶的清洁程度往往能够反映员工的素质。如果你看到的都是脏乱差的卫生间，说明使用该卫生间的大多数人缺乏自律性和为他人着想的意识。在使用洗手池时，应注意不要把水溅出池外，洗完手不要到处乱甩。排队时，应从洗手间的门口开始排队。不要直接走到某个小门前排队。

【延伸阅读】

职场礼仪十六禁忌

1. 直呼老板名字

直呼老板中文或英文名字的人，有时是跟老板情谊特殊的资深主管，有时是认识很久的老友。除非老板自己说“别拘束，你可以叫我某某某”，否则下属应该以“尊称”称呼老板，如“郭总”“李董事长”等。

2. 以“高分贝”讲私人电话

在公司讲私人电话已经很不应该，要是还肆无忌惮地高谈阔论，就更会让老板抓狂，也影响同事工作。

3. 开会不关手机

“开会关机或转为震动”是基本的职场礼仪。当台上有人做简报或传达事情时，底下手机铃声响起，会议必定会受到干扰，不但对台上的人，对其他参与会议的人也不尊重。

4. 让老板提重物

跟老板出门洽商时，提物等动作要尽量代劳，让老板也跟你一起提一半的东西，是很不礼貌的。另外，男同事跟女同事一起外出，男士们若能表现绅士风范，帮女性提提东西、开关车门，这些贴心的举手之劳将会为你赢得更多好人缘。

5. 称呼自己为“某先生/某小姐”

在打电话找某人的时候，留言时千万别说：“请告诉他，我是某先生/某小姐。”正确说法应该先讲自己的姓名，再留下职称，比如：“你好，我是××公司的营销主管×××，请××听到留言，回我电话，好吗？我的电话号码是×××××××，谢谢你的转答。”

6. 对“自己人”才注意礼貌

中国人往往“对自己人才有礼貌”，比如一群人走进大楼，有人只帮自己的朋友开门，却不管后面的人还要进去，就把门关上，这是相当不礼貌的。

7. 迟到早退或太早到

不管上班或开会，请不要迟到、早退。若有事需要迟到早退，一定要前一天或更早就提出，不能临时才说。此外，太早到也是不礼貌的，因为主人可能还没准备好，或者还有别的宾客，此举会造成对方的困扰。万不得已要太早到，不妨先打个电话给主人，问是否能将约会时间提早；不然先在外面逛一下，等时间到了再进去。

8. 谈完事情不送客

职场中送客到公司门口是最基本的礼貌。若很熟的朋友知道你忙，也要起身送到办公室门口，或者请秘书或同事帮忙送客，一般客人则要送到电梯口，帮他按电梯，目送客人进了电梯，电梯门完全关上，再转身离开。若是重要客人，更应该帮忙叫出租车，帮客人开车门，关好车门，目送对方离开再走。

9. 看高不看低

只跟老板打招呼。只跟老板等“居高位者”打招呼，太过现实！别忘了也要跟老板主管身边的秘书或小朋友打招呼。

10. 选择高价位餐点

老板请客，专挑昂贵的餐点。别人请客，专挑贵的餐点是非常失礼的。价位最好在主人选择的餐饮价位上下，若主人请你先选，选择中等价位就够了。

11. 不喝别人倒的水

主人倒水给你喝，一滴不沾可是不礼貌的举动！再怎么不渴或讨厌该饮料，也要举杯轻啜一口再放下。若是主人亲自泡的茶或煮的咖啡，千万别忘了赞美两句。

12. 想穿什么就穿什么

“随性而为”的穿着或许让你看起来青春有特色，不过，上班就要有上班样，穿着专业的上班服饰，有助提升工作形象，也是对工作的基本尊重。职场礼仪这些条条框框是要靠我们自己平常日积月累的修炼和自律来养成的。如果一个人没有良好的职场礼仪作基础，我相信他在职场中也不会取得多大的成功。所以不要不在意这些小小的细节。

13. 埋头苦干

有时候，我们认为把自己的工作分摊出去，不免有“支使”他人之嫌，即便把工作交给了别人，但由于个人理解与处理问题的角度不同，当他人所做的工作汇总到你这里时，你会遗憾地发现，你们好像说的根本就是两回事。你可能因此而后悔当初不如自己把事情干了。且慢，埋头苦干似乎真的不太吃香了！当接到下一个任务时，你可以召集大家开一个小会，把自己对任务的理解面对面、最大限度地传递给合作者。在整个项目的进行过程中，你需要做的也许就是找出一点空余时间，和每一个项目执行者一起喝杯咖啡。这样做，好处是可以让大家都有时间去处理自己手上的要完成的工作，又能及时地沟通，随时调整彼此支持力度的侧重点。看，只需要一杯咖啡的时间，就是这么简单！

14. 过于含蓄

在这个竞争激烈的职场上，和你一样具备了相当专业实力的人实际上有很多，在质素相仿的一群人中，只有抓住机会脱颖而出，才能获得更好的发展空间。拐弯抹角或耐人寻味的提问方式虽然可以让人觉得你含蓄和温和，但它的反面代价也是巨大的。因此，不管你自认为多么谦逊，也请不要在会议上说自己的想法不成熟，只是提议大家参考一下，或者诸如此类的话，那会使公司上下的人在内心里给你打上不信任的“记号”。个人的自信是非常有渗透力的，所以在需要把自己的设想与观点摆在桌面上时，开门见山，少兜圈子会为你赢得主动权，奠定自己在高层心目中的地位。

15. 桌面杂乱

这可以说是最容易改变的一件事，但也是坚持下来最困难的一件事。桌面上杂乱的文件、记事本，电脑上厚厚的尘土，乱丢的签字笔，会让一切看上去都毫无头绪，负面的情绪稍一累积，就会勾起惰性的滋生。办公室里总有些“另类人”，把一切都打理得井井有条，办公隔断内生机勃勃，有花有草有小鱼；桌面上永远一尘不染，连鼠标都闪闪发亮。另类人之所以另类，其高明之处在于坐在如此整洁舒适的小小天地里，便会油然而生一种对工作的依恋之情，一花一草一桌一椅，都可激发他的工作状态。能把公司照看成小家的人，一定特别愿意提早来上班，先从给花草浇浇水、喂喂小鱼、整理清新整洁的环境来开始一天的工作吧，这也是提高主动性的小窍门。

16. 私人电话时间过长

谁也不能避免在上班时间接听几个私人电话，但到底有多少人能控制自己在和朋友家人沟通完正事后，不接着开始无边无际的闲聊呢？一天的工作时间就那么长，学学那些为自己制定了规矩的职场先锋吧。比如，约定自己的私人电话时间不超过3分钟。原因是私人的事情难免影响你的情绪，不管是愉快的，还是不轻松的话题，都会让自己暂时脱离工作的状态。所以，在3分钟之内结束，避免自己被琐事干扰，对自己和工作而言都是一种负责的主动态度。

资料来源：https://www.glzy8.com/article/97494.html.

【本章小结】

本章介绍了时间管理、压力管理、情绪管理、职场沟通和职场礼仪等职场生存方法与指南。

时间管理是指个人有效地运用时间，其目的在于决定什么事该做，什么事不该做。通常时间管理的基本方法是建立备忘录、事先计划和准备、根据自己对任务的理解排列优先级、进行一种分工合作的授权管理。

压力来源一般有以下三个方面：社会环境因素、组织因素、个人因素。有些压力是正面的，有些是负面。压力会导致某些心理症状，如焦虑、挫折、冷漠、自尊下降、侵犯性和绝望感。因此必须分析压力的来源，才能寻求合适的方法应对这些压力，防止它们消磨侵蚀你的自尊和工作的动力。

在职场中，各种情绪不同程度地影响着员工的工作和生活。消极情绪若不适时疏导，轻则败坏情致，重则使人走向崩溃；而积极的情绪会激发人们工作的热情和潜力。要管理好自己的情绪，调整自己的情绪认知，张扬好情绪，收敛坏情绪，从而赢得别人的认可和尊重。

职场沟通强调效率，沟通的目的是在最短时间内解决沟通的问题，而不是进行一些内容冗长、重点不突出、流于形式、浪费时间的对话。要注意职场沟通中的障碍，并尽量克服这些障碍。

职场礼仪，是指人们在职业场所中应当遵循的一系列礼仪规范。学会这些礼仪规范，将提高一个人的职业形象。良好的职业形象也是一种竞争力。因此，每个职场人都需要学习职场礼仪，树立塑造并维护个人职业形象的意识。

【思考习题】

1. 简述时间管理的方法。
2. 职场压力的来源有哪些？如何缓解压力？
3. 当你在职场中因为误解而受到同事指责时，你会怎么做？如何处理你的情绪？
4. 在沟通中会产生哪些障碍？如何克服？
5. 职场礼仪对工作的影响重要吗？为什么？

【案例分析】

【案例 8–1】

歆是一个学植物的女生，本科毕业后就考上了公务员，本应该在与专业相关的岗位上工作，却因补充人手而被分在了行政办公室。“我做行政工作已经有两年了，越来越觉得力不从心。因为科室里就我一个单身，总是会被领导和同事以这个为理由分给我很多工作。现在二胎政策放开，大家都生二胎去了，工作自然而然地又被分到了我身上。”

一个学植物的女生本该像鲜花一样盛开。单身和年轻，本该是她在奋斗中最宝贵的两样财富，然而这两个标签却成了她的“原罪”，让她苦不堪言。面对父母的逼婚，歆已经无力招架，但最要命的还是她那“专拣软柿子捏”的直属领导。

最近有一个机会，业务科室的领导想把她要回去从事与专业相关的工作，分管领导也同意，可是直属领导不放人。为什么不放？像歆这种任劳任怨还年轻的人不用，难道去啃那些难缠的老骨头吗？

歆很气愤，很想和他吵，可考虑到他毕竟是个长辈就忍住了。去业务科虽然也是命运未卜，但她还是想全力一搏。“不知道是不是心态出了问题，我一点也感觉不到快乐。我想知道怎么才可以说服我的直属领导。我真的很想和他理论一下，哪怕因此失去工作！”

资料来源：周若愚. 掌控情绪，从来都不靠忍[M]. 武汉：长江文艺出版社，2018.

讨论题

1. 歆目前的工作压力来源于哪些方面？
2. 歆处理自己情绪的方法好不好？对个人职业生涯的发展有利吗？
3. 给歆提供一点能够改变现状的建议。

【案例 8–2】

美国总统林肯的一位朋友，有一次向林肯推荐某人为阁员，但林肯没有任用他。推荐人不解，林肯回答说：“我不喜欢他的举止，太没有风度了。”推荐人问林肯：“一个人的风度和其能力有必然的关系吗？”林肯答道：“人到了一定的年龄，就应该对自己的举止负责。我很难想象一个不能吸引别人的人会胜任公职工作。”

日本许多大企业在招聘人员时，除了考察其能力和背景，还要对其风度或魅力进行验证。当在两个具有同等条件的应聘者中进行选择而又无法决定时，老板会向自己的女秘书提出这样一个问题：“假如你必须在这两个中选择一个做丈夫，你会选择谁呢？”被女秘书选中的人被老板录用了。老板的逻辑是：一个人如果在异性眼中形象不佳，那在同性中也不会太好，因而也不会更好地胜任工作。由此可见，魅力对求职就业者具有重要意义。

演员是非常有吸引力的职业。北京电影学院表演系曾在北方滨城招收学员，报名者纷至沓来。漂亮的姑娘们一个个花枝招展、涂脂抹粉、穿金戴银，都想在屈指可数的几个名额中竞争获胜，实现令人羡慕的明星梦。面试结果出人意料：一个没有化妆打扮、毫无时髦可言的姑娘一举中的，荣幸地被录取了。

原来，招生的考官是一位德高望重的老太太。由于年龄和学识的差异，她对于这些刻意修饰的姑娘很是反感，认为为当明星而来报考演员的动机不正确。当这个一身素白连衣裙，没有任何首饰、装扮的姑娘款款走来时，考官眼前一亮，对这位姑娘有了极好的第一印象。在随后的面试、表演等一系列考核中，老太太频频点头，于是，这位姑娘过关斩将最后被录取了。其实，幸运之神在老太太看见她第一眼时就已经向她招手了。这就是心理学讲的“首因效应”。

资料来源：http//www.docin.com/p- 437467375.html.

讨论题

1. 什么是形象魅力？它在实现求职中有哪些作用？
2. 林肯不录用没有风度的人，你对此有何见解？
3. 从本案例中你得到了什么启示？你认为应当如何增强自己的就业竞争力？

【本章实训】

列出你目前需要做的事，用“四象限”法分类，并说明每周用多少时间去做与实现目标有关的事，多少时间做其他的事。

参考文献

[1] 曲强，林益民 . 区块链 + 人工智能：下一个改变世界的经济新模式 [M]. 北京：人民邮电出版社，2019.

[2] 梅尔 · 罗宾斯 . 5 秒法则 [M]. 李佳蔚，译 . 长沙：湖南文艺出版社，2018.

[3] 富田和成 . 高效 PDCA 工作术 [M]. 王延庆，译 . 长沙：湖南文艺出版社，2018.

[4] 孙宗虎 . 职业生涯规划管理事务手册 [M]. 北京：人民邮电出版社，2018.

[5] 丹尼尔 · 戈尔曼 . 情商 3：影响你一生的工作情商 [M]. 第 2 版 . 葛文婷，译 . 北京：中信出版社，2018.

[6] 布赖恩 · 费瑟斯通豪 . 远见 [M]. 苏健，译 . 北京：北京联合出版公司，2017.

[7] 戴安 · 萨克尼克，丽莎 · 若夫门，职业指导：职业生涯规划教程 [M]. 第 11 版 . 北京：中国劳动社会保障出版社，2017.

[8] 王占军，北森生涯学院组 . 大学生职业生涯规划咨询案例精编 [M]. 上海：华东师范大学出版社，2017.

[9] 施瓦布 . 第四次工业革命 [M]. 世界经济论坛北京代表处，李菁，译 . 北京：中信出版社，2016.

[10] 里尔登，等 . 职业生涯发展与规划 [M]. 第 4 版 . 侯志瑾，等译 . 北京：中国人民大学出版社，2016.

[11] 方伟 . 大学生职业生涯规划咨询案例教程 [M]. 等 2 版 . 北京：北京大学出版社，2015.

[12] 刘明耀，曹金凤，陈强，等 . 职业生涯规划与就业指导案例分析 [M]. 北京：电子工业出版社，2015.

[13] 刘瑞晶 . 职业生涯规划：理论、案例与实训 [M]. 北京：中国人民大学出版社，2015.

[14] 徐克茹 . 商务礼仪标准培训 [M]. 第 3 版 . 北京：中国纺织出版社，2015.

[15] 李兴洲，单从凯 . 职业生涯规划 [M]. 北京：北京师范大学出版社，2015.

[16] 葛玉辉 . 职业生涯规划与管理 [M]. 北京：清华大学出版社，2014.

[17] 陈济等 . 职业生涯规划教师参考书 [M]. 第 2 版 . 北京：中国人民大学出版社，2013.

[18] 吉拉德，凯斯摩 . 怎样销售你自己 [M]. 王淑贤，等译 . 北京：中国人民大学出版社，2013.

[19] 葛玉辉 . 人力资源管理 [M]. 第 3 版 . 北京：清华大学出版社，2012.

[20] 格拉顿 . 转变：未来社会工作岗位需求变化及应对策略 [M]. 高采平，等译 . 北京：电子工业出版社，2012.

[21] 张凤伟 . 懂心理学你赚大了 [M]. 广州：广东经济出版社 ,2011.

[22] 沙夫 . 生涯发展与规划——人生的问题与选择 [M]. 周黎明，译 . 北京：中国人民大学出版社，2011.

[23] 哈里 · 莱文森 . 职业生涯的设计和管理 [M]. 李特朗，等译 . 北京：商务印书馆 ,2010.

[24] 石建勋 . 职业生涯规划与管理 [M]. 北京：清华大学出版社，北京交通大学出版社，2009.

[25] 杨河清 . 职业生涯规划 [M]. 第 2 版 . 北京：中国劳动社会保障出版社，2009.

[26] 钟谷兰，杨开 . 大学生职业生涯发展与规划 [M]. 上海：华东师范大学出版社，2008.